REIN INS GRÜNE
—
RAUS IN DIE STADT

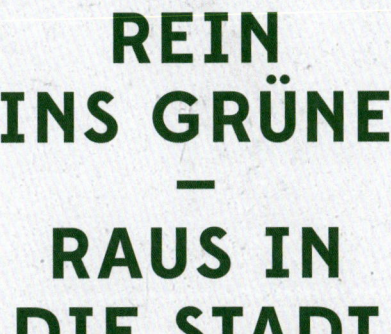

RENATE KÜNAST

MIT
VICTORIA WEGNER

REIN INS GRÜNE
–
RAUS IN DIE STADT

EINE REISE DURCH
URBANE GÄRTEN

CALLWEY

VORWORT

99

Manche nennen sich Essbare Stadt und messen die ganze Stadt an diesem Anspruch.

66

Renate Künast
(ab Seite 6)

Interview mit Lutz Kosack
Geoökologe und Koordinator der Essbaren
Stadt in Andernach
(ab Seite 46)

GARTENPROJEKTE

„Kulturdachgarten München" ab Seite 28

„Essbare Stadt Andernach" ab Seite 38

„Meine Ernte – Wissen, wo's herkommt" ab Seite 24

REIN INS GRÜNE – RAUS IN DIE STADT

Vor einigen Jahren las ich auf einem Transparent für den „Langen Tag der StadtNatur" in Berlin: „Rein ins Grüne – Raus in die Stadt". Was sich erst einmal wie ein Widerspruch anhört, ist inzwischen Realität in zahlreichen Städten: Sie bieten nicht nur grüne Plätze und Parks, sondern neue grüne Oasen. Die Projekte nennen sich z. B. Urban Gardening, Urban Agriculture oder Urban Farming. Als Stadtmensch, der die Natur schon von klein auf lieben gelernt hat, ging mir dieser Satz nicht mehr aus dem Kopf, und die Idee für einen Reiseführer zum Thema Urban Gardening verfestigte sich.

Das Interesse an Gärten ist mir wohl schon von meiner Familie mitgegeben worden. Meine Großeltern hatten wunderschöne Blumen in ihrem Recklinghäuser Garten und als Kind war es ein Fest für mich, wenn ich die Erlaubnis bekam, einige zu pflücken und einen kleinen Strauß zusammenzustellen. In ihrem Nutzgarten praktizierten sie aber auch, was sie selbst in ihrer Kindheit und Jugend – mein Opa in der Kaschubei, meine Oma in Masuren – gelernt hatten. Im Nutzgarten wuchsen ganz traditionell Rüben, Möhren, Kartoffeln und Bohnen. Für uns Kinder war es eine große Freude zwischen den Bohnenstangen Verstecken zu spielen, natürlich immer unter den ermahnenden Zurufen meines Opas, ja nichts zu zerstören.

Mein Vater, der auf einem Bauernhof in Thüringen aufgewachsen war, jedoch zum Städter wurde, drückte seine Begeisterung zu Pflanzen dagegen so exklusiv aus, dass ich später immer ironisch behauptete, er würde den Rosen beim Verduften zuschauen. Ständig sagte er: „Schau mal, wie wunderschön diese Blüte gestaltet ist und wie sie duftet." Wenn im Spätsommer die Ernte der Schwarzen Johannisbeeren anstand, war es mit unserer kindlichen Freude meist vorbei. Unsere Liebe zum Gärtnern wurde jedoch gerettet, als jede von uns einen Quadratmeter Garten bekam und ihn selber bepflanzen konnte. Da fand sich dann von jeder Art etwas, zwei bis drei Möhren, ein

Kohlrabi, Gladiolen und einige tiefrote Tulpen. Inzwischen geht es mir wie meinem Vater, ich könnte jede blühende Pflanze, und auch Gemüsepflanzen, stundenlang betrachten. Ich bewundere die Vielfalt und ihre Aufgabe im Kreislauf der Natur. Daher ist es für mich eine besondere Freude zu sehen, dass sich viele Menschen in den Städten bemühen, diese Vielfalt und die Oasen der Ruhe in ihren Wohnort zu holen. Mittlerweile bietet die Stadt oft schon mehr Artenvielfalt als das Land.

> **"**
> Entdecken Sie
> die Orte der Ruhe
> während einer
> Städtereise.
> **"**

Dieses Buch ist für Liebhaberinnen und Liebhaber von Gärten gedacht. Für die, die mit Begeisterung schon fast alle Reisen zu Schlossgärten, Bauerngärten und englischen Landschaftsgärten gemacht haben. Von Muskau bis Sissinghurst, an die Loire oder in eine der Bundesgartenschauen. Denn während sich viele Reiseführer ausführlich den Schlossparks und großen Grünanlagen widmen, wollen wir Sie zu den weit weniger bekannten neuen Gärten mitten in den Städten führen. Mit diesem Buch möchten wir Ihnen etwas Neues vorstellen und Ihnen zeigen, wie Sie Ihre Städtereise mit Ihrer Garten- und Pflanzenleidenschaft verbinden können. Entdecken Sie die Orte der Ruhe während einer Städtereise, an denen Sie die Vielfalt der Pflanzen bewundern, Gespräche führen und die frische Ernte der Hochbeete an lauschigen Plätzen in einer Pause genießen können.

Wenn Sie vor Ihrer Reise noch einmal zu Veranstaltungen und Festen in den Gärten recherchieren, können sie vor Ort vielleicht spannende Ideen für Ihren eigenen Garten sammeln oder neues Saatgut und Pflanzen finden. Viele dieser Orte wollen Menschen im Stadtteil zusammenbringen. Aber auch das Gärtnern, der Erhalt der Sorten und des alten samenfesten Saatgutes, das Tauschen von Saatgut und die Diskussion darüber werden wieder erlebbar und unsere Ernährung zum Bestandteil der Stadtpolitik. Manche nennen sich Essbare Stadt und messen die ganze Stadt an diesem Anspruch. Einige Projekte verbinden die Pflanzenwelt auch mit kulturellen Veranstaltungen, Cafés oder Restaurants, die uns vorwiegend mit Produkten aus diesen Gärten verwöhnen. Aber städtisches Gärtnern ist nicht nur für die Großen. Auch für die Kleinen sind es wunderbare Orte, um die Natur kennenzulernen. Ob bei einem Zwischenstopp oder bei Ausflügen von Kindergärten und Schulklassen.

Begonnen hat die junge Geschichte des neuen Grüns in den Städten übrigens mit den Community-Garden-Projekten in den USA, wo sie von New York bis Detroit betrieben wurden. Gerade in den armen Stadtvierteln begannen in den 1970er Jahren viele Menschen, sich der Brachen anzunehmen. Zunächst erschien es kurios, was da auf dem Schutt neu begonnen wurde. Kommunikation, Blumen, Kinderspielorte und selbst angebautes Gemüse. Heute findet man dies überall in Vancouver, Toronto, London, Berlin, Hamburg, Andernach, Köln, Wien und in vielen anderen Städten. Wahrscheinlich auch in Ihrem Wohnort. Es sind Menschen, die ihren Kiez beleben wollen, Junge und Alte, die lieber Slow Food als Fast Food essen möchten. Es sind wunderbar inspirierte Orte der Biodiversität, der Begegnung und der Integration von Flüchtlingen oder Migranten. Und gerade für Klein und Groß in den Städten sind diese Gärten ein Ort des Kennenlernens: nicht nur des gegenseitigen Kennenlernens – man entdeckt dort auch, wie und wo Obst und Gemüse wächst.

EIN BLICK ZURÜCK

Wenn Sie in einen Garten schauen und verweilen, erzählt er Ihnen eine Geschichte. Eine Geschichte über die Menschen, die ihn hegen, über ihren Alltag, ihre Ernährung. Ob er eine Lebensgrundlage ist oder einfach nur Pläsier. Oder gar heute gehegt wird für die ferne Zukunft. Werfen wir zunächst einen kurzen Blick zurück in die Geschichte der Gärten und versuchen ihren jeweiligen Zweck zu verstehen. Die Bezeichnung Garten lässt sich auf das indogermanische Wort „Ghordo" zurückführen, das für „Flechtwerk" oder „Zaun" steht. Der Garten ist also eine Gestaltung durch den Menschen, der einen umfriedeten Raum schafft. Das kann vieles bedeuten: ein Nutzgarten, der mit der Umfriedung vor Tieren geschützt wird, ein Lustgarten zum Darin-Wandeln oder gar ein großes Gartenkunstwerk.

Viel gerühmt ist die Vielfalt der persischen Gärten, auch Ägypter und Griechen haben besondere Orte geschaffen, in denen das lebenspendende Wasser zum zentralen Element der Gartengestaltung wurde. Mit Wasser wurde so das Paradies auf Erden geschaffen. Die Klostergärten, die ab dem 4. Jahrhundert entstanden, hatten eine eindeutig andere Funktion als nur reines Vergnügen. Die Mönche machten weiteres Land urbar, rodeten Wälder, legten Land trocken, um es zu besiedeln. Ihr Ziel war die Sicherung der Ernährung, aber auch der Anbau von Heilpflanzen für die medizinische Behandlung.

Und dann die opulenten Schlossgärten. Viele wurden aufs Äußerste symmetrisch gestaltet und sind Ausdruck von Macht und Einfluss des absolutistischen Herrschers. Lustgärten, Rosengärten, Brunnen, akkurat geschnittene Hecken ordneten den Garten pedantisch und schufen Muster. Das hat eine eigene Ästhetik, doch in ihrem natürlichen Habitus dufte hier keine Pflanze wachsen. Ich sehe die Gärten der Loire-Schlösser vor meinen Augen. Der in Versailles ist wohl der pompöseste dieser Schlossgärten. Doch dafür hatten Könige und Kaiser nicht immer Zeit und Muße. Kaum bekannt ist, dass Karl der Große große Mühe hatte, seinen damals noch typischerweise wandernden Hofstaat zu ernähren. Er musste sich also zwingend Gedanken über Acker- und Gartenbau machen. Um 800 gab er eine Verordnung für all seine Güter heraus, die als „Capitulare de villis" bekannt wurde. Dies war eine Anweisung, wie die

königlichen Güter zu bewirtschaften seien. Es ging um Getreide, Weinanbau und den Gemüse- und Kräutergarten. Natürlich auch um Bienenzucht. Die Liste der im Garten zu setzenden Pflanzen hört sich an wie das „Who's who" der damaligen Zeit. Essbare Pflanzen und Heilpflanzen waren hier aufgezählt, von Kürbis, Bohnen, Erbsen, Kümmel, Estragon, Rüben, Minzen, Engelwurz, Senf, Mangold, Pastinaken, Gartenmelde, Amaranth, Knoblauch, Koriander bis hin zu Ringelblumen und der Gemeinen Wegwarte. Heute suchen wir wieder nach diesen Pflanzen und nutzen sie entsprechend.

In urbanen Gärten findet man viele fast in Vergessenheit geratene alte Gemüsesorten wie Schwarzkohl oder ...

Aber es ging natürlich nicht nur um den Hofstaat, sondern auch um das gemeine Volk. Bevor immer mehr Menschen in die Städte zogen, war der Bauerngarten die klassische Produktionsstätte für Nahrung und damit wohl der Beginn der systematischen Produktion. Wir könnten hier ein Loblied auf die ersten Bäuerinnen und Bauern singen, weil sie vor tausenden von Jahren den Druck der täglichen Nahrungssuche von den Menschen nahmen. Sie besaßen das nötige Wissen über Böden, Fruchtfolgen und Mischkulturen, die wir heute wieder neu zu entdecken suchen.

Aber mit der Industrialisierung und Verstädterung kamen große Veränderungen auf die Gesellschaft zu. Ein Großteil der Nahrung wurde entsprechend industrialisiert angebaut, bis hin zum massiven Einsatz von synthetischen Schädlingsbekämpfungsmitteln und Düngung. Die Städter wurden mit der Industrialisierung immer mehr von der Nahrungsproduktion entfremdet, ihre Lebensbedingungen in den Städten waren häufig ungesund, zumindest was die

einfachen Arbeiter betraf. Um für die Gesundheit der Städter etwas zu tun, entstanden in den großen Metropolen Stadtparks. Doch diese Volksparks ernährten die Menschen nicht.

Oftmals war der eigene kleine Garten nicht nur die stolz bearbeitete „eigene Scholle", sondern aus purer Not geboren. Im Ruhrgebiet entstanden Anfang des 20. Jahrhunderts Bergarbeitersiedlungen, bei denen es selbstverständlich war, dass man hinter dem Haus ein wenig Gemüse anbaute, eine Ziege und ein paar Kaninchen hielt. Für die vielen, aus östlichen Regionen zugewanderten Menschen war das neben der Arbeit im Bergbau ein selbstverständliches, erlerntes Verhalten. Die Zechen sicherten so die Ernährung ihrer Arbeiter.

In und nach dem Zweiten Weltkrieg wurden Stadtparks sogar umgewidmet. In meiner Heimatstadt Recklinghausen hieß eine Parkanlage in den 1960er Jahren noch Stielmuspark, weil dort damals Mairübchensamen dicht ausgesät wurden, damit die hungernde Bevölkerung schon früh im Jahr deren Blattwerk als Gemüse verzehren konnte. Eine wohl alte Tradition, denn auch in Süddeutschland kennt man diese Blätter als Rübestiel.

Obwohl deren Entstehung älter ist – denn Kleingartenanlagen, Schrebergärten und Laubenkolonien entstanden bereits Anfang des 19. Jahrhunderts –, haben sie gerade nach dem Zweiten Weltkrieg erheblich zugenommen. Ihre rechtliche Absicherung und ihren Platz in der Stadtentwicklung bekamen diese Gärten übrigens schon im Sommer 1919 durch die „Kleingarten- und Kleinpachtlandordnung". Die Deutsche Nationalversammlung legte in Paragraf 1 fest, dass für eine nichtgewerbsmäßige gärtnerische Nutzung Grundstücke nicht zu höheren als den von der unteren Verwaltungsbehörde festgesetzten Preisen verpachtet werden dürfen. Da war die Laubenpieper-Bewegung schon über 100 Jahre alt, denn der erste Garten stand wohl bereits im Jahre 1814 in Kappeln (Schleswig-Holstein). Später galten diese Gärten eine Zeit lang als altmodisch, und die Kleingärtner wurden gerne belächelt. Doch heute lassen sich gerade junge Familien auf lange Wartelisten setzen, um ein Stückchen Erde zu ergattern. Und es gibt zahlreiche Beispiele für ein munteres interkulturelles Beieinander. Es werden Feste gefeiert und neues Saatgut getauscht.

Die Industrialisierung ist weiter vorangeschritten, durch den Chemieeinsatz in der Landwirtschaft haben wir einen massiven Verlust an Artenvielfalt erlitten, insbesondere bei den bestäubenden Insekten. Auf diese können wir jedoch nicht verzichten, da der größte Teil unserer Nahrungspflanzen bestäubt werden muss. Science-Fiction, in der kleine bienenähnliche Drohnen von Blüte zu Blüte fliegen, hört sich vielleicht im ersten Moment faszinierend an, doch so eine Szenerie blendet aus, dass Bestäuber auch Teil der Nahrungskette sind. Wenn die Insekten fehlen, dann fehlt den Vögeln die Nahrung. Die bessere Alternative ist, unsere Art der Produktion von Lebensmitteln zu verändern. Und progressive Städte fangen bereits damit an. Mehr und mehr Städter sind sich der Bedeutung bewusst, die unser Lebensstil auf unsere Lebensgrundlagen hat. Der Ansatz heißt nun: „Erhalten, was uns erhält." Selbst anbauen!

Es begann vor Jahren mit dem Guerilla Gardening, Saatkugeln wurden hergestellt und verteilt, um subversiv die Brachen zum Blühen zu bringen. In den Straßen begannen Aktivisten triste Baumscheiben mit vielfältigen Blüten zum Leben zu erwecken. Heute gibt es über 700 Urban-Gardening-Projekte in Deutschland.

... Mangold.

Netzwerke wie z. B. die Anstiftung in München unterstützen die Projekte systematisch beim Aufbau. Die Initiativen verbinden sich und bestimmen die Politik in ihren Städten mit. Wenn etwa über Pläne für das neue Stadtgrün diskutiert wird, also über eine neue Betrachtung und Aufteilung des öffentlichen Raumes und über soziale, ökologische und das Klima betreffende Fragen, dann

reden sie mit. Dazu kommen fast 200 Projekte der Solidarischen Landwirtschaft, der sogenannten „Solawi". Dabei tragen Haushalte die Kosten für eine bestimmte Fläche eines landwirtschaftlichen Betriebes und erhalten dafür einen Teil der Ernte. Und auch die „Meine Ernte"-Projekte und Abo-Kisten mit Gemüse werden immer mehr nachgefragt.

Bewegung kommt auch von einer anderen Seite, denn in vielen Städten haben sich „Ernährungsräte" gegründet. Die Bewegung „Essbare Städte" ist nicht nur in Deutschland aktiv – sie ist international. Auch sie kümmern sich um Ernährungs-

> **"**
> ## Wir werden dann nicht nur ‚Landwirte' kennen, sondern auch ‚Stadtwirte'.
> **"**

fragen in den Städten, und zwar angefangen vom Anbau von Gemüse auf städtischen Grünflächen über Schulgärten bis hin zur Verbindung von regionaler Landwirtschaft und Gemeinschaftsverpflegung in der Stadt – vom Kindergarten bis zum Seniorenheim. Dies zusammen hat eine enorme Dynamik entwickelt. So werden die Städte übrigens auch Orte des Erhalts der Biodiversität, zu der wir uns ja international verpflichtet haben. Wegen des massiven Rückgangs des Chemieeinsatzes in den Städten gibt es hier bereits eine größere Artenvielfalt bei Pflanzen und Vögeln als in ländlichen Gebieten mit intensiver Landwirtschaft.

Auf der Erde existieren mindestens 30.000 essbare Pflanzen, ungefähr 6.000 davon werden genutzt, jedoch nur 150 Sorten sind heute ökonomisch „bedeutsam" und in der Regel durch Patente großer Konzerne geschützt. Aber gerade die alten Getreide- und Gemüsesorten könnten für unsere Ernährungssicherung noch zwingend notwendig werden und uns unsere Souveränität garantieren, selbst darüber zu entscheiden, was wir essen wollen.

Nichts ist schöner, als bei Bauern und in den Gärten der Urban-Gardening-Bewegung nun wieder alte Sorten zu entdecken. Aber so wie vor hundert Jahren die Pacht für die Kleingärten finanziell gedeckt wurde, brauchen auch die Gartenprojekte dringend eine neue Ausrichtung der Stadtplanung und finanzielle Mittel zu ihrer Absicherung. Die Stadtentwicklung vor hundert Jahren dachte vor allem an Schienen, Schulen, Krankenhäuser und viele Straßen. Die Anforderungen an die Stadtentwicklung sind im 21. Jahrhundert weitaus größer.

Urbane Gärten sind wunderbare Orte und erfüllen mehrere Aufgaben einer zukünftigen Stadtgestaltung. Sie produzieren Lebensmittel, sie organisieren soziales Miteinander und garantieren den verschiedensten Gruppen eine Teilhabe an der Gesellschaft – auch interkulturell und für Menschen mit Behinderung. Außerdem tragen sie zu einem besseren Stadtklima angesichts des Klimawandels bei. Diese Stadtfarmen werden immer vielfältiger und reichen vom klassischen Garten über Abo-Kisten einer Solidarischen Landwirtschaft bis zu Projekten, die Gemüseanbau mittels Aquaponik betreiben. Unsere Aufgabe wird es sein, auch diesen Flächen eine Absicherung zu geben. Diesmal geht es angesichts des starken Zuzuges in die Städte, der verschärften Konkurrenz um Flächen und im Hinblick auf den Klimawandel darum, Flächen für das städtische Grün zu sichern. Von Wien bis Berlin wird bereits darüber diskutiert und mit einer „Charta für Stadtgrün" versucht, solche Flächen nachhaltig zu sichern. In Zukunft wird es vielleicht sogar neue Berufsbezeichnungen geben. Wir werden dann nicht nur „Landwirte" kennen, sondern auch „Stadtwirte".

Für uns sind diese Gärten auf besondere Weise Gesamtkunstwerke. Sie erzählen spannende Geschichten über Pflanzen und die Menschen, die sie gefunden haben. Sie entwerfen ein Bild von lebenswerten Städten der Zukunft und von unserer Nahrung, die wir getrost „Mittel zum Leben" nennen können.

GUTE REISE DORTHIN!
IHRE
RENATE KÜNAST

Renate Künast
bei einem Besuch der
ECF Farm in Berlin.

Die Welt der urbanen Gärten

Gemeinsam gärtnern, Obst, Gemüse und Kräuter anbauen und frisch ernten, kochen, improvisieren, diskutieren, ein neues Bewusstsein für Ernährung und die Umwelt schaffen, aber auch Spaß haben – und das mitten in der Stadt.

Die Stadtgärtner reagieren auf städtische Defizite, Ernährungskrisen und Umweltprobleme, müssen leider aber auch immer wieder um ihren Standort kämpfen. Das alles bedeutet Urban Gardening. Wir möchten Ihnen einen Einblick geben in die bunte Welt der Gemeinschaftsgärten, interkulturellen Gärten, Kulturdachgärten, Stadtnaturgärten, Gemeinschaftsäcker und Essbaren Städte in Deutschland, Österreich und der Schweiz.

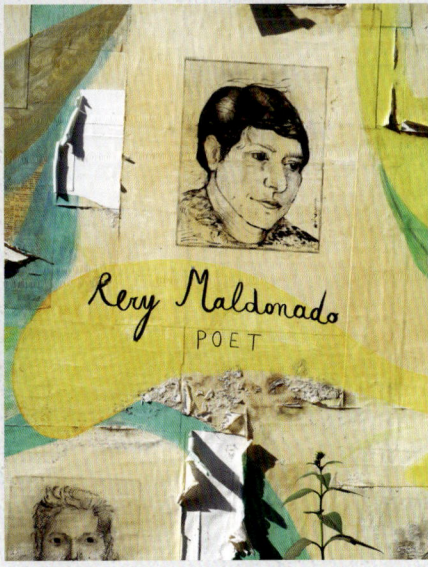

Rery Maldonado
POET

1

1 „Dayanışma her
şeyi değiştirebilir –
‚Solidarität kann
alles verändern'."
Schriftzug
auf Türkisch im
himmelbeet.

2 „Ein Manifest" –
Poster vom „Urban
Gardening Mani-
fest" am als Mate-
riallager genutzten
Bauwagen.

2

Das gute Leben für alle

HIMMEL BEET

Kontakt
Himmelbeet
Gemeinschaftsgarten
Ruheplatzstraße 12
13347 Berlin-Wedding

E-Mail/Web
mail@himmelbeet.de
www.himmelbeet.de

Anfahrt
Ubanlinie U6 und U9
Bus 120 und 142
Haltestelle Leopoldplatz

Derzeit befindet sich mit dem Gemein-schaftsgarten himmelbeet noch ein grüner Erholungsort in Berlin-Wedding, nur wenige Meter von der trubeligen Müllerstraße ent-fernt. Mitten in dem von sozialem Woh-nungsbau geprägten Stadtteil ist hier in den letzten sechs Jahren auf ca. 1.700 Quadrat-metern das himmelbeet gewachsen. Besu-cher können im Gartencafé zwischen Ge-müse, Kräutern und Pflanzen Kuchen essen und Kaffee trinken, mitgärtnern, lernen oder einfach mal nichts tun. Noch hat das Ge-meinschaftsprojekt sein Zuhause auf dem früheren Bolzplatz an der Ruheplatzstraße 12, schräg gegenüber vom lebendigen Leo-poldplatz. Doch im Oktober 2019 muss der beliebte Anlaufplatz für Anwohner, Berliner und Besucher, der auch schon mehrere Prei-se wie den European Award for Ecological Gardening 2017 oder den Zukunftspreis 2016 gewonnen hat, umziehen. Der Zwischennut-zungsvertrag endet, und die Fläche ist an-derweitig vergeben worden.

KONZEPT UND ZIELE

2013 entstand der Gemeinschaftsgarten, der ökologische und soziale Aspekte vereint, auf einer brachliegenden ehemaligen Sportfläche. Hier in Berlin-Wedding ist der Anteil an Menschen mit Migrationshintergrund, Menschen ohne Schulabschluss oder auch ohne Arbeit sehr hoch. „Für diesen Stadtteil ist ein Ort der Begegnung, der gesellschaftlichen Teilhabe und Bildungsermutigung außerhalb des konventionellen Schulangebots, aber auch der Erholung sehr wichtig", erklärt eine Sprecherin vom himmelbeet, die anonym bleiben will. Dank der Hilfe vieler Ehrenamtlicher gewann der Gemeinschaftsgarten stetig an Qualität und wurde tatsächlich schnell zu einem Ort der Begegnung und Erholung. Unabhängig von Alter, Geschlecht, Herkunft oder sozialer Stellung kommen hier Menschen zusammen, um zu gärtnern, zu lernen, sich auszutauschen oder zu entspannen. „Ein Schwerpunkt ist außerdem die möglichst gleichberechtigte Einbindung von Menschen mit Behinderungen", ergänzt die Sprecherin. Dafür kooperiert das himmelbeet z. B. mit den Berliner Werkstätten für Menschen mit Behinderung oder der Lebenshilfe. Neben Themen der Umweltbildung bietet der Gemeinschaftsgarten auch Raum für eine Vielzahl nachbarschaftlicher Projekte.

> **„**
>
> Gemeinsame Sache
> für das gute Leben
> für alle.
>
> **"**

3

3   Kino im Garten – Podiumsdiskussion zum Screening des Films „Das Wunder von Mals".

4   „Lieber FREIRAUM" – Briefkasten für Liebesbriefe an Freiräume in der Stadt.

5   Erdbeerjungpflanzen zum Saisonbeginn.

6   Basilikum aus Indien – die wichtigsten Infos werden auf Täfelchen zusammengefasst.

7   Es wird auch vertikal gegärtnert, z. B. mit einem Bohnenweg durch die Beete.

8   Himmelbeet–Schablonendruck.

9   Umsonst und draußen; Live-Konzert auf der Bühne im himmelbeet.

10 „Die Weddinger Kräuternarren", ein inklusives Projekt des himmelbeets, verkaufen ihre Produkte auf dem Markt.

4

5

⊕ Tipp

Kapuzinerkresse

Eine Pflanze, die im himmelbeet auf keinen Fall fehlen darf, ist die Kapuzinerkresse. Die schnell wachsende, anspruchslose Pflanze sieht mit den großen schildförmigen Blättern und zahlreichen Blüten nicht nur schön aus, sie ist auch von Kopf bis Fuß essbar! Die leichte Schärfe der Blätter und Stängel passt hervorragend zu Salaten. Die gelben, orangen und roten Blüten landen im himmelbeet-Café als essbare Dekoration auf fast allen Gerichten. Die Samen haben eine intensivere Schärfe und sind sehr knackig. Sie können frisch genossen oder als „falsche Kapern" eingelegt werden (siehe Rezept). Für die Schärfe in der kleinen Pflanze sorgen die darin enthaltenen Senföle. Diese Stoffe haben eine keimhemmende Wirkung und können so z. B. Erkältungskrankheiten vorbeugen. Kapuzinerkresse macht sich auch prima in Mischkulturen. Sie bedeckt den Boden, kann ihn vor dem Austrocknen schützen und Unkraut unterdrücken. Außerdem zieht sie Blattläuse an und lockt so die Insekten von den empfindlicheren Kulturen weg, ohne selbst unter dem Befall zu sehr zu leiden. Kurzum, es gibt kaum eine Pflanze, die so viele Funktionen im Garten oder auf dem Balkon erfüllt! Und das Beste ist: Die Aussaat (ab Mitte Mai) ist kinderleicht und kann entweder direkt im Beet oder in mittelgroßen Töpfen/Balkonkästen erfolgen.

7

8

6

SELBST SÄEN, JÄTEN UND ERNTEN MITTEN IN BERLIN

Wo es bis zur Gründung 2012 nur eine brachliegende Fläche gab, stehen heute ca. 120 Gemeinschafts- und 170 Pachtbeete, die von Menschen aus der Nachbarschaft im entspannten Miteinander bewirtschaftet werden. Rund 20 Beete sind außerdem an soziale Initiativen vergeben. „Bitte gießt unsere Pflanzen mit. Wir können uns gerade aus gesundheitlichen Gründen nicht richtig um das Beet kümmern", steht auf einem Schild vor einem Hochbeet. Kein Problem im himmelbeet, man hilft sich gegenseitig und kümmert sich auch mal um die Beete der Nachbarn.

Ruhe und Erholung sind für viele besonders wichtig, aber auch gemeinsam produktiv sein und der Kontakt zu Menschen aus der Nachbarschaft. Im Fokus steht dabei die Erzeugung von Nahrungsmitteln in der Stadt mit einem Schwerpunkt auf regionale sowie alte Kultursorten. Gegärtnert wird ökologisch mit samenfestem Saatgut. In den Gemeinschaftsbeeten kann nach Bedarf selbst geerntet werden. Im himmelbeet findet sich alles, was das Bio-Gärtnerherz begehrt: mediterrane Kräuter, Beeren, essbare Blüten und natürlich Gemüse, wie z. B. Kartoffeln, verschiedene Salatsorten, Bohnen, Erbsen, Tomaten, Kohl, Mangold, Kohlrabi, Topinambur und vieles mehr.

9

10

Zum Mitnehmen

Im himmelbeet werden Jungpflanzen nach ökologischen Prinzipien gezogen und verkauft. Wer für Beet oder Balkon etwas Besonderes sucht, findet hier Raritäten wie Rotes Basilikum, Goldmelisse oder Mexikanische Minze. Auch klassische Küchenkräuter und Gemüsepflanzen von robusten, samenfesten Sorten werden angeboten. Außerdem gibt es selbst gemachten Kräuteressig und Honig von den eigenen Bienen. Mit dem Kauf von Jungpflanzen und den erzeugten Produkten kann man das Projekt unterstützen.

Zum Essen

himmelbeet-Café
Im himmelbeet-Café, welches aus Paletten und Lehm mit Unterstützung vieler Freiwilliger gezimmert wurde, wird vegan-vegetarisch gekocht – weil es schmeckt und gut für das Klima ist. Für die frisch zubereiteten Gerichte werden natürlich Salate, Kräuter, Blüten, Gemüse und Pilze aus dem Gemeinschaftsgarten verwendet. Der Kaffee stammt von Flying-Roasters-Kaffeebohnen. Das Café bietet Getränke und Speisen zu möglichst fairen Preisen an, ebenso kann man sich aber auch eigene Speisen und Getränke mitbringen. Das Garten-Café ist ein Beispiel dafür, dass es auch ohne viel Verpackungsmüll geht (Low Waste). Es wird so viel wie möglich selbst produziert, und es werden nur wenig verarbeitete Rohstoffe in Großgebinden und Trockenform genutzt, um Müll und Geld zu sparen.

Workshops, Veranstaltung und „Offenes Mitmachen"

Das himmelbeet bietet im Laufe der Gartensaison neben Kursen mit gärtnerischem Wissen auch spannende Veranstaltungen an. Darunter sind unter anderem Themen wie Wildkräuterwanderungen, Vorträge zum Thema Ernährung, interkulturelle Kochworkshops, eine offene Fahrradwerkstatt und kreative „Do it yourself"-Kurse, wie die Herstellung von Farben aus Färberpflanzen, der Bau von Hochbeeten oder eines Vogelfutterhauses. Einige Angebote sind kostenfrei, bei anderen wird um eine kleine Spende gebeten. Die Termine werden jeweils aktuell online gestellt.
Jeden Mittwoch gibt es außerdem ein „Offenes Mitmachen", an dem jeder von 14 Uhr bis zum Einbruch der Dunkelheit ohne Vorkenntnisse gärtnern, bauen, reparieren, kompostieren und nebenbei den Gemeinschaftsgarten und seine Nachbarschaft besser kennenlernen kann.

Rezept

„Falsche Kapern" – eingelegte Samen der Kapuziner Kresse

Kapuzinerkressesamen lassen sich einfach in Salzlake einlegen und schmecken dann ähnlich wie Kapern. Dazu einfach eine Handvoll frische, noch nicht verhärtete Samen in ein Glas geben und mit etwa 10-prozentiger Salzlake (10 g Salz auf 100 ml Wasser) aufgießen. Anschließend mehrere Wochen bei Raumtemperatur an einem dunklen Ort (oder abgedeckt mit einem Tuch) fermentieren lassen. Dabei den Deckel ab und zu öffnen, um die entstandene Kohlensäure entweichen zu lassen. Bei dieser Gelegenheit gleich einmal probieren, ob die Samen schon säuerlich schmecken. Die Fermentation durch Milchsäurebakterien sorgt nicht nur dafür, dass die Samen haltbar, sondern auch gesünder und leichter verdaulich werden. Die „falschen Kapern" sind eine wahre Delikatesse und schmecken z. B. als Garnierung für Salate oder auf dem Käsebrot und sind ein tolles Geschenk.

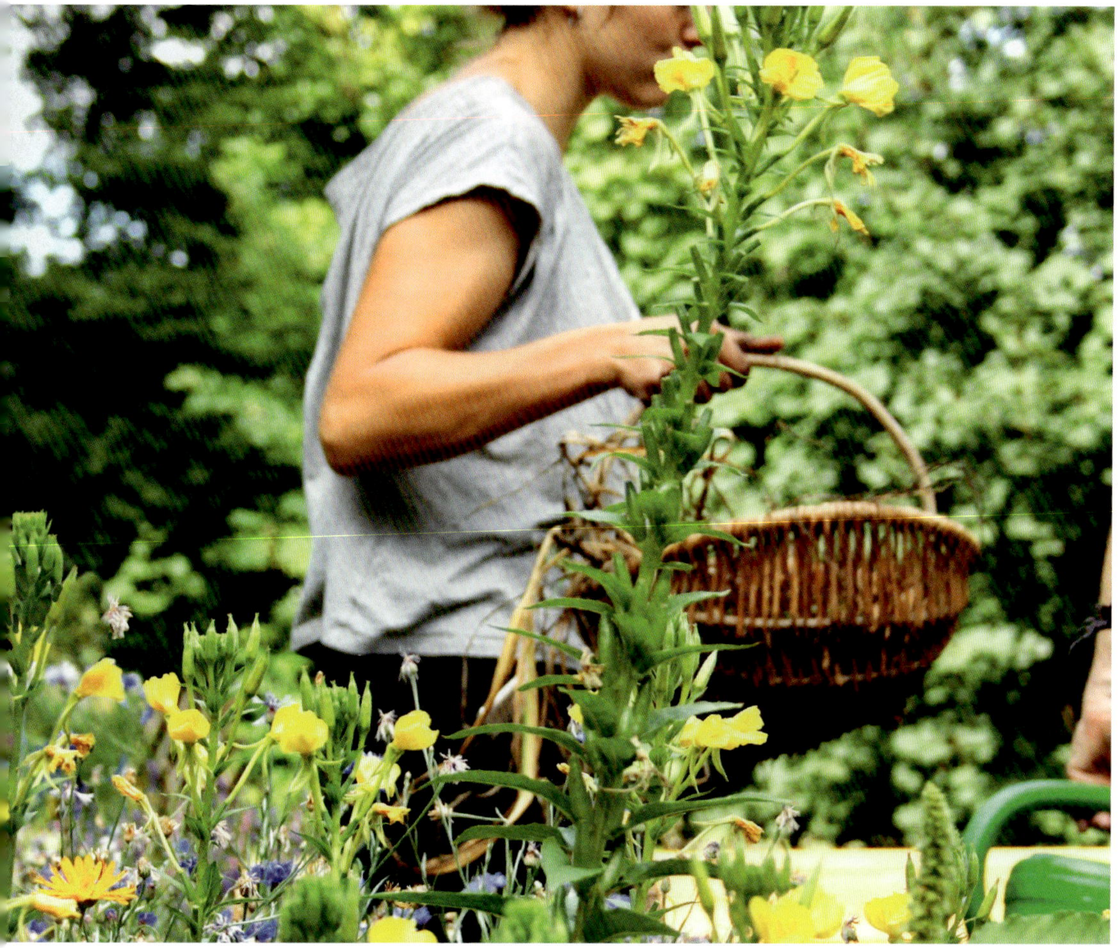

Gemeinsam säen,
gemeinsam ernten:
Knoblaucherernte im
Garten der „Wed-
dinger Kräuternarren".

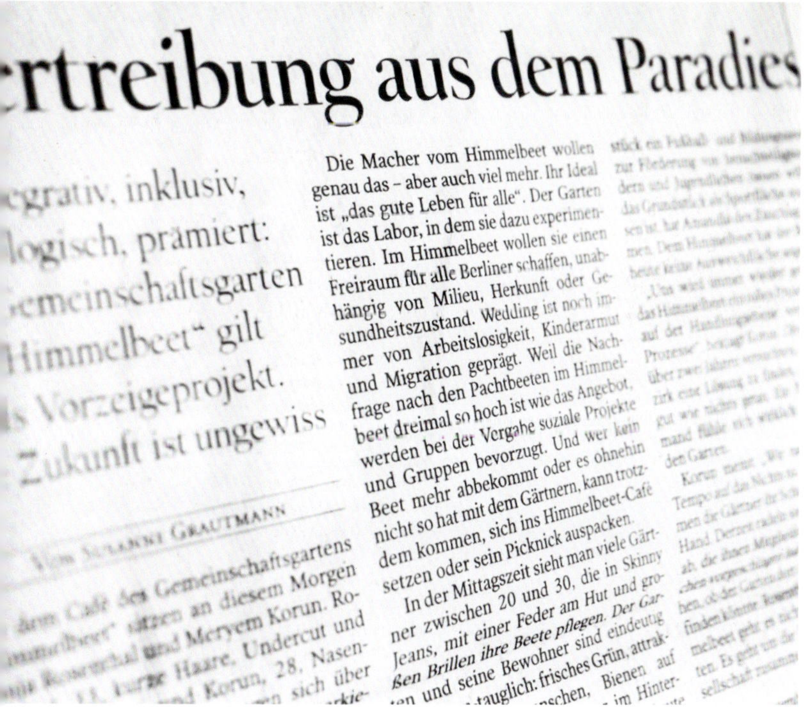

ertreibung aus dem Paradies

egrativ, inklusiv,
logisch, prämiert:
emeinschaftsgarten
Himmelbeet" gilt
s Vorzeigeprojekt.
Zukunft ist ungewiss

Von Susanne Grautmann

Die Macher vom Himmelbeet wollen genau das – aber auch viel mehr. Ihr Ideal ist „das gute Leben für alle". Der Garten ist das Labor, in dem sie dazu experimentieren. Im Himmelbeet wollen sie einen Freiraum für alle Berliner schaffen, unabhängig von Milieu, Herkunft oder Gesundheitszustand. Wedding ist noch immer von Arbeitslosigkeit, Kinderarmut und Migration geprägt. Weil die Nachfrage nach den Pachtbeeten im Himmelbeet dreimal so hoch ist wie das Angebot, werden bei der Vergabe soziale Projekte und Gruppen bevorzugt. Und wer kein Beet mehr abbekommt oder es ohnehin nicht so hat mit dem Gärtnern, kann trotzdem kommen, sich ins Himmelbeet-Café setzen oder sein Picknick auspacken.

In der Mittagszeit sieht man viele Gärtner zwischen 20 und 30, die in Skinny Jeans, mit einer Feder am Hut und großen Brillen ihre Beete pflegen. Der Garten und seine Bewohner sind eindeutig

AUSBLICK

An der Stelle, an der sich das himmelbeet momentan befindet, wird die „Amandla EduFootball gGmbH i.G." ein Bildungszentrum und Sport für benachteiligte Kinder anbieten. „Wir wussten, dass das Grundstück vom Land als Sportfläche vorbehalten war, und natürlich hat das Projekt seine Berechtigung, doch es kann nicht sein, dass ein soziales Projekt ein anderes verdrängt", sagt eine Sprecherin von himmelbeet. Bis zum 31. Oktober 2019 wird das himmelbeet an dieser Stelle noch bleiben dürfen. Wie es dann mit dem beliebten Treff weitergeht, steht bislang noch nicht fest. „Wir versuchen seit über zwei Jahren intensiv mit dem Bezirk eine Lösung zu finden, doch leider hat sich bislang so gut wie nichts getan", beklagt die Sprecherin weiter. Vorschläge für die Mehrfachnutzung der Fläche durch das himmelbeet, Amandla EduFootball e.V. und den Bezirk sowie Alternativstandorte wurden von den Verantwortlichen des Bezirksamts bisher leider wenig berücksichtigt. Aktuell gibt es noch keinen neuen Standort. Auf der Homepage www.himmelbeet.de wird man jedoch auf dem Laufenden gehalten.

1 Mitglieder und GärtnerInnen beim gemeinsamen Pflanzen von Gurken, Paprika und Tomaten.

2 Christoph Graul und Silas Müller bei der Genossenschaftsgründung von Die Kooperative eG am 8. September 2018.

2

Genossenschaft

DIE KOOPERATIVE FRANKFURT

Kontakt
Die Kooperative eG
Stadt.Land.Wirtschaft.
Offenbacher Landstraße 384
60599 Frankfurt am Main

Telefon:
Silas
+49 (0) 170/718/196
Christoph
+49 (0) 176/57730657

E-Mail/Web:
info@diekooperative.de
www.diekooperative.de

Auch wenn man die Höfe und Workshops der Kooperative nur als Mitglied besuchen kann, sind sie ein wichtiger Teil des Urban Gardenings, da sie nach dem Prinzip der Solidarischen Landwirtschaft arbeiten – und dürfen daher in unserem Buch nicht fehlen! Vielleicht fühlt sich ja auch der eine oder andere Frankfurter oder Offenbacher angesprochen und hat Lust, ein spannendes Projekt der Solidarischen Landwirtschaft kennenzulernen. Schließlich sind es aus der Frankfurter oder der Offenbacher Innenstadt mit dem Fahrrad am Main entlang gerade einmal zehn Minuten bis zu den Feldern und dem Gewächshaus der Kooperative.

Fünf Jahre haben die Freunde Silas Müller und Christoph Graul an ihrem Konzept für ihr Wirtschaftsmodel Die Kooperative – Stadt.Land.Wirtschaft. gearbeitet. „Unser Ziel? Frankfurter, und zwar den gesamten Querschnitt der Gesellschaft, mit Vertrauen und Transparenz anzusprechen und direkt vor der Haustür ökologisch zu produzieren", erklärt Christoph Graul. Dabei werden die Verbraucher und Bio-Landwirte durch partizipative Landwirtschaft vernetzt, sodass der direkte Austausch gefördert wird, was letztlich dem gesellschaftlichen Zusammenhalt dient. Die Kooperative ist dabei Vermittler und hat sich das Ziel gesetzt, eine unabhängige lokale Versorgung aufzubauen und zu stärken.

> „
> **Jedes Genossen-schaftsmitglied hat die Möglichkeit, die Kooperative mitzugestalten.**
> "

WIE ALLES BEGANN

Das Areal im alten „Grüne Soße"-Anbaugebiet mit Blick auf die Europäische Zentralbank und die Frankfurter Skyline haben die beiden studierten Gemüsebauern auf der Durchfahrt aus dem Zug entdeckt. Die Felder in Oberrad sind der ideale Standort für das Projekt. „Durch unsere Jobs konnten wir die Branche schon lange beobachten und reflektieren", erklärt Christoph Graul. Beide wissen, wovon sie sprechen: Sie stammen aus Gärtner- bzw. Landwirtschaftsfamilien und haben eine gärtnerische Ausbildung: Silas im Produktionsgartenbau, Christoph im Obstanbau. Zudem haben sie nationale und internationale Erfahrungen in konventionellen Betrieben gesammelt und ökologische Landwirtschaft bzw. Produktionsgartenbau studiert. „Im März 2018 haben wir schließlich auf kahlen Feldern und in einem leeren Gewächshaus in Oberrad zwischen Offenbach und Frankfurt begonnen", erinnert sich Silas Müller. Felder und Gewächshaus wurden bepflanzt, danach gab es eine lange Tafel, um gemeinsam den Start der Kooperative zu feiern.

Gut zu wissen

In den nächsten zehn Jahren könnten ca. 2.000 bis 3.000 Menschen von der Kooperative versorgt werden.

Wissen und Kulturtechniken werden weitergegeben, bevor sie unwiederbringlich verloren gehen. Mitglieder der Kooperative haben die Möglichkeit, die Höfe durch Aktionen wie Hoffeste oder das Begleiten eines Wanderschäfers besser kennenzulernen.

3

4

5

6

DIE GENOSSENSCHAFT – WIE FUNKTIONIERT'S?

„Wer Kisten mit einem Ernteanteil beziehen möchte, muss Genossenschaftsmitglied sein. Mit einem einmaligen Genossenschaftsbeitrag in Höhe von 200 € wird man Mitunternehmer bei der Kooperative", erklärt Christoph Graul. Für seine Beteiligung mit eigenem Kapital erhält jeder Genosse ein Mitspracherecht bei den Entscheidungen, wie und was angebaut werden soll. So kann man Regionalität selbst mitgestalten. Die Mitglieder zeichnen außerdem halbjährlich sogenannte „Ernteanteile" und finanzieren damit den Anbau. Wer Anteile hält, bekommt also regelmäßig seinen individuellen Ernteanteil, bestehend aus Gemüse, Obst und Eiern aus dem Kooperative-Anbau und den vielfältigen Produkten der Kooperationshöfe in und um Frankfurt. „Über 200 Haushalte konnten wir von unserer Idee bereits überzeugen", freut sich Silas Müller.

Ein Standard-Ernteanteil ist für einen Zwei- bis Dreipersonenhaushalt ausgelegt, ein kleiner Ernteanteil für einen Einpersonenhaushalt. Für größere Familien gibt es einen Maxi-Ernteanteil. Die Kosten betragen zwischen 3,60 € und ca. 53 € pro Woche, je nachdem, wie viel Obst, Gemüse, Eier, Saft, Honig oder Brot man benötigt. Welches Gemüse oder Obst in der Kiste landet, hängt davon ab, was gerade reif ist. „Jederzeit frisches Gemüse ohne lange Transportwege, Kühlketten oder Lagerung und eine volle Transparenz über Anbau und Herkunft sind für die Mitglieder ein wichtiger Bestandteil ihrer Beteiligung", betont Silas Müller. Die Kisten können an verschiedenen Lieferstellen, sogenannten Kooperative-Depots, abgeholt werden.

Die Preise werden im Gegensatz zur herkömmlichen Landwirtschaft immer vor der Saison festgelegt und sind trotz bester Bio-Qualität nicht unbedingt teurer als im Supermarkt, da die Gewinnspanne des Einzelhandels wegfällt. „Es konnte sich zunächst keiner vorstellen, dass das funktioniert. Doch wir kooperieren heute schon fest mit zehn Höfen wie dem Obsthof Speth oder dem Eichwaldhof der Familie Förster und planen, noch mit zehn weiteren Höfen zusammenzuarbeiten. Und um Frankfurt herum gibt es noch ein großes Potenzial", freut sich Silas Müller. „Wir nutzen die Flächen, die andere Landwirtschafts- oder Gartenbaubetriebe nicht mehr benötigen, die alters-

3   Blick auf die Frankfurter Skyline von einem der Felder der Kooperative.

4   Silas Müller instruiert Mitglieder beim Pflanzfest, wie die Gurken am besten gepflanzt werden.

5   So kann ein Ernteanteil der Kooperative aussehen.

6   Silas Müller im Gespräch mit Mitgliedern der Kooperative bei der Genossenschaftsgründung.

Testphase

Die Produkte der Kooperative können in den Städten Frankfurt und Offenbach zunächst acht Wochen lang getestet werden. So kann man die Genossenschaft und andere Mitglieder bei den Veranstaltungen oder in den Depots in Ruhe kennenlernen. Während dieser Testphase zahlt man wöchentlich für seinen Anteil und entscheidet danach, ob man Mitglied werden möchte. Wer während dieser Zeit eine Woche nicht da ist, muss diese dann auch nicht bezahlen.

> **"**
> Wir wollen Mechanismen entwickeln, wie wir auch Menschen mit geringeren Einkommen partizipieren lassen können.
> **"**

bedingt ihren Betrieb nach und nach aufgeben. Und die alteingesessenen Gärtner sind froh, dass Nachwuchs kommt."

Wer Kooperationspartner wird, muss seine Pforten aber auch für die Genossenschaftsmitglieder öffnen. „Schließlich soll der Austausch zwischen den Landwirten und den Endverbrauchern wiederhergestellt werden und die urbane Gemüseanbau-Tradition direkt vor der Haustür erlebbar sein", sagt Christoph Graul. Konsumenten haben hohe Ansprüche, aber wenig Kenntnis über Anbau- und Produktionsmethoden. Durch den Austausch lernen die Konsumenten die Produkte sowie die Produktionsmethoden besser kennen und schätzen, während die Bauern von der direkten Rückmeldung profitieren. So steigt die Akzeptanz der Mitglieder, für gute Produkte tatsächlich auch faire Preise zu zahlen oder das eigene Konsumentenverhalten zu überdenken.

„Es ist uns wichtig, dass wir mit unserer Kooperative und den kooperierenden Höfen nah an der Stadt sind und wir unsere neue Form der Landwirtschaft und die schönen landwirtschaftlichen Räume rund um Frankfurt zeigen können", erklärt Christoph Graul. Der Produzent macht seine Arbeitsweise transparent und tritt so in Kontakt mit dem Käufer. Die Transparenz schafft einerseits Vertrauen, andererseits wird aber auch die Gemeinschaft gefördert. Gerade durch Mitgliederaktionen oder Feste bei der Kooperative in Frankfurt-Oberrad sowie auf den Kooperationshöfen können die Menschen die Landwirtschaft direkt erleben. Die Kooperative organisiert Ernte- und Hoffeste, aber auch Projekttage wie das „Sauerkraut-Stampfen", bei dem interessierte Genossenschaftsmitglieder 300 bis 400 Kilo Sauerkraut selbst herstellen. Im Odenwald können Mitglieder z. B. den Schäfer mit seiner Herde bei der Wanderung begleiten und erfahren, welche ökologische Bedeutung Schafe für die steilen Hänge im Odenwald haben, die mit Maschinen nicht bewirtschaftet werden können.

7   Christoph Graul bei der Bodenbearbeitung.

8   Mitglied der Genossenschaft Nathaly Simonis (Mitte) mit Tochter Paula (links) und der Gärtnerin der Kooperative Anna Merkh (rechts) beim Pflanzen von Paprika.

9   Kiste mit Gurkenjungpflanzen beim Pflanzfest.

10 Begrüßungsworte von Christoph Graul bei der Gründungsversammlung auf den Oberräder Feldern.

7

Wie werden Flächen bio-fähig?

Auf die ehemals konventionell bewirtschafteten Ackerflächen wird zunächst eine Mischung aus Klee und Gras eingesät, die dort zwei Jahre verbleibt (Umstellungszeit). Der Klee sorgt für den wichtigen Humusaufbau, erhöht die Bodenfruchtbarkeit und unterdrückt nicht gewollte Beikräuter. Während dieser Zeit bearbeiten Hühner aus mobilen Ställen die Flächen, um den Boden für den Gemüseanbau vorzubereiten.

8

9

10

AUSBLICK FÜR DIE ZUKUNFT

Die Kooperative verfolgt das Ziel, so viele Menschen wie möglich mit gesunden Lebensmitteln aus der Region zu versorgen. Nach dem Prinzip der Solidarischen Landwirtschaft legen sie dabei großen Wert auf soziale Gerechtigkeit. „Unser Traum ist es, in 20 Jahren 30.000 Menschen zu versorgen", erzählt Christoph Graul. Und Silas Müller ergänzt: „Doch wir wollen nichts überstürzen, wir müssen auf unsere Substanz aufpassen und nicht zu schnell wachsen. Daher gehen wir lieber den langsamen Weg. Viele Projekte starten mit hohen ideellen Werten, die dann schnell für Frust und Enttäuschung sorgen. Daher haben wir auch viel Zeit in die Planung gesteckt, bevor wir mit unserem Projekt starteten."

Langfristig soll eine Vollversorgung über die Kooperative aufgebaut werden. Bisher konnten die beiden Initiatoren schon Kooperationspartner gewinnen, die Fleisch-, Milch- und Käseprodukte sowie Brot herstellen; auch eigenes Bier soll gebraut werden. Für gekühlte Produkte fehlen allerdings noch Lagerräume sowie Transportfahrzeuge mit Kühlung. Auch Quartiersläden, in denen die Erträge der Kooperationsbetriebe verkauft werden, sind geplant. In Steinbach

" Die Kooperative soll wachsen, wir wollen mehr Felder pachten. "

Christoph Graul

" Auch regionale Kleinbetriebe werden gestärkt. "

Silas Müller

gibt es bereits einen ersten Hofladen, in dem sich Mitglieder ihre Lebensmittelanteile abholen können.

Neben einem Bauernhof mit eigenen Tieren und Maschinen wird auch ein Hühnermobil angeschafft. „Wir denken ebenso über eine Werkstatt nach, in der man z. B. Fahrräder reparieren oder auch ein Bett bauen kann", berichtet Christoph Graul. „Außerdem wollen wir genossenschaftlich Dinge anschaffen und dann gemeinschaftlich teilen." Für die Zukunft sind auch Workshops geplant, aber ebenso wie beim Aufbau der Kooperative selbst erst nach und nach.

Klimaschutz

Klimaschutz ist ein zentraler Aspekt der Kooperative. Natürlich sind alle Kooperationspartner im Raum Frankfurt ansässig, damit die Transportwege so kurz wie möglich gehalten werden. Außerdem liegen die Verteilerzentren so, dass die Mitglieder sie bequem mit dem Fahrrad oder mit öffentlichen Verkehrsmitteln erreichen können.

MEINE ERNTE – WISSEN, WO'S HERKOMMT

Viele von uns kennen die Gemüsekisten, die man wöchentlich über Hofläden, beim Bio-Laden oder per Lieferung nach Hause bestellen kann. Wer regelmäßig eine solche Kiste ordert, hat nicht nur frisches Gemüse, sondern auch Diskussionen darüber, wie dieses möglichst abwechslungsreich zubereitet werden kann. Denn für viele alte Gemüsesorten, die inzwischen wieder von Bauern angebaut werden, kannten unsere Großmütter noch die Rezepte, wir aber müssen sie neu entdecken. Wir stellen deshalb in diesem Reiseführer ein paar Rezepte vor, die bei der Verarbeitung alter Sorten hilfreich sein könnten. Inzwischen reicht vielen die Gemüsekiste schon gar nicht mehr aus. Immer mehr Menschen möchten wieder erfahren, wie diese Pflanzen wachsen. Sie möchten wieder selbst anbauen, selbst ernten und die Bauernfamilie kennenlernen, statt alles anonym im Geschäft einzukaufen.

Adressen für Österreich

www.ochsenherz.at
www.garteln-in-wien.at

Glücklicherweise gibt es dazu inzwischen vielfältige Möglichkeiten und sehr wahrscheinlich auch ein Projekt in Ihrer Nähe. Von Meine Ernte über Ackerhelden bis zu Solidarischer Landwirtschaft findet man zahlreiche Betriebe und Initiativen, die Kontakt zu Bauern herstellen und die Chance bieten, selbst eigenes Gemüse anzubauen. Dabei geht es nicht allein um den Anbau, sondern auch um die Vielfalt der Nutzpflanzen und um alte samenfeste Gemüsesorten. Seit den 1990er Jahren gibt es dafür übrigens ein Wort: Ernährungssouveränität. Das beschreibt das Recht, selbst Einfluss auf die Art und Weise der Ernährung zu nehmen, statt auf das reduzierte Angebot der Industrie beschränkt zu sein. In vielen Ländern dieser Erde ist es existenziell, selbst für sein Gemüse sorgen zu können, um die Ernährung der Familie zu sichern. Bei uns spielt die Abkehr von der Anonymität eher eine Rolle und das Interesse an einer möglichst großen Vielfalt.

Ob im Lebensmittelladen oder auf dem Markt, regionale und saisonale Produkte muss man bisher noch ernsthaft suchen; doch es tut sich etwas. Auf Bauernhöfen und Märkten gibt es wieder mehr regionale und saisonale Produkte, die nicht um die halbe Welt gereist sind. Sie bieten uns wieder eine Vielfalt an Rüben, darunter etwa Teltower Rübchen, an Möhren, Tomaten, Äpfeln und Kräutern an, die unseren Speiseplan bereichert.

Wenn es die bäuerlichen Pioniere nicht gebe! Aber sie müssen mit ihren Familien von ihrer Arbeit auch leben können. „Erhalten durch Aufessen", lautet, frech formuliert, die Devise. Sprich: Wir müssen diese Erzeugnisse auch kaufen und verzehren, damit die bäuerlichen Familien ein verlässliches Einkommen haben. Verlässlichkeit ist dabei das Zauberwort. In den letzten Jahrzehnten hat sich dazu eine Bewegung entwickelt, die mehr Planungssicherheit für Bauern schaffen und Vielfalt in die Natur und auf den Teller des Kunden bringen möchte. Aus dieser Idee sind neue Geschäftsmodelle entstanden, z. B. Hofläden und Projekte, die sich kulturell engagieren und gleichzeitig in die Debatte um Ernährung einmischen. Hier ein paar Beispiele …

MEINE ERNTE

Die Bewegung Meine Ernte wirbt mit den Worten: „Entspannung und Selbstversorgung aus eigenem Anbau – Gärtnern macht glücklich". Im Unterschied zum eigenen Garten hinter dem Haus oder zu einem gepachteten Kleingarten bietet dieses Modell eine Möglichkeit zu gärtnern, ohne sich lange vertraglich zu binden. An 25 Standorten in Deutschland können Sie sich erst einmal für eine Saison ein Stück Acker mieten. Meist wird dafür eine Fläche von 40 Quadratmeter angeboten. Von Aachen bis Wiesbaden findet man solche Standorte, auf denen Bauern Pflanzen größtenteils bereits ausgesät oder gesetzt haben. Über die noch nicht bestellte Fläche entscheidet dann jeder selbst. Die Saison startet jeweils im Mai; sind die Eisheiligen vorbei, ist man in der Regel auf der sicheren Seite. Die Miete kann zwischen 60 und 100 € betragen, je nach Größe der Fläche. Geräte und Wasser sind vorhanden. Wer nachrechnet, wird feststellen, dass sich der Anbau von eigenem Bio-Gemüse lohnt, wenn man seinen finanziellen Aufwand mit den üblichen Ladenpreisen vergleicht. Inzwischen entscheiden sich immer mehr Städte dafür, Flächen für solche Projekte zur Verfügung zu stellen. Fragen Sie also vor Ort nach oder melden Sie bei Meine Ernte Ihr Interesse für ein neues Projekt in Ihrer Region an. Gemeinsam kann man vielleicht auch neue Flächen für diese Idee erschließen. www.meine-ernte.de

Die stolzen
Ackerhelden-Gründer
Tobias Paulert (links) und
Birger Block.

DIE ACKERHELDEN

Ackerhelden ist ein weiteres Modell, bei dem ein Stück Land selbst bearbeitet und später abgeerntet wird. Es ähnelt also dem Prinzip Meine Ernte. Unter www.ackerhelden.de finden sich quer durch die Republik bio-zertifizierte Mietgärten und Hochbeete. Im Durchschnitt sind die Flächen ebenfalls 40 Quadratmeter groß, und für die Zeit von Mai bis November kann man für einen Jahresbeitrag von 200 € eine Parzelle bewirtschaften. Weitere Kosten entstehen nicht, denn Geräte und Wasser gibt es vor Ort.

Der Acker wird von ortsansässigen Bauern mit verschiedenen Kartoffelsorten, Zwiebeln, Fenchel, Kohlrabi, Mangold, Spinat und Rosenkohl bestückt. Meistens sind vorgezogene Jungpflanzen gesetzt, das garantiert einen besseren Ernteerfolg. Und dann folgt Ihr Einsatz: Von Arnsberg, Berlin, Braunschweig bis Recklinghausen, Stuttgart und Willich gibt es ca. 16 Standorte der Ackerhelden. Der Arbeitsaufwand beträgt etwa zwei Stunden pro Woche – das ist nicht allzu viel. Dafür bekommt man viel frische Luft, erlebt das Gedeihen seiner Pflanzen und gewinnt neue Kontakte.

Zudem liegen viele Höfe an durchweg interessanten Orten, in Arnsberg z. B. neben einem Bio- und Erlebnis-Bauernhof. In Berlin befindet sich der Betrieb im Landschaftsschutzgebiet in Teltow, also außerhalb und südwestlich der Stadt. Er bietet auch alte Sorten wie z. B. die berühmten Teltower Rübchen an, die Goethe schon so gerne aß. In Kamp-Lintfort ist der Bioland-Hof sogar in einer früheren Ritterburg untergebracht. Hier kann man den Limousin-Rindern auf der Weide beim Grasen zusehen und im Hofladen ihr Fleisch und das der Hofhühner kaufen. www.ackerhelden.de

Tomaten mit Geschmack

Wer Tomaten mit viel Geschmack ernten möchte, sollte die Pflanzen nicht ständig und allzu viel gießen. Regelmäßige Wassergaben sind vor allem bei der Anzucht nötig oder wenn die Pflanzen in Töpfen kultiviert werden. Tomaten finden ihr Wasser selbst, und man erhält die schmackhaftesten Früchte, wenn man die Pflanzen mäßig gießt. Vielleicht sehen die Blätter dann nicht mehr ganz so hübsch aus, aber man möchte ja vor allem geschmacklich ausgezeichnete Tomaten und keine wässrigen Früchte. Wenn wir viel Wasser geben, „erziehen" wir die Pflanzen dazu, nur schwaches oberflächliches Wurzelwerk auszubilden. Nur keine Angst – so schnell vertrocknet keine Pflanze! Im Gegensatz dazu „ertrinken" Pflanzen wegen des Sauerstoffmangels an den Wurzeln relativ rasch. Was die Kraut- und Fruchtfäule (Phytophthora) betrifft, so ist das Problem außerdem nicht das Wasser von oben, sondern das Wasser, das vom Boden an die Blattunterseite spritzt. Die Pilzsporen befinden sich im Boden und können mit dem Spritzwasser in die Porenöffnungen an der Blattunterseite eindringen. Ungünstig wirkt sich eine Mischkultur im Gewächshaus mit feuchteliebenden Pflanzen wie Gurken aus. Empfehlenswert ist es dagegen, die untersten Tomatenblätter zu entfernen, den Boden zu mulchen und Basilikum oder Petersilie in Mischkultur dicht unter die Tomaten zu pflanzen.

STADTFRÜCHTE UND GESUNDER MENSCHENVERSTAND

Ein anderes Projekt entstand 2009 auf einer Bootsfahrt, als sich zwei junge Leute darüber wunderten, dass das viele Obst an den Bäumen und Sträuchern von niemandem geerntet wurde. Dies gab den Anstoß für die Mundraub-Bewegung. Mithilfe ihres gesunden Menschenverstandes sagten sich die beiden, dass Früchte, egal ob auf dem Land oder in der Stadt, zu schade dafür sind, einfach liegen zu bleiben und zu verrotten. Sie entwickelten Mundraub-Regeln: Diese verlangen, dass zuvor die Eigentumsrechte geklärt werden und dass behutsam mit Natur und Pflanzen umgegangen wird. Zudem wird nur für den Eigenbedarf geerntet – klar, denn eine gewerbliche Ernte würde eine behördliche Genehmigung voraussetzen.

Inzwischen gibt es über 50.000 „Fundorte" und über 100 Gruppen, die gemeinsam aktiv sind. Die Bewegung bezieht sich auch auf Essbare Städte, nur wird Deutschland dabei als Essbare Landschaft gesehen. Doch die engagierten Mitstreiter von Mundraub ernten nicht nur, sie treiben auch die Debatte voran, heimische Obstbäume im öffentlichen Raum zu pflanzen. Spätestens hier fällt auf, welche kuriose Stadtgrün-Planung sich bei uns entwickelt hat. Warum eigentlich waren die Obstbäume aus dem Straßenbild verschwunden? Nähere Informationen finden Sie unter: www.mundraub.org

SOLIDARISCHE LANDWIRTSCHAFT

Community Supported Agriculture (CSA) kam aus den USA zu uns wie das Community Gardening. Und so stellen sich die Projekte der Solidarischen Landwirtschaft selbst vor: „In der Solidarischen Landwirtschaft tragen mehrere Privathaushalte die Kosten eines landwirtschaftlichen Betriebs, wofür sie im Gegenzug einen Teil des Ernteertrages erhalten. Durch den persönlichen Bezug zueinander erfahren sowohl die ErzeugerInnen, als auch die KonsumentInnen die vielfältigen Vorteile einer nichtindustriellen, marktunabhängigen Landwirtschaft."

Anders ausgedrückt: Sie finanzieren mit einem monatlichen Betrag die Arbeit des Bauern und seiner Mitarbeiter, dafür erhalten sie monatlich ihren Anteil der Ernte in Gemüse. Sie sind also mit ihrem monatlichen Beitrag solidarisch, teilen allerdings auch das Risiko schlechterer Ernten mit dem Bauern und helfen hin und wieder mit. Die erwartete zeitliche Mithilfe ist unterschiedlich. Einige Bauern erwarten mindestens drei Ernte- oder Arbeitseinsätze im Jahr. Bei dieser Variante sind sie nicht für eine eigene Fläche verantwortlich, sondern wirken mit an der Gesamtfläche. Faktisch ist die Gemeinschaft der Solidarischen Landwirte damit Teil der Agrarwende, denn sie unterstützt bäuerliche Landwirtschaft, die es gegenüber der Agrarindustrie mit immer größeren Betrieben zunehmend schwer hat.

Die Solidarische Landwirtschaft ist eine Aktion von bio-zertifizierten Betrieben. Da diese keine Chemie bei der Düngung oder beim Pflanzenschutz einsetzen und oftmals samenfeste und alte Gemüsesorten verwenden, werden hier auch Artenvielfalt, gesunde Böden und das Wasser geschützt. In Deutschland geht man von fast 200 Projekten der Solidarischen Landwirtschaft aus, rund 100 sind davon organisiert. Unter www.solidarische-landwirtschaft.org können Sie in Ihrer Nähe problemlos einen Hof finden.

Viele, die an solchen Projekten teilnehmen, engagieren sich auch für qualitativ hochwertiges, gesundes Essen und gehen zur jährlichen Demonstration in Berlin unter dem Motto „Wir haben es satt". Sie werden Mitglied im Netzwerk und besuchen weitere spannende Veranstaltungen, über die sie durch ihr Projekt erfahren haben. Für die Bauernfamilien sind diese Projekte oftmals eine finanzielle und persönliche Wohltat. Sie haben damit nicht nur mehr finanzielle Planungssicherheit, sondern erfahren auch durch den Kontakt mit den Kunden mehr Wertschätzung für ihre Arbeit. Die Freude ist in der Regel gegenseitig. Ein weiterer Vorteil der Solidarischen Landwirtschaft ist, dass Sie sich nicht wie bei einem Garten auf Jahre binden, sondern es einfach einmal unverbindlich ausprobieren können.

Nehmen wir z. B. eine schon lange existierende Solidarische Landwirtschaft, das Speisegut in Berlin-Gatow. Hier wird im Westen Berlins auf insgesamt zwölf Hektar Fläche Gemüse angebaut. Angefangen hatte Bauer Christian Heymann übrigens mit gerade mal 2.000 € für das Saatgut. Heute ist sein Betrieb ein stadtbekanntes Berliner Modell. Für 40 bis 70 € im Monat kann man einen Ernteanteil erwerben, der wöchentlich an bestimmte Depots in der Stadt geliefert wird, wo man ihn dann abholt. Es wird erwartet, dass man mindestens dreimal im Jahr an Ernteeinsätzen oder anderen Arbeiten teilnimmt. Doch es gibt nicht nur das selbst angebaute Gemüse, ebenso können auch Eier oder Eingemachtes geordert werden.
www.speisegut.com

1 Alte Koffer dienen
  als Beete.

2 Eine der
  vielen Sitzecken
  zwischen
  Bambus, Japani-
  schem Ahorn,
  und Seerosen.

2

Rooftop Gardening

KULTUR-
DACHGARTEN
MÜNCHEN

Kontakt
M.T.M. Group UG
Adolf-Kolping-Straße 10
80336 München

E-Mail/Web
info@kulturdachgarten.de
www.kulturdachgarten.de

Anfahrt
Haltestelle Hauptbahnhof

Per Auto
Auf dem 4. Parkdeck
im Alpina Parkhaus,
Eingang über
der Parkhaus-Kasse

Bis vor wenigen Monaten verirrte sich nur selten jemand auf das obere Deck des Alpina Parkhauses im Bahnhofsviertel in München. Seit dem Sommer 2018 kann man hier im Kulturdachgarten beim Garteln einen fantastischen Ausblick über die Stadt genießen. Eine so schöne und ruhige grüne Oase hätte man mitten im lebhaften Bahnhofsviertel in München, ganz in der Nähe des Stachus, nicht erwartet. Hinauf geht es mit dem Aufzug in den vierten Stock des Parkhauses. Dann noch um die Ecke biegen, und schon taucht die Insel aus Fichtenholz in der Mitte des großen Parkplatzes zwischen parkenden Autos vor uns auf. Mit viel Fleiß und Liebe zum Detail haben Thomas Manglkammer und Michael Falkenbacher hier den Kulturdachgarten aufgebaut und so die Parkhauslandschaft aus Beton mit Holz und vielen Pflanzen bereichert. Vom Gärtnern hatten die beiden bislang keine Ahnung, auch nicht von der Topfkultur auf dem Balkon. „Doch man lernt schnell", schmunzelt Thomas Manglkammer. Ihr Konzept sieht folgendermaßen aus: ein Kleingarten mit vielen Beeten und Bäumen wie in einem Schrebergarten, nur eben über den Dächern von München und in einem Problemviertel, in dem es solche Örtlichkeiten sonst kaum gibt. Selbst gezimmerte Hochbeete aus Holz, Gefäße aus Zink, Holzbottiche und alte Koffer bieten farbenfrohen Blumen, Zimmerpflanzen, aber auch Salaten, duftenden Kräutern und sogar Bäumen wie Japanischem Ahorn, Akazien und Blaseneschen ein urbanes Zuhause. Alte Fenster dienen als Trennelemente zwischen den Beeten. Nicht nur die Initiatoren, sondern auch die gärtnernden Gäste waren erstaunt, wie schnell sich dort auf einmal Bienen und Hummeln einfanden und auf Nahrungssuche quer durch den Dachgarten schwirrten.

1

Die Planung des Projektes, vor allem aber die Suche nach einer geeigneten Örtlichkeit und die erforderlichen Genehmigungen dafür zu bekommen, waren die größten Herausforderungen und zogen sich knapp zwei Jahre hin. In die Tat umgesetzt wurde der Aufbau aus Fichtenholz dann im Juni 2018 innerhalb weniger Wochen. „Vieles ist aus der Not heraus entstanden, da nicht genug Geld da war", erzählt Thomas Manglkammer. „Es hat sich aber perfekt in unser Konzept eingefügt. Wir haben auch das Gefühl, dass Projekte ohne große finanzielle Mittel nicht nur kreativer, sondern auch authentischer werden." Tatsächlich entsteht dadurch, dass alles selbst gemacht ist, eine angenehme urbane Atmosphäre. Von der Hektik auf den Straßen und Fußwegen ist jedoch ganz oben auf dem 4. Parkdeck nichts mehr zu spüren.

Die Dachterrasse ist der perfekte Ort, um eine Kleinigkeit zu essen, den Ausblick über die Dächer Münchens und auf die Frauenkirche zu genießen, Freunde in der Stadt auf einen Drink zu treffen, ungestört am Laptop zu arbeiten – oder eben auch zu gärtnern. In 20 Hochbeeten können Interessierte in Zusammenarbeit mit Green City e. V. selbst Gemüse aussäen, pflegen und ernten. Nach und nach soll die kleine Dachterrasse immer mehr begrünt werden, sodass mitten in München ein urbaner Dschungel entsteht. „Das Fichtenholz wird schnell grau werden, und so entsteht in Kombination mit dem satten Grün der Pflanzen ein toller Kontrast", freut sich Thomas Manglkammer. Die Kulturterrasse soll ein Ort für alle sein und nicht einfach die nächste angesagte Dachterrasse. Daher werden auch die Preise für die verschiedenen Bowls und Sandwiches niedrig gehalten. Die Betreiber verzichten bewusst auf Musik. So muss man sein Gegenüber im Gespräch nicht anschreien und kann den Aufenthalt in ruhiger Atmosphäre entspannt genießen.

> **Wir sind eine grüne Oase mitten in der Stadt für jedermann.**

Beste Besuchszeit
- April bis Oktober
- Montag bis Samstag
  11 bis 23 Uhr
  Sonntag 11 bis 22 Uhr
- Außer bei
  starkem Regen

⭐ **Tipp**

Ein Platz im Freien
Auch Zimmerpflanzen wie Sukkulenten können im Außenbereich, vor allem auf vollsonnigen Dachterrassen, kultiviert werden. In der Sonne laufen Kakteen, Hauswurz oder Fetthenne zur Hochform auf und entfalten ihre Blüten, was wegen mangelnden Lichts im Haus selten geschieht. Vor Dauerregen sollten sie jedoch geschützt stehen, z. B. unter einem Dachvorsprung oder im Schatten einer Hausmauer. Und im Herbst sollten die Sonnenanbeter dann am besten in ein helles, frostfreies Winterquartier umziehen.

---

60 %

der für das Essen im Kulturdachgarten benötigten Kräuter und Gemüse sollen in Zukunft mit Vertical Farming angebaut werden.

Vulkanerde
Thomas Manglkammer und sein Team pflanzen ihre Blumen und Kräuter in ein Vulkanerden-Gemisch. Für den Dachgarten ist es besser geeignet als normale Erde, da es das Wasser gut speichert. Außerdem wird es auch nicht so schnell weggespült. Perlite (vulkanisches Gestein) fördern zudem die Durchlüftung des Bodens. Die Minze in einem der alten Koffer wächst darin kräftig und entfaltet ihren intensiven Duft.

3

3 Die ungewöhnlichen Holzkonstruktionen bieten Pflanzen und Besuchern etwas Schutz vor der Sonne.

4 Der Kulturdachgarten wartet mit vielen hölzernen Sitzecken zwischen Bäumen und Pflanzgefäßen auf.

5 In einigen Beeten bauen Hobbygärtner Kräuter und Gemüse zum Eigenbedarf an.

5

4

AUSBLICK

Nicht verpassen

📍 Zum Essen

Kulturdachgarten

Unbedingt probieren sollte man die gesunden, möglichst ökologischen Gerichte vom Kulturdachgarten. Besonders lecker sind die frisch zubereiteten Bowls und Sandwiches. Die Weine sind ausschließlich organisch erzeugt und entsprechen den Demeter-Richtlinien.

Kabul

Im Restaurant „Kabul" erwarten Sie authentische afghanische Spezialitäten in einem gemütlichen Ambiente.
Kabul Restaurant
Dachauerstraße 33
80335 München
info@kabul-kueche.de
www.kabul-kueche.de

Restaurant Stefans

Das bio-zertifizierte Restaurant „Stefans" im „Alpen"-Hotel nahe des Hauptbahnhofes bietet bayrisch-mediterrane Küche, kombiniert mit saisonalen Spezialitäten. Der größte Teil der Zutaten stammt von regionalen und kleinen Lieferanten. An warmen Tagen sitzt man im begrünten Innenhof besonders schön.
Restaurant Stefans
Adolf-Kolping-Straße 14
80336 München
info@stefans.muenchen.de

📍 In der Umgebung

Am Hauptbahnhof hat 2017 das Designhotel „25hours Hotel The Royal Bavarian" eröffnet. Im ehemaligen Postgebäude aus dem Jahre 1869, erinnern viele Details der Innenausstattung an die königliche Vergangenheit Bayerns. Im Restaurant „Neni" trifft man sich in schöner Atmosphäre und genießt orientalisches Soulfood mit regionalem Einfluss.
25hours Hotel The Royal Bavarian
Bahnhofsplatz 1
80335 München
www.25hours-hotel.com

Viele Menschen möchten gerne wissen, woher ihr Essen kommt. Es soll alles frisch und am besten in Bio-Qualität sein. Ab 2019 wissen die Gäste des Kulturdachgartens sogar ganz genau, woher die meisten verwendeten Lebensmittel stammen. Auf dem Weg zum Kulturdachgarten wird man direkt an den Salaten, Tomaten und Kräutern vorbeigehen können, die man kurz darauf auf dem eigenen Teller serviert bekommt. Thomas Manglkammer und Michael Falkenbacher wollen etwa 60 % der Kräuter und des Gemüses, die sie für ihre raffinierten Bowls benötigen, mit Vertical Farming ökologisch anbauen. „Damit sparen wir nicht nur nervenaufreibende und zeitaufwendige Einkaufswege, sondern auch Geld und CO$_2$", freut sich Thomas Manglkammer. „Und näher kann man nicht mehr anbauen. Man geht von unserem Kulturdachgarten nur ein Stockwerk tiefer und kann dort alles frisch ernten." Die Beete für das Gemüse werden sich dann auf 27 Meter Länge und 4 Meter Höhe in Holzstockwerken direkt an dem Mauervorsprung

unter dem Holzaufbau des Kulturgartens befinden. „Es gibt tolle Bewässerungssysteme für den Anbau. Außerdem versuchen wir mit Schiebeelementen aus Glas den Treibhauseffekt eines Gewächshauses so gut es geht nachzuahmen. Wir sind sehr gespannt, wie gut wir unser Vorhaben umsetzen können, und wissen auch, dass eine ständige Weiterentwicklung sehr wichtig ist", erzählt Thomas Manglkammer. Unterstützt werden die beiden von dem Unternehmen Agrilution aus München. Das Start-up widmet sich mit Begeisterung Themen wie Urban oder Vertical Farming. Sie haben die Vision, dass man Salate und Kräuter zukünftig frisch und ohne Pestizide in der eigenen Küche ernten kann. Dafür haben sie den Plantcube, ein Smart-Gardening-System entwickelt. In dem stilvollen Gewächsschrank für zu Hause können Salate und Kräuter auf acht Saatmatten kultiviert werden. Auch diese Plantcubes sollen auf der Dachterrasse in Gast- und Küchennähe verbaut werden.

Vertical Farming

Vertical Farming, wörtlich übersetzt „vertikale Landwirtschaft", ist ein Konzept, bei dem der urbane Raum effizient und nachhaltig genutzt wird, indem z. B. der Anbau von Gemüse und Kräutern vertikal auf mehreren, übereinander gelagerten Ebenen direkt an den Wänden der (Hoch-)Häuser stattfindet. Die Bewirtschaftung findet unter Gewächshaus-Bedingungen und basierend auf Kreislaufwirtschaft und Hydrokulturen statt. Die Pflanzen werden teils von LED-Lampen, teils von der Sonne beleuchtet. Ernteausfälle aufgrund von Starkregen oder Trockenheit fallen weitestgehend weg. So können Städte, oder wie beim Kulturdachgarten das Restaurant, auf kürzestem Weg mit lokal angebauten und frischen Nahrungsmitteln versorgt werden.

1 Eine von mehreren Baumpflanzaktionen mit Geflüchteten, hier im Gemeinschaftsgarten Geismar.

Wir haben Spaß an BUNT!

INTERNATIONALE GÄRTEN GÖTTINGEN

Kontakt
Büro der
Internationalen Gärten
e. V. Göttingen
Geiststraße 2
37073 Göttingen

E-Mail/Web
info@internationale-gaerten.de
www.internationale-gaerten.de

Die Internationalen Gärten Göttingen sind Orte der Begegnung, an denen nicht nur Obst und Gemüse angebaut, sondern auch Beziehungen aufgebaut werden. „Hier kommen Flüchtlings- und Migrantenfamilien mit einheimischen Familien zusammen, um gemeinsam Gärten zu gestalten", erklärt Dr. Hansjörg Gutberger, zweiter Vorsitzender der Internationalen Gärten Göttingen. Neben den gärtnerischen Kenntnissen und Fähigkeiten, die hier ausgetauscht und erweitert werden, kommt es ganz selbstverständlich auch zum Spracherwerb. Der eine kennt sich besser mit Gemüseanbau aus, andere können gut kochen, und der Nächste ist im Umgang mit den Behörden versierter. Dieses Wissen wird zusammengetragen, sodass man sich ergänzt. So verbindet der Verein Integration, Umwelt und Soziales miteinander und greift damit gleich drei zukunftsorientierte Themen auf.

1

Beste Besuchszeit
Mai bis Oktober

WIE ALLES ENTSTAND

Als eine Gruppe von Frauen 1996 in einer Teestube im Migrationszentrum Göttingen gefragt wurde, was sie am meisten vermissen würden, waren sich alle einig, dass es die Arbeit in ihren Gärten sei. Das Migrationszentrum half den Frauen, ein Grundstück zu finden, und schon bald bekamen zwölf Familien aus sechs Ländern in einer Baulücke die Chance, gemeinsam einen Garten aufzubauen. Man half sich gegenseitig und bekam Unterstützung von dem äthiopischen Agraringenieur Tassew Shimeles, selbst Flüchtling, der die Internationalen Gärten Göttingen mit aufbaute. Während dieser Zeit entwickelten sich erste Bedürfnisse und Regeln, die später auch in die interkulturellen Gartenprojekte einflossen. So gibt es nicht nur persönlich genutzte Bereiche, sondern auch Flächen, die gemeinschaftlich bewirtschaftet werden. Ein Unterstand, ein Gerätehaus und eine Feuerstelle oder ein Lehmbackofen dürfen nicht fehlen, denn die Gärten sind auch Orte, in denen zusammen gefeiert wird. Zudem wird in den Gärten vorwiegend deutsch gesprochen, um ganz nebenbei die Sprache zu erlernen.

> **”**
> Tauschen
> und schenken
> gehören
> zum Alltag.
> **„**

DIE VEREINSGRÜNDUNG

Im Jahr 1998 wurde der Verein Internationale Gärten gegründet, der in den folgenden Jahren einige Preise für sein interkulturelles Engagement entgegennehmen konnte und Vorbild für viele weitere ähnliche Projekte wurde. Heute hat der Trägerverein knapp 70 Mitglieder aus 25 Ländern und bringt seit über 20 Jahren Gartenfreunde verschiedener Herkunft zusammen.

2

3

4

Kontakt
Friedensgarten Grone
Am südlichen Ende
des Siekwegs

Anfahrt
– Bus 31, 32 oder E32
– Haltestellen Siekweg
  bzw. Bramwaldstraße

. . . .

**Gemeinschaftsgarten
Geismar**

Anfahrt
– Bus 11, 21 oder E11 –
  Haltestelle Gehrenring
– Hinter der Bushaltestelle Gehrenring befindet sich ein kleiner
  Pfad (ca. 100 Meter),
  dem man bis zum Garten
  folgen kann.

. . . .

**Willkommengarten auf
den Zietenterrassen**
Hannah-Vogt-Straße 10

Anfahrt
– Bus 71, 72 oder N5
  Haltestelle Ehrengard-
  Schramm-Weg

2   Workshop zum Bau
    eines Lehmbackofens
    im Friedensgarten.

3   Die Themenparzelle
    in Geismar.

4   Gemeinsames
    Ernten auf einer
    gemeinschaftlich
    angelegten
    Kartoffelparzelle
    in Grone.

Zu den Gärten gehören momentan der Friedensgarten Grone, der Gemeinschaftsgarten Geismar und der Willkommensgarten auf den Zietenterrassen. Mit den Gärten und den vielen Aktivitäten versucht das Projekt etwas gegen Ausgrenzung zu tun, der Entwurzelung durch Flucht entgegenzuwirken und ein positives Beispiel für Völkerverständigung und Integration zu geben.

Im Friedensgarten Grone und im Gemeinschaftsgarten Geismar werden 20 Einzelparzellen unterschiedlicher Größe bewirtschaftet; außerdem gibt es Gemeinschaftsflächen. Ein Gartenpavillon dient im Friedensgarten als Treffpunkt nach getaner Arbeit, in dem selbst gebauten Lehm-Backofen wird regelmäßig gekocht. Auch der Garten der Vielfalt von JANUN e. V. ist ein Teil des Friedensgartens. Dort werden regionale Nutzpflanzen angebaut, die in der industriellen Landwirtschaft vernachlässigt werden. Der Garten ist ebenso ein Ort der Bildung, in dem Menschen lernen, Saatgut zu gewinnen und zu vermehren und Nahrungsmittel selbst anzubauen.

Das Gelände für den Gemeinschaftsgarten Geismar wurde ursprünglich von der Stadt Göttingen und einer Kirchengemeinde zur Verfügung gestellt und verfügt über eine schöne Kräuterspirale und eine moderne Komposttoilette. Die Themenparzelle, die vor vier Jahren eingerichtet wurde, ist mittlerweile zu einem Vorzeigeobjekt geworden. Jedes Jahr wird ein anderes Gemüse angebaut. Zunächst waren es Kartoffeln in bunten Farben, dann folgten Bohnen in allen Variationen. Im dritten Jahr bereitete den Gartenmitgliedern Kohl – vom Kohlrabi über Pak Choi bis zum zarten Rosenkohl – Freude. Und auch das Blattgemüse hielt der gefürchteten Schneckenplage stand. Im nächsten Jahr geht es dann mit Wurzelgemüse weiter.

Der Willkommensgarten auf dem Gelände des Flüchtlingswohnheims Zietenterrassen ist das jüngste Projekt, welches 2016 entstand. Es wurde vom Deutschen Kinderhilfswerk, der Stadt Göttingen und der gemeinnützigen Forschungsgesellschaft anstiftung gefördert. Gegärtnert wird in erster Linie mit den Kindern des Flüchtlingswohnheims, aber auch Erwachsene oder Nachbarkinder sind natürlich herzlich willkommen.

Nicht verpassen

📍 Interkulturalität

Bei der Gründung und Führung eines interkulturellen Gartens sollte darauf geachtet werden, dass Geflüchtete, gut integrierte Migranten und Einheimische etwa zu gleichen Teilen beteiligt werden. Man sollte mit Konflikten umgehen, diese friedlich lösen und daraus lernen können.

📍 Zum Mitnehmen

Honig, Kerzen aus Bienenwachs und eigens hergestellte Kosmetik aus den beiden Gemeinschaftsgärten können auf dem Göttinger Wochenmarkt, im Nachbarschaftszentrum Grone in der Deisterstraße 10, beim Verein selbst oder über die Mitglieder erworben werden.

📍 Veranstaltungen

In beiden Gemeinschaftsgärten finden regelmäßig eine Saatgutbörse, verschiedene Workshops (z. B. zum Thema Siebdruck), Bildvorträge, Fortbildungen zum Umweltschutz, Gartenbau und zur Ernährung, sowie Kurse der Lehr-Imkereien statt. Ergänzt werden die Veranstaltungen mit handwerklichen Angeboten.

5   In ihrer privaten Parzelle im Friedensgarten Grone experimentiert eine chinesische Familie mit heimischen Pflanzen.

6   In der Lehr-Imkerei Geismar gibt es immer etwas zu tun.

5

Eine neue Art, gemeinsam zu gärtnern.

BUNTE VIELFALT IN DEN GÄRTEN

Vielfalt ist auf den Beeten der Internationalen Gärten Göttingen angesagt. Neben neuen Züchtungen wachsen alte heimische Kultursorten, koreanische Kohlsorten fühlen sich neben chinesischen Kohlpalmen wohl. Die Mitglieder probieren gerne neue Pflanzen

In der Lehr-Imkerei im Friedensgarten Grone entwickelt ein interkulturelles Team zurzeit einen Imker-Lehrpfad, der von der niedersächsischen Bingo-Umweltstiftung unterstützt wird. Auf den Lehrpfaden werden Kindern und Interessierten mithilfe von 13 Informationstafeln grundlegende Informationen über die Imker-Arbeit vermittelt. Bilder auf den Tafeln helfen, wenn Worte fehlen.

und Sorten aus und tauschen untereinander Pflanzen. Dabei verzichten sie auf Pflanzenschutzmittel und Kunstdünger und bewirtschaften die Parzellen und Gemeinschaftsgärten rein ökologisch. Gartenwerkzeug wird vom Verein zur Verfügung gestellt.

Im Friedensgarten Grone und im Gemeinschaftsgarten Geismar befinden sich außerdem Lehr-Imkereien, mit denen besonders Flüchtlinge und Migranten mit der Imkerei vertraut gemacht werden sollen. So sollen die wechselseitige Integration von zugewanderten und einheimischen Menschen gefördert und das Umweltbewusstsein gestärkt werden. Die Lehr-Imkereien werden ehrenamtlich und selbstständig von Vereinsmitgliedern betrieben.

6

1 Der Stadtgraben in Andernach ist ein Gemüsegarten für jedermann.

2 Ernteerfolg: Selbst Karotten wachsen am Wegesrand.

Im Stadtgraben

ESSBARE STADT ANDERNACH

Kontakt
Andernach.net GmbH
Konrad Adenauer Allee 40
56626 Andernach

Telefon
+49 (0) 2632/9879480

E-Mail/Web
info@andernach.net
www.andernach-tourismus.de

Anfahrt
Haltestelle Andernach

Vom Bahnhof Andernach ist es nur ein kurzer Spaziergang zur imposanten Stadtburgmauer. Am Stadtgraben angekommen, befindet man sich in einem etwa einen Hektar großen Paradies für Gemüse-, Obst- und Naturliebhaber. Seit 2010 dürfen hier Bürger und Besucher der Stadt – vor allem in den Sommer- und Herbstmonaten – frisches Obst, Gemüse und Kräuter in Bio-Qualität ernten und hübsche Wildblumenwiesen bestaunen.

Bei einem Streifzug durch die idyllische Stadt am Rhein fällt die gepflegte Begrünung nicht nur entlang der Stadtmauer auf. Hinter den historischen Mauern gibt es in den mittelalterlichen Gassen viel zu entdecken: gemütliche Cafés und Sehenswürdigkeiten wie der Andernacher Mariendom oder der berühmte, weltweit größte Kaltwasser-Geysir. Und dazwischen auf den öffentlichen Grünflächen immer wieder Wildblumenbeete, Obst und Gemüse, wie etwa an der Uferpromenade am Rhein die Wildblumenwiesen und jungen Apfelbäume.

Beste Besuchszeit
Ende Mai bis
Ende September

3   Der liebevoll an-
    gelegte Stadtgraben
    ist ein köstliches
    Konzept.

4   Hinter Stangenbohnen,
    die ein Gerüst
    erobern, duften Rosen.

5   Zum Anbeißen:
    Auch bei einem ge-
    mütlichen Spazier-
    gang darf genascht
    werden.

3

4

KONZEPT UND ZIELE

Als 2010 das Jahr der Biodiversität ausgeru-
fen wurde, begannen der Geoökologe Dr. Lutz
Kosack und die Gartenbauingenieurin Heike
Boomgarden an dem Konzept für eine Essbare Stadt mit großer Artenvielfalt zu arbeiten. Bis dahin bestand das öffentliche Grün
aus Rasenflächen und klassischen Wechsel-
beeten, die mehrmals im Jahr neu bepflanzt
wurden. Ziel war es, die städtischen Flächen
abwechslungsreich zu gestalten, sodass sie
zu einem kulinarischen Genuss werden und
das Stadtbild optisch aufwerten. Die Grünflächen sollten als Lebensmittelpunkt wieder
erlebbar werden, indem Lebensmittel in
Form von Gemüsepflanzen oder Obstbäumen in die Stadt gebracht werden. Zudem
sollte die Bevölkerung mehr für öffentliches
Grün sensibilisiert und in die Pflege und
Ernte eingebunden werden.

Und ganz nebenbei bedeutet die Begrünung
eine stadtklimatische Aufwertung. Denn
durch die Pflanzung von Bäumen und Gehölzen entwickelt sich ein gesundes Stadtklima, welches den urbanen Raum lebenswerter macht. Entstanden ist so die Essbare
Stadt Andernach, eine urbane Permakultur,
die ökologische, ökonomische, soziale und
ästhetische Aspekte vereint und die erwirt-
schafteten Güter fair in der Gesellschaft
verteilen möchte.

....

101

*Tomatensorten
wurden 2010 am Fuß der 800 Jahre
alten Stadtmauer angepflanzt.*

....

⭐ **Tipp**

Mulchen

Mulchen ist für alle Gärten wichtig, vor allem wenn der Boden nicht mit Pflanzen bedeckt ist, etwa auf abgeernteten Gemüsebeeten oder in Beeten mit Jungpflanzen. Insbesondere während warmen Sommern verhindert Mulchen das Austrocknen der Böden, dient zugleich als organischer Dünger und unterdrückt das Aufkommen von konkurrenzstarken Beikräutern.

Alte und regionale Sortenvielfalt

Für jede Art von Garten ist es eine Bereicherung, wenn man bei Gemüse, Kräutern und Blumen auf alte und regionale Sorten achtet. Viele sind heute leider fast in Vergessenheit geraten. Im Internet gibt es inzwischen gute Quellen, sodass man seinem Garten mit diesen besonderen Sorten eine schöne und sehr individuelle Note verleihen kann.

40

Hochbeete mit Kräutern und Gewürzen wurden in der Stadt aufgebaut.

VOM PFLEGEN UND ERNTEN

> **"**
> Statt ‚Betreten verboten'
> heißt es bei uns
> ‚Pflücken erlaubt'!
> **"**

Kritische Stimmen, die zu bedenken gaben, dass Vandalen die Beete zerstören könnten, verstummten schnell und wichen Neugierde und Begeisterung. Einige Stadtbewohner helfen freiwillig bei der Pflege der Beete mit. Das Projekt hat aber nicht nur ökologische Ziele, sondern auch soziale: Daher werden die Flächen mit Gemüse, Obst und Kräutern vor allem von Langzeitarbeitslosen und Immigranten betreut. Professionelle Gärtner leiten sie an und qualifizieren sie so weiter. Organisiert wird die Pflege von dem städtischen Sozialunternehmen Perspektive gGmbH.

„Bei der Unterstützung durch die Bevölkerung ist aber immer noch Luft nach oben", betont Dr. Lutz Kosack, der Koordinator der Essbaren Stadt. „Freiwillige Helfer aus der Bevölkerung sind immer willkommen."

Auch bei der Ernte waren viele Bürger zunächst zögerlich, kaum einer traute sich die Erträge einfach zu pflücken. Doch auch das gehört nun zum Leben vieler Bürger ganz selbstverständlich dazu. „Kräuter wie Basilikum und Schnittlauch sind sehr beliebt, nur Kohl und einige seltenere Kräuter bleiben etwas länger stehen", erzählt der Geoökologe.

Egal ob Grünkohl, Mangold, Kohlrabi oder Zucchini – in der Essbaren Stadt Andernach kann fast das ganze Jahr über etwas geerntet werden.

WAS WIRD ANGEBAUT?

Biodiversität, also Artenvielfalt, genetische Vielfalt und die Mannigfaltigkeit der Öko-systeme, spielt eine große Rolle in Ander-nach. Die städtischen Grünflächen bieten daher eine Vielzahl von Arten und Sorten. Es werden vor allem regionale und seltene Sorten angebaut und damit gefördert. Da-durch wird die Identifikation mit der Hei-mat und die urbane Biodiversität unter-stützt. Dahinter steckt außerdem folgende Idee: Die Bürger ernten nicht nur die Früch-te, sondern auch die Samen, um diese im eigenen Garten zu pflanzen und so die sel-tenen Sorten weiter zu vermehren.

Jedes Jahr steht in Andernach eine andere Nutzpflanze im Fokus, um auf die schwindende biologische Vielfalt der Nutz-pflanzen aufmerksam zu machen: 2010 be-gann man mit 101 Tomatensorten, die am Fuß der 800 Jahre alten Stadtmauer ge-pflanzt wurden. 2011 folgten dann 100 Boh-nensorten und im Jahre 2012 20 Zwiebel-sorten. In späteren Jahren standen unter anderem Erdbeeren, Kürbisse und Getreide im Mittelpunkt. So können Bürger und Be-sucher der Stadt die vielen unterschiedli-chen Sorten der Nutzpflanzen kennenler-nen und probieren. Damit in einem anderen Jahr auch einmal Hopfen im Mittelpunkt stehen konnte, wurde das Motto kurzer-hand in „Die trinkbare Stadt" umbenannt. In unmittelbarer Nähe befindet sich sogar ein kleiner Weinberg mit Rebsorten für die Direktverkostung. Im Jahr 2018 lautete das Jahresmotto „Da haben wir den Salat", ein etwas aufwendigeres Gemüse, da alle vier Wochen nachgepflanzt und gehackt werden musste. „Aber für die nächsten Jah-re stehen noch genügend Themen auf der Liste, z. B. Heil- und Energiepflanzen", be-richtet Dr. Lutz Kosack. Es bleibt also span-nend, was uns in den folgenden Jahren in Andernach erwartet.

📍 Zum Essen

Es gibt eine breite Fülle an heimischen und weltweiten Nutzpflanzen, die auf öffentlichen Flächen kultiviert werden.
Die Essbare Stadt heißt Besucher willkommen und lädt zum Probieren ein.

Ai Pero

Das an der Stadtmauer gelegene italienische Restaurant „Ai Pero" ist in drei Themenbereiche unterteilt: In der gemütlichen Enoteca genießt man einen Aperitif oder eine der 350 Weinsorten und dazu Antipasti. In der Trattoria gibt es traditionelle italienische Küche; besonders zu empfehlen sind die hausgemachten Pasta-Gerichte und Pizza aus dem Holzofen. Im kleinen und mit einem Michelin-Stern ausgezeichneten Ristorante erwartet die Gäste feine Gourmetküche von Küchenchef Frank Seyfried.
—
Ai Pero
Schafbachstraße 20–24
56626 Andernach
info@aipero.de
www.aipero.de

Café Arte

Das gemütliche „Café Arte" mit einladender Außenterrasse liegt direkt an der Rheinpromenade.
Neben außergewöhnlichen Kaffeespezialitäten und frisch gebackenen Kuchen und Waffeln gibt es dort köstliches italienisches Eis, verschiedene Frühstücksangebote und kleine Snacks.
—
Café Arte
Konrad-Adenauer-Allee 32
56626 Andernach
angeliquejochim@gmail.com
www.cafearte.eatbu.com

Pfeffermühle Andernach

An der Rheinpromenade, neben dem Geysir-Zentrum, befindet sich seit über 30 Jahren das Restaurant „Pfeffermühle". Hier gibt es internationale Küche mit mediterranem Einfluss, frisch gezapftes Bier und erlesene Weine. Die Karte ist zwar klein, dafür wird alles frisch zubereitet.
—
Pfeffermühle Andernach
Konrad-Adenauer-Allee 38
56626 Andernach
info@pfeffermuehle-andernach.de
www.pfeffermuehle-andernach.de

📍 Führungen

Unter dem Motto „Pflücken erlaubt" gibt es Führungen durch die Essbare Stadt.
Eine Themenführung dauert etwa eineinhalb Stunden.
An der Rheinpromenade, den Stadtmauern und um den romanischen Mariendom herum gibt es viel zu entdecken.
Auch zum Thema Permakultur werden individuell planbare Führungen angeboten.

📍 In der Umgebung

Die gut erhaltene Stadtmauer fällt sofort ins Auge.
Die Stadt hat jedoch noch mehr zu bieten: Einen Besuch des weltweit höchsten Kaltwasser-Geysirs und des Erlebnis-Zentrums sollte man sich nicht entgehen lassen. Auch der Mariendom, eine imposante romanische Emporenbasilika, und der 56 Meter hohe Runde Turm sind sehenswert. Letzterer gilt als Wahrzeichen der Stadt und hielt im Jahre 1689 einem Sprengungsversuch der Franzosen stand.

📍 Zum Mitnehmen

FaiRegio

Mitten in der Fußgängerzone der Altstadt befindet sich „FaiRegio", eine Kombination aus einem Eine-Welt-Laden mit einem Regional-Laden. Hier bekommt man nicht nur fair gehandelte Produkte aus der ganzen Welt, sondern auch regional erzeugte Lebensmittel wie Eier, Gemüse, Obst und Fleisch aus der Andernacher Permakultur sowie Saatgutmischungen von gefragten Pflanzen der Stadt.
—
FaiRegio
Hochstraße 53
56626 Andernach
—
Öffnungszeiten:
Montag von 12 bis 18 Uhr
Dienstag bis Freitag 10 bis 18 Uhr und
Samstag von 10 bis 14 Uhr

6

ARTENVIELFALT
AUCH BEI BLUMEN

6 Die Gartenwinde *(Ipomoea purpurea)* bildet den ganzen Sommer über neue Blüten.

7 Eine bunte Streublumenwiese mit reichlich Klatschmohn lockt Insekten in die Stadt.

8 Werden Artischocken nicht geerntet, blühen sie wunderschön. Die Blüten eignen sich dann allerdings nicht mehr zum Verzehr.

9 In Andernach findet man auch ausgefallene Sorten wie schwarze Kürbisse.

Viele der städtischen Beete mit einer typischen Wechselbepflanzung wurden in pflege- und abwechslungsreiche, aber gleichzeitig ästhetisch anspruchsvolle Staudenbeete umgewandelt. Solche Beete haben nicht nur ökologische, sondern auch ökonomische Vorteile, da jetzt für die Stadt deutlich weniger Kosten anfallen: Stauden müssen nicht jedes Jahr neu gepflanzt werden, und die Natur übernimmt die meiste Arbeit selbst. In den Beeten wachsen heimische Pflanzen, kombiniert mit Gemüse wie dem dekorativen Grünkohl – es wird also viel geboten für Bienen und Schmetterlinge, die sich nicht nur auf den Wiesen der Verkehrsinseln wohl fühlen. Nun tauchen sogar viele, fast vergessene Wildpflanzen wie die Kornblume oder das Adonisröschen wieder in der Stadt auf. Ergänzt wird das reiche Angebot an Nektar und Pollen mit Insektenhotels.

7

8

9

RK / Herr Kosack, wie kam es dazu, dass Andernach sich als eine der ersten Städte auf den Weg machte, statt Zierrasen und ein paar bunten Blumen auf Gemüse im öffentlichen Raum zu setzen?

LK / Im Jahr der Biodiversität 2010 hatte die Bundesregierung die Kommunen aufgerufen, sich für Biodiversität zu engagieren und dabei die Agro-Biodiversität, also die der Nutzpflanzen, in den Mittelpunkt zu stellen. Damit man Biodiversität anfassen, schmecken, riechen und fühlen kann, haben wir angefangen, Gemüse anzubauen. Wir haben 101 Tomatensorten mitten in der Stadt angepflanzt und beschildert, um zu zeigen, was Biodiversität bedeutet. Das Projekt hat damals viel Begeisterung, aber auch Kritik ausgelöst. In der Stadt hatte man Angst vor Vandalismus, darüber wurde heftig diskutiert. Dann veranstalteten wir ein „Tomatenfest", da wurden Tomatenbrote und Tomatensuppe serviert. Viele waren davon begeistert, fragten sofort, was wir nächstes Jahr planen würden. Wir könnten es doch ebenso mit Bohnen machen? So ist sukzessive über die Jahre die Essbare Stadt entstanden, ohne dass am Anfang jemand einen genauen Plan gehabt hätte.

RK / Und am Anfang gab es nicht mal das Gefühl, das könnte fester Bestandteil der Stadtgestaltung werden?

LK / Ganz ehrlich, das war nur so eine Idee. Das war ein Experiment, aber es gab keinen konzeptionellen Hintergrund. Und wir wussten gar nicht, wie wir es durchsetzen sollten. Es war zunächst nur ein Experiment, um das Thema anders anzugehen als mit den üblichen Infoveranstaltungen und Faltblättern. Die Frage war, wie erreichen wir mehr Menschen? Und dann, in den acht bis neun Jahren ist es zu einem großen Projekt gewachsen.

RK / Wie soll ich mir den Alltag heute vorstellen, nehmen alle daran teil? Sie haben doch auch eine Beschäftigungsgesellschaft, oder?

LK / Prinzipiell gilt, die Essbare Stadt ist ein „Top-Down-Projekt", das von der Stadtverwaltung für die Bürger gemacht wird. Die meisten anderen Urban-Gardening-Projekte sind ja „Bottom-Up-Projekte". Bei uns hat die Verwaltung die Pflege des öffentlichen Grüns umgestellt. Es wird jetzt eben Gemüse und Obst für die Bürger angebaut. Natürlich gibt es auch Bürger, die gerne mitarbeiten möchten. Aber es bleibt öffentliche Fläche, also Grün, das für jedermann zugänglich ist. Wer eine Fläche wie in einem Schrebergarten sucht, um dort für sich zu gärtnern – das bieten wir nicht an.

Unsere lokale Beschäftigungsförderungsgesellschaft hat angestellte Gärtner, die jeweils mit einer Gruppe von Menschen mit Behinderungen zusammenarbeiten, die im Projekt integriert werden. So haben wir sowohl eine ökonomische als auch eine ökologische und soziale Wirkung. Gerade die Multifunktionalität des Projektes ist uns sehr wichtig.

INTERVIEW
RENATE KÜNAST
MIT LUTZ KOSACK
GEOÖKOLOGE UND KOORDINATOR
DER ESSBAREN STADT

RK / Das ist doch auch eine Frage der sozialen Gerechtigkeit, dass Menschen Zugang zu städtischem Grün haben, statt stets auf das Schild „Betreten verboten" zu treffen.

LK / Definitiv! Wir sagen statt „Betreten verboten" ausdrücklich „Pflücken erlaubt". Wir geben den Bürgerinnen und Bürgern die öffentliche Fläche zurück. Es ist ihre Stadt. Letztendlich geht es darum, Natur und Mensch wieder zusammenzubringen. Menschen, die davon bereits begeistert sind, gehen am Wochenende in die Natur und genießen sie. Aber viele haben den Bezug dazu verloren. Dann ist es doch sinnvoll, die Pflanzen zurück in die Stadt zu holen, dort, wo die Menschen sind.

RK / Zurück in die Stadt holen bedeutet dann aber mehr, als einige Flächen anders nutzen?

LK / Ja, wir haben das Gemüse mitten ins Zentrum geholt, ungefähr 40 Hochbeete wurden in der Stadt aufgebaut mit Kräutern und Gewürzen. Man kann vorbeigehen, an den Pflanzen riechen und ernten. Das kommt so gut an, dass wir uns gar nicht mehr trauen würden, diese Hochbeete wieder wegzunehmen.

RK / Das ist ja ein guter Stand, wenn Sie sich das nicht mehr trauen würden. Geht das mit dem „Tomatenfest" jetzt so weiter, gab es also 2018 ein „Salatfest"?

LK / So war es tatsächlich. Früher hatten wir ein Stadtfest im Jahr, z. B. ein „Europafest". Vor drei bis vier Jahren haben wir das verändert, es heißt jetzt: „Andernach schmeckt". Das Fest wird stets mit dem Motto der

Essbaren Stadt verbunden. Es kommen viele Ehrenamtliche und Vereine und versuchen dieses Thema zu bespielen. Jedes Jahr gibt ein Gemüse oder eine Obstsorte ein Motto vor. Wir hatten bisher schon Kartoffeln, Erbsen, Bohnen, Erdbeeren und Kohl. Eins ist mir wichtig: Wir legen auch Wildblumenwiesen an, lassen Pflanzen einfach blühen, haben Bienenstöcke in die Stadt gebracht.

RK / Wie reagieren denn heute die Bürger und Touristen?

LK / Das hat sich völlig gewandelt. Wir haben keine Gegenstimme mehr. Jedes Jahr, wenn wir unseren Etat einreichen, um Geld für die Essbare Stadt zu bekommen, erfahren wir parteiübergreifend große Akzeptanz. Die Bürger lieben es. Und selbst die, die ein bisschen kritisch darauf blicken, erleben etwa im Urlaub auf Mallorca positive Reaktionen und werden darauf angesprochen: Du kommst aus Andernach, aus der Essbaren Stadt? Dann kehren sie mächtig stolz zurück, dass sie aus einer Stadt kommen, die weit über die Grenzen bekannt ist. Ich selbst erlebe es auch so. Früher kannte Andernach kaum einer, heute ist diese Stadt prägend und bekannt.

RK / Und wie geht es weiter?

LK / Wir haben zusammen mit der Technischen Universität und der Humboldt Universität Berlin den Zuschlag für ein EU-Projekt bekommen. Das Ziel ist ein „Edible City Network". Gemeinsam mit Heidelberg, Oslo, Rotterdam und Havanna stellen wir ein Team, das die verschiedenen Projektansätze zusammenbringt, um ein internationales „Netzwerk Essbare Städte" aufzubauen.

RK / Darin steckt ja ein großes Lob für Sie und Ihre Stadt, dass Sie zu denen gehören, die andere Städte dabei begleiten und motivieren können. Auch die Hauptstadt Berlin führt jetzt eine „Charta Berliner Stadtgrün" und eine Ernährungsstrategie zusammen mit dem Ernährungsrat ein.

LK / Ja, die Ernährungsräte sind sehr aktiv in den Städten. Ich selbst bin begeistert davon, dass dieses Thema kein spezifisch deutsches mehr ist, sondern sich immer mehr europäische Städte dafür interessieren. Das ist ein ganz spannender Ansatz.

RK / Und was ist Ihre langfristige Vision für die Essbaren Städte?

LK / In jeder Stadt gibt es ganz selbstverständlich ein Straßenverkehrsamt, ein Ordnungsamt. Mit genau dieser Selbstverständlichkeit könnte ich mir persönlich zukünftig ein „Stadternährungsamt" vorstellen – als kommunale Pflichtaufgabe.

Weitere Projekte

Natürlich gibt es auch Tiere in der Essbaren Stadt. Hühner sorgen im Graben des Schlossgartens für Leben. Die Nächte verbringen sie in dem von Mitarbeitern der Perspektive gGmbH eigens gebauten Hühnerhaus, in dem sie auch ihre Eier legen. In den Rheinanlagen weiden Schafe, und seit 2016 bevölkern auch zwei Bienenvölker die Stadt, die von einem ehrenamtlichen Imker betreut werden.

Im Stadtteil Eich am Rand von Andernach wurde schon 2008 eine 14 Hektar große Fläche zu einer nachhaltigen und modernen Landwirtschaft nach den Prinzipien der Permakultur umgestaltet. Der Begriff Permakultur" entstand aus der Verknüpfung der englischen Begriffe „permanent agriculture" (dt.: „dauerhafte Landwirtschaft"). Das Konzept zielt auf die Schaffung von dauerhaft funktionierenden, nachhaltigen und naturnahen Kreisläufen und Lebensräumen ab. Die naturnahen Lebensräume sollen sich mit möglichst geringem Arbeitseinsatz selbst erhalten und dem Menschen eine dauerhafte Lebensgrundlage sichern. Auch auf dem öffentlichen Gelände „Lebenswelten" ist das ökologische, ökonomische und sozial nachhaltige Wirtschaften mit allen Ressourcen ein Grundprinzip. Herzstück sind die Gemüsebeete und Streuobstwiesen. Auch an Nistplätze für Vögel und Igel wurde gedacht. Außerdem leben dort Sattelschweine, Schafe und Hühner. Das kleine Paradies ist schnell zu einem sozialen Begegnungsort geworden. Die auf der Anlage ökologisch produzierten Nahrungsmittel werden im Eine-Welt-Laden, dem „FaiRegio"-Weltladen, in der Stadt verkauft.

Zusätzlich wurde ein „fahrbarer Schulgarten" entwickelt, um auch den Nachwuchs in das Projekt zu integrieren. Für den Schulgarten, der an Kindergärten und Schulen aufgestellt werden kann, wurde ein landwirtschaftlicher Anhänger in einen fahrbaren Gemüsegarten verwandelt. Die Kinder kommen über Trittleitern an das Beet und können Tomaten, Paprika, Johannisbeeren oder Kräuter anbauen, pflegen und ernten. Zudem bekommt man an einer Seite dank Plexiglasscheibe Einblick in das reiche Bodenleben.

AUSBLICK

Jedes Jahr entstehen ein bis zwei Projekte. Für das Jahr 2019 wünschen sich die Anwohner des Marktplatzes mehr Grün; erste Beete und Blumenampeln wurden bereits bepflanzt. Ein paar Ecken vom Marktplatz entfernt wird die Essbare Stadt 2019 mit der Stadtgeschichte verknüpft. Auf dem ehemaligen Weissheimer Gelände wird auf ca. 5.000 Quadratmetern ein „historischer Garten" eröffnet. Eine römische und eine mittelalterliche Gartenlandschaft soll auf die frühere Nutzung des Geländes aufmerksam machen, wobei die historische Bausubstanz miteinbezogen wird. Beide Gartenteile werden mit vielen Details Bezug auf archäologische Funde auf dem Areal nehmen. Mittel-

> **"**
> **Freiwillige Helfer aus der Bevölkerung sind immer herzlich willkommen.**
> **"**

punkt des Gartens wird ein Forum sein, das zum Verweilen einlädt. Außerdem sind jeweils zwei Beete für mittelalterliche bzw. römische Nutzpflanzen vorgesehen. Und natürlich wird die Essbare Stadt Andernach auch wieder unter einem Motto stehen. Wie es lautet, ist noch geheim …

ESSBARE STADT –
SO SCHMECKEN STÄDTE

Das Konzept der Essbaren Städte begann 2008 in Großbritannien. Pam Warhurst und Mary Clear entwickelten in West Yorkshire den Begriff der „Edible City". Toronto folgte sehr schnell, und während Großbritannien jetzt über 100 Essbare Städte hat, sind es in Deutschland bereits weit über 140. 2009 wurde in Kassel ein entsprechender Verein gegründet, ab 2010 folgte Andernach.

Samenfestes Gemüse kann man über Saatgut selber vermehren. Bei Tomaten, Erbsen oder Zucchini erntet man Samen aus der Frucht, z. B. bei Mangold oder Rucola werden sie aus der Blüte genommen.

stand: „Betreten verboten!" Plötzlich funktioniert es andersherum: „Ernten ist erlaubt!" Das kann für manche Stadt auch Bestandteil einer ganz neuen Tourismusattraktion werden. Und natürlich ist es auch ein wichtiger Beitrag zu einer gesünderen Ernährung. Das ist ja die Hoffnung, wer Gemüse wieder im Original kennt, kocht und isst es auch.

Immer mehr Städte in Deutschland sind dabei: von Achtern, Andernach, Augsburg, Berliner Bezirken, Bielefeld, Bitterfeld über Bremen, Darmstadt, Eberswalde, Frankfurt am Main, Gerolzhofen, Hamburg, Heidelberg, Jena, Kassel, Köln, Leipzig, Lübeck, Münster, Nürnberg, Rheine, Rostock, Siegen, Witzenhausen bis Zella-Mehlis. Essbare Städte, das sind mehr als nur einzelne urbane Punkte. Es steckt die Absicht dahinter, einen Paradigmenwechsel von der Landwirtschaft bis zur Stadtplanung zu schaffen. Es ist ein ganzheitlicher Ansatz. Auch die Gastronomie hat längst den Wunsch der Kunden nach mehr regionalen, saisonalen und ökologischen Produkten erkannt und macht mit. Das „Wissen, wo es herkommt", wie es angebaut wurde, hilft dabei. Manche Städte sind gleichzeitig auch „Bio-Städte". Dahinter steckt ein Netzwerk von Städten in Deutschland, das von Nürnberg aus organisiert wird. Schwerpunkt ist der ökologische Landbau und die vermehrte Nutzung ökologisch erzeugter Lebensmittel. Das reduziert den Chemieeinsatz in der Landwirtschaft und schafft regionale Wertschöpfung. Ziel der Initiative ist es, die Zukunftsbranche „Bio" zu fördern, von der Lebensmittelversorgung im Kindergarten bis zum Weihnachtsmarkt. Geboren wurde diese Idee vor Jahren in Italien, dort heißen die Städte „Cittá del Bio".

Diese Städte gehen ganzheitlich an das Thema heran, sie selbst wollen Ernährung und Essen anders darstellen. Sie wollen keine Teilung mehr zwischen Stadt und Land, wie sie sich infolge der Industrialisierung ergeben hatte. Die Idee vermischt sich mit Projekten der sozialen Teilhabe, der Bildung: alles gesellschaftliche Aufgaben und Ziele, die nun anders erledigt werden.

In die Städte hält wieder Vielfalt Einzug: Walnussbäume und Esskastanien, Obstbäume. Gemeinschaftsgärten und öffentliche Flächen tragen zur Lebensqualität bei, indem sie zu Orten der Begegnung werden, aber gleichzeitig auch Artenvielfalt sichern. Erinnern Sie daran, wie viele Schilder Sie in Ihrem Leben schon gesehen haben, auf denen

Der „Werkzeugkasten" der Städte ist damit aber noch nicht hinreichend beschrieben. Lokale Akteure der Lebensmittelversorgung, Anbieter, Märkte, Slow Food, Foodstart-ups, Metzgereien, Gourmets, Eltern, Politiker, Essensretter, Tafeln und Ökobauern – sie alle schließen sich in immer mehr Städten zusammen und gründen Ernährungsräte: ein Netzwerk, dessen Ziel es ist, Einfluss auf ein verändertes Lebensmittelangebot in den Städten zu nehmen. Ein ganz neues Instrument, dass nicht zu unterschätzen ist, denn die Ernährungsräte haben in vielen Städten längst großen Einfluss auf das Handeln der Verwaltung. In Berlin wurde z. B. ausdrücklich erklärt, dass die Ernährungsstrategie der Stadt zusammen mit dem Ernährungsrat erarbeitet wird.

Es tut sich was, und der Anstoß dazu kommt aus den Städten. Diese Bewegung „von unten" gibt es noch viel, viel mehr in kleineren Städten. Beispielhaft sei hier auf Bremen verwiesen. Bremen hat nicht nur in seinem Überseehafen eine „Gemüsewerft". Die Stadt ist auch „Bio-Stadt", verändert ihre Gemeinschaftsverpflegung in Schulen und Kindergärten und organisiert regionale Märkte. Ein ganzheitlicher Ansatz für mehr Lebensqualität, für Artenvielfalt und Gesundheit: die Stadt als Öko-Soziotop im 21. Jahrhundert.

Stadt und Klima

Auf die Städte kommt es an, denn bis zum Jahr 2050 werden zwei Drittel der Weltbevölkerung in Städten leben. Schon heute verursachen die Städte drei Viertel der Treibhausgase. Auf die Städte kommen gewaltige Aufgaben zu: Sie müssen mit der Förderung des öffentlichen Verkehrs und mit der Reduktion der Emissionen von Gebäuden den Kohlendioxidausstoß vermindern und gleichzeitig dieses Treibhausgas möglichst binden, damit es nicht in die Atmosphäre gelangt. Einen kleinen Beitrag dazu leistet unser Stadtgrün. Wer sich im Detail darüber informieren möchte, was die Bürgermeister der großen Metropolen weltweit dazu vorhaben, dem seien die Internetseiten empfohlen:

www.smartcitiesdive.com und
www.globalcovenantofmayors.com

⭐ Tipp

**Gesunde Städte:
die Mailänder Erklärung**
Die Städte machen sich nicht jede für sich auf den Weg, sondern organisieren sich, damit die Veränderung „von unten" kommt. 2015 unterzeichneten zahlreiche Städte auf der Expo in Mailand, die sich schwerpunktmäßig mit Lebensmitteln beschäftigte, den „Urban Food Policy Pact". Darin vereinbarten bisher ca. 200 Städte – wenn auch relativ unverbindlich –, ihre Ernährungssysteme auf Nachhaltigkeit umzustellen.

Das Modell Essbare Stadt hat es mittlerweile zu einem von der Europäischen Kommission geförderten Forschungsprojekt geschafft. In Kooperation mit der Technischen Universität und der Humboldt Universität Berlin soll das soziale und ökologische Potenzial erforscht werden. Die Pioniere unter den Städten – Rotterdam, Oslo, Heidelberg, Andernach, Havanna – bekommen im Rahmen dieses Projektes die Aufgabe, weitere Städte mit einzubeziehen und ein internationales Netzwerk aufzubauen.

1 Luftperspektive:
Der CARLsGARTEN
von oben.

2 Melanie Kretschmann,
Schauspielerin
und Leiterin des
CARLsGARTENs,
hatte 2012 die Idee
zu diesem Projekt.

Schauspiel Köln

CARLsGARTEN

Kontakt
CARLsGARTEN
Schanzenstraße 6–20
51063 Köln

Telefon
+49 (0) 152/54871512

E-Mail/Web/Blog
garten@buehnenkoeln.de
www.schauspiel.koeln/haus/carlsgarten
www.carlsgarten.koeln

Anfahrt
Straßenbahnlinie 4
Haltestelle Keupstraße

„Für jemanden, der wie ich in Hamburg geboren ist und unter anderem in Brüssel, Leipzig, Düsseldorf, Basel, Berlin und Wien gelebt hat, ist die Feststellung vollkommen unverständlich, dass es in einer Stadt wie Köln, die sich selbst als tolerant feiert, eine Seite gibt, wo man anscheinend nicht hingeht. ‚Schälsick‘, also ‚falsche Seite‘, wird die rechtsrheinische Seite Kölns genannt", wundert sich Melanie Kretschmann, Schauspielerin und Leiterin des CARLsGARTENs noch heute. „Schäl" war dann auch das Wort der Stunde, als die Schauspielerin mit ihren Kollegen an einem kalten Wintertag das Depot im Stadtteil Mülheim zum ersten Mal besichtigte: Es gab einen gewissen industriellen Charme – ansonsten nur ödes Grau in Grau. Die Idee, einen urbanen Garten für alle anzulegen, war geboren. „Das Grau schrie nach Grün", erinnert sich Melanie Kretschmann, „die Einsamkeit des Geländes nach Leben!" In der näheren Beschäftigung mit dem Thema Garten und Theater kamen immer mehr Gemeinsamkeiten und produktive Gegensätze zum Vorschein. Dazu der verlockende Gedanke, Menschen, die noch nie im Theater waren, zu integrieren und durch selbst gezogenes Gemüse zu Selbstversorgern zu werden. Der Entschluss stand fest. Nicht: Wir treffen uns auf einem Parkplatz – sondern: Wir treffen uns in einem Garten!

Gesagt getan, das Team um Melanie Kretschmann und ihre Schwester, die Dramaturgin Michaela Kretschmann, holte sich Unterstützung von den Berliner Prinzessinnengärten, und so wurden im April 2013 auf freiwilliger Basis von Mitarbeitern der Bühne Köln mobile Hochbeete gebaut und die ersten Samen ausgesät. Der Einsatz hat sich gelohnt: Im Laufe der Jahre ist vor der Interimsspielstätte, auf der ehemaligen Industriefläche aus Beton und zwischen alten Überseecontainern, ein wilder, urbaner Garten entstanden, der für alle zugänglich ist. Unter dem Motto „Wer hilft, darf ernten!" kommen Anwohner und Mitarbeiter des Schauspiels regelmäßig zusammen.

„"
**Im CARLsGARTEN
werden Ideen gepflanzt
und Gespräche
gesponnen.**
"

ORT DER BEGEGNUNG

„Der CARLsGARTEN ist schnell ein Treffpunkt zum gemeinsamen Säen, Jäten und
Ernten, aber auch eine kreative und beliebte
Begegnungsstätte geworden, nicht nur für
Theaterschaffende und Theatergänger", erzählt Michaela Kretschmann. „Junge Familien
kommen zum Picknicken, eine Lehrerin ver-
legt ab und zu ihren Unterricht für junge Geflüchtete in den Garten, links- und rechtsrheinische Kölner treten hier in Kontakt." In
der Gemeinschaft trifft man auf interessante Menschen und kann immer wieder „Spe-
zialisten" treffen. Der eine baut gerne Rank-
hilfen, die Nächste hat Freude am Basteln der
Hinweistafeln zu den Pflanzen und wieder
ein anderer hat ein Faible für Kompost – so
lernt jeder vom anderen.

6

7

8

3 Wie Erbsen oder Erdnüsse
   gehören auch Lupinen zur
   Familie der Hülsenfrüchte.

4 Die Blütenblätter der
   Calendula eignen sich
   hervorragend für die
   Herstellung von Salben
   zur Hautpflege.

5 Manchmal gibt es
   auch Theater im
   CARLsGARTEN …

6 Das CARLsGARTEN-Team
   auf dem Weg zur
   Begrünung der Keupstraße
   im Jahr 2014.

7 Amaranth blüht in
   kräftigem Rot und wurde
   schon vor ca. 3.000
   Jahren von den Azteken
   angebaut.

8 Martin Benick, Melanie
   Kretschmann und
   Michaela Kretschmann
   gärtnern hier seit
   der ersten Stunde.

5

SO WIRD GEGÄRTNERT

Etwa 80 Beete haben auf dem ca. 2.500 Quadratmeter großen Gelände Platz gefunden. Gegärtnert wird in lebensmittelechten Bäckerkisten, Weinfässern, Big Bags und Paletten-Aufsatzrahmen. Diese Rahmen werden zwei- oder dreifach übereinander auf Paletten gesetzt, damit ein etwa kniehohes Beet entsteht. Dieses wird jeweils mit zwei bis drei alten Kaffeesäcken ausgelegt, damit die Erde nicht ausgespült wird. „Die Kaffeesäcke organisieren wir aus einer Kölner Rösterei, da wir versuchen, nachhaltig zu arbeiten und so viel wie möglich zu recyceln", erzählt das Gartenteam. Das Beet wird zu jeweils einem Drittel mit grobem Strauchschnitt, Kompost und feiner Muttererde gefüllt und kann dann bepflanzt werden.

Im Frühjahr wird gemeinsam entschieden, was angebaut wird. Im allerersten Jahr gab es einen Spendenaufruf für Jungpflanzen und Saatgut an alle Kölner. Dabei kamen tatsächlich an die 150 verschiedene Pflanzenarten zusammen. Daraus ergab sich im folgenden Herbst eine Menge eigenes Saatgut, das auf Saatgutbörsen getauscht werden konnte – und so kommen jedes Frühjahr neue Pflanzen dazu, wie z. B. Auberginen, Leinsaat oder auch der Buchweizen mit seinen feinen weißen Blüten. Da alle Teilnehmer gerne kochen, muss auch genügend Gemüse dabei sein: verschiedenste Tomatensorten, roter und gelber Mangold, Harlekin-Karotten, alte Kartoffelsorten und vor allem Chili. Etwas Besonderes ist in jedem Jahr der Erdbeermais. Die Frucht bildet erdbeerförmige Maiskolben mit granatroten Körnern aus. Außerdem bietet die Pflanze

den Sommer über eine gute Rankhilfe für Bohnen und Wicken. Doch es wird nicht nur angebaut, was schmeckt und schön fürs Auge ist. Auch für die Tiere, die sich mittlerweile angesiedelt haben, soll immer etwas dabei sein. Wildbienen im selbst gebauten Insektenhotel und verschiedenste Vogelarten, wie der Gartenrotschwanz, haben den Ort für sich entdeckt und nehmen die Pflanzen vor Ort als Nahrungsquelle dankbar an.

WAS WÄCHST HIER?

Neben Himbeeren und Brombeeren, haben auch zwei Apfelbäume und ein Kirschbaum Platz gefunden. Sie wachsen in stabilen Big Bags und alten Weinfässern und tragen reichlich Früchte, über die sich die Gartenbesucher jedes Jahr erneut freuen. Auch Wein wächst im CARLsGARTEN. „In einem Jahr haben wir uns eine Presse geliehen und aus den Trauben unseren eigenen Wein gemacht. Es kamen ungefähr fünf Liter zusammen, und er hat richtig gut geschmeckt", erzählt Michaela Kretschmann und ergänzt: „Wir sind experimentierfreudig. Da die Herstellung von Wein sehr zeitintensiv ist, haben wir dieses Jahr Gelee aus den Trauben gemacht."

Viele Pflanzen kommen jedes Jahr wieder, wie etwa der Tabak mit seinen rosa oder gelben Blüten. Seine Früchte sind Kapseln von ca. 1,5 Zentimeter Durchmesser, die hunderte von feinen Samen enthalten, welche sich beim Aufplatzen verteilen. Daher taucht der Tabak immer wieder irgendwo im Garten auf – oder gar auf dem gesamten Areal des Carlswerks, je nach Windrichtung zur Zeit der Samenreife.

 Tipp

Amaranth

ist ein sogenanntes Pseudogetreide. Das bedeutet, dass er Getreide zwar ähnlich sieht und auch so verwendet wird, jedoch nicht zur botanischen Gruppe der Süßgräser gehört. Er ist reich an Nährstoffen und von beeindruckender Form und Farbe. Warum er zu den Fuchsschwanzgewächsen gehört, wird sichtbar, wenn er in Blüte steht: Er ist buschig und leuchtend rot oder gelb. Schon vor ca. 3.000 Jahren wurde er von den Inkas und Azteken kultiviert. In einer einzigen Pflanze reifen bis zu 50.000 Körner, die zu vielen Speisen verarbeitet werden können. Er ist glutenfrei und u. a. reich an ungesättigten Fettsäuren, Magnesium, Kalzium und Eisen.

Bis zu
50.000
*Körner reifen in
einer einzigen Pflanze
Amaranth.*

Aufzucht & Ernte

Amaranth ist ein Dunkelkeimer, die Samen sollten daher ca. zwei Zentimeter unter der Erde liegen. Als Standorte eignen sich sonnige bis halbschattige Plätze mit lockerer, nahrhafter Erde und möglichst windgeschützter Lage. Die Voranzucht kann im März und April an einem warmen Ort erfolgen, nach den Eisheiligen ist auch Direktaussaat in die Beete bis spätestens Juni möglich. Die Jungpflanzen sollten feucht gehalten werden, später übersteht die Pflanze auch Trockenzeiten. Die Ernte erfolgt je nach Standort von Mitte September bis Mitte Oktober. Dafür den Blütenstand mit den reifen Körnern abschneiden, trocknen lassen und in einem Kissenbezug ausschütteln.

Endlossuppe

Die Tradition der österreichischen Endlossuppe hat uns die Wiener Köchin Eschi Fiege gezeigt. Dazu wird eine bunte Gemüsesuppe, mit allem, was der Garten saisonal hergibt, gekocht. Beim Austeilen an die Gäste darauf achten, dass nicht der gesamte Suppentopf geleert wird: einige Marmeladengläser mit der Suppe füllen, schnell kalt stellen, sodass sie vakuumieren und nicht schlecht werden können. Diese „Suppenbabys" können an Menschen mit Freude an Suppe verteilt werden – eins bleibt im eigenen Kühlschrank. Beim nächsten Kochen einer Suppe (am besten innerhalb der nächsten 3 bis 5 Tage) wird das Suppenbaby weiterverarbeitet und am Ende wieder ein Glas der Suppe gut verschlossen aufgehoben. So entsteht eine Endlossuppe, die in sich die Essenz vieler unterschiedlicher Suppen trägt und bei richtiger Handhabe „endlos" hält. Wichtig ist dabei, die Suppe nach dem letzten Aufkochen luftdicht zu verschließen und rasch zu kühlen, sodass sie nicht schlecht werden kann.

Zutaten
- 1 Stange Lauchzwiebel
- 2 rote Zwiebeln
- 4 Karotten
- 1 Süßkartoffel
- 1 Handvoll Spinat
- 1 Handvoll Rucola
- 1 Rote Bete
- ein paar Blatt Mangold
- 2 große Tomaten
- etwas frischer Majoran
- 1 Rosmarinzweig
- 2 Blatt Lorbeer
- Salz
- etwas Olivenöl
- etwas Weißwein
- eine Handvoll grüne Bohnen, 3 Karotten
- ca. 2 l Wasser
- 1 Handvoll Blüten der Kapuzinerkresse
- Kresse

Zubereitung
1 Alles grob geschnitten (bis auf Bohnen und Extraportion Karotten) in Olivenöl anbraten. Mit Weißwein ablöschen, ca. 2 l Wasser zugeben und köcheln lassen.
2 Wenn alles gar ist, durch ein Küchensieb abseihen. Bohnen- und Karotten dazugeben; bissfest garen.
3 Mit Kapuzinerkresseblüten und Kresse bestreut servieren.

Weingelee

An wessen Hauswand Wein gedeiht, kann die kleinen Früchte sehr gut zu Gelee verarbeiten. Es lässt sich aus weißen oder roten Trauben herstellen – nur etwas Geduld beim Verlesen ist gefragt.

Zutaten
- Wein (rot oder weiß) ernten, in meditativer Versenkung Trauben verlesen, bis ca. 1,5 kg Trauben zusammenkommen (sollten je nach Saftgehalt ungefähr 1 l Flüssigkeit ergeben)
- 1 Paket à 500 g Gelierzucker 1:2
- Kräuter nach Geschmack

Zubereitung
1 Die Trauben aufkochen und auf kleiner Flamme köcheln, bis sie aufplatzen.
2 Etwas abkühlen lassen, dann durch ein Sieb streichen, den Saft auffangen.
3 1 l Saft abmessen (wenn es etwas weniger ist, evtl. mit etwas Orangensaft oder Wasser auffüllen). Zusammen mit dem Gelierzucker aufkochen.
4 In gut gewaschene Gläser abfüllen, je nach Geschmack und vorhandenen Kräutern einen Zweig Rosmarin, ein Blatt frische Minze o. Ä. in das Glas geben, verschrauben und einige Minuten auf den Kopf stellen.

Nicht verpassen

📍 Führungen

Gäste, Kita-Gruppen oder Schulklassen können sich für eine Führung durch den ca. 2.500 Quadratmeter großen Garten vor Ort an den Gärtner Alwin Furk wenden. Um Voranmeldung per Mail bei größeren Gruppen wird gebeten.

📍 Großer Gartentag

Während der Hauptsaison veranstaltet der CARLsGARTEN einmal im Monat einen „Großen Gartentag". Dann wird gemeinsam gegärtnert, gekocht, gefeiert. Und es finden jeweils Workshops zu verschiedenen Themen statt, wie z. B. Ansaat, Siebdruck, Einwecken.

📍 Zum Essen

Das Offenbach am CARLsGARTEN

vereint Restaurant und Theaterkantine auf sich. Es ist von Montag bis Samstag täglich 9 bis 24 Uhr und sonntags ab zwei Stunden vor Vorstellungsbeginn geöffnet. Seit 2016 leiten die renommierten Kölner Caterer Gaby und Achim Mantscheff gemeinsam mit Britta Barthelmeß das Restaurant. Der Kuchen ist hausgemacht, der Kaffee wird in der eigenen Rösterei geröstet, und im Sommer kann man auch draußen im CARLsGARTEN sitzen.

—

Offenbach am CARLsGARTEN
Schanzenstraße 6–20
51063 Köln
info@offenbach-am-carlsgarten.de
www.schauspiel.koeln/haus/gastronomie/

links:
Die Ernte lässt sich immer vielseitig verarbeiten.

Im CARLsGARTEN sind alle willkommen, ob zum Zusehen oder Mitgärtnern. Wer hilft, darf ernten.

Nicht verpassen

In der Umgebung

Mitten im heute sehr lebendigen, ehemaligen Arbeiterviertel Köln-Mülheim, ganz in der Nähe der Haltestelle Keupstraße der Straßenbahnlinie 4, befindet sich auf dem Industrieareal des Carlswerks der CARLsGARTEN. An der Schanzenstraße hat das Schauspiel Köln direkt vor seiner Ausweichspielstätte eine ehemalige Industriefläche aus Beton in eine blühende Oase verwandelt. Hier wurde einst von der Drahtseilfirma Felten & Guilleaume das erste Telefonkabel produziert, das Europa mit Amerika verband. Die frühere Industriefläche hat sich zu einem urbanen Stadtquartier gemausert. Auf dem Gelände befinden sich neben dem Schauspiel Köln unter anderem Restaurants und eine Kletterhalle. Nicht verpassen sollte man in Köln-Mülheim außerdem den Besuch der Keupstraße. Der südöstliche Teil besteht aus einer lebendigen Einzelhandelsstraße mit vielen türkischen Läden und Restaurants. Folgt man der Keupstraße westlich zum Rhein, kommt man, an alten Gründerzeithäusern vorbei, zur ehemaligen Schifferkirche St. Clement aus dem 12. Jahrhundert und hat von dort einen weiten Blick auf die Mülheimer Brücke, den Dom und die Rheinauen.

IMMER EINEN BESUCH WERT

Ein Besuch des CARLsGARTENs lohnt sich selbst im Winter. Durch das milde Klima in Rheinnähe und die wärmespeichernden großen Betonflächen gedeiht in den Hochbeeten das ganze Jahr über etwas. Dort überdauert Mangold fast den ganzen Winter und kann geerntet werden. Oder Kapuzinerkresse, deren pfeffrige Blüten essbar sind und sich sehr gut zum Verzieren und Würzen von Suppen und Salaten eignen. Auch die Sonnenblumen bleiben stehen und werden regelmäßig von Vögeln besucht wie etwa einer Stieglitzfamilie. Und natürlich kommen täglich die Theatergäste, denn an manchen Tagen im Winter wird im Garten vor den Vorstellungen Glühwein ausgeschenkt.

Beste Besuchszeit
Das ganze Jahr über

....

Gartenzeit
- Montag und Donnerstag gemeinsam Gärtnern von 15 bis 17 Uhr
- Während der Gartensaison (März bis Nov.) einmal im Monat von 13 bis ca. 18 Uhr „Großer Gartentag" mit besonderen Aktionen

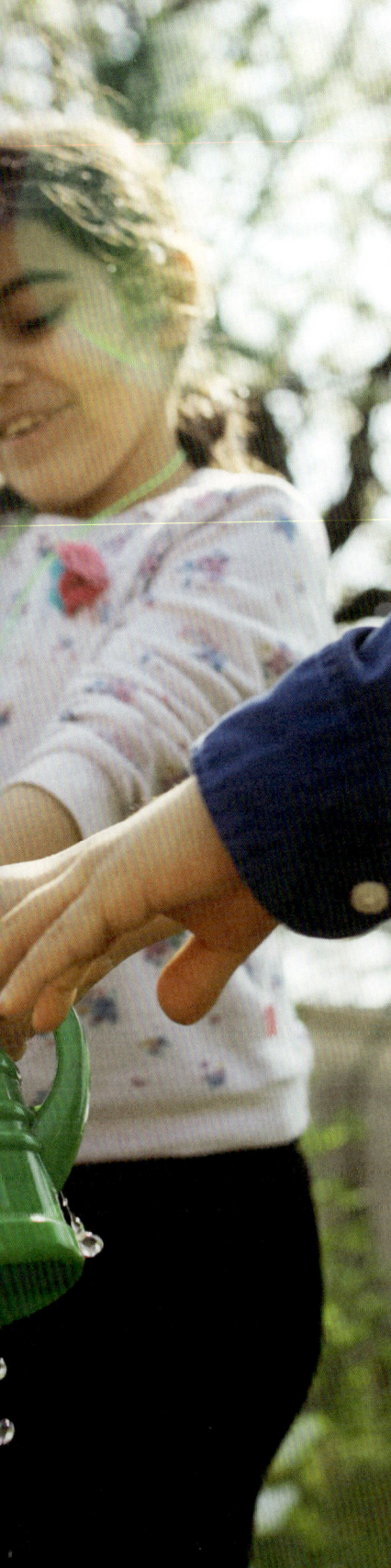

1 Die Kinder haben Spaß beim Gießen ihrer eigenen Gemüsebeete.

2 Herbsternte auf der City Farm.

2

Wir bringen Garten
ins Leben

CITY FARM AUGARTEN

Kontakt
City Farm Augarten

Garten
Obere Augartenstraße 1c
1020 Wien
Österreich

Büro
Lilienbrunngasse 18/2/6
1020 Wien
Österreich

E-Mail/Web/Blog
info@cityfarm.wien
www.cityfarm.wien
www.cityfarm.wien/
city-farm-augarten/

Anfahrt
U-Bahn-Linie U2
Haltestelle Taborstraße
Straßenbahnlinie 2
Haltestelle Taborstraße
Straßenbahnlinie 31
Haltestelle
Obere Augartenstraße
Bus 5A / 5B
Haltestelle Malzgasse

Als erster und größter „Children's Garden" mitten in Wien hat sich der gemeinnützige Verein City Farm das Ziel gesetzt, einen Garten in der Stadt zu etablieren und für Groß und Klein zugänglich zu machen. Neben vielfältigen Themenbeeten und Gemüseraritäten können Erwachsene wie Kinder in gartenpädagogischen Programmen und Veranstaltungen lernen, wie man in der Stadt, ja selbst auf Balkon oder Fensterbank, ganzjährig und nach ökologischen Richtlinien frisches, regionales und saisonales Obst und Gemüse anbauen kann – frei nach dem Motto „Der kleinste Garten ist ein Topf!" Wer schon immer etwas über Saatgutgewinnung, Urban Gardening oder Wurmkompostierung erfahren wollte, sollte bei seinem nächsten Wien-Aufenthalt eine Gartenführung oder einen Workshop bei der City Farm im Augarten besuchen. Ein besonderes Highlight ist dabei der Workshop „Wintergemüse". Diplomingenieur Wolfgang Palme, Gemüseexperte und Leiter der City Farm, forscht seit vielen Jahren auf diesem Gebiet und hat seine Erfahrungen in seinem Buch „Frisches Gemüse im Winter ernten" zusammengefasst. Ihm ist es auch zu verdanken, dass die City Farm Augarten Workshops zum Thema Wintergemüseanbau anbieten kann, von der Sortenwahl über Anbaumethoden bis hin zu (energiesparenden) technischen Hilfsmitteln und Schutzmaßnahmen für die köstlichen Winterschätze. Bei den Workshops wird auch stets reichlich verkostet und ausprobiert. Auch die Gartenführungen (Teilnahme gegen Spende) sollte man sich nicht entgehen lassen. Dort erklärt Wolfgang Palme, wie frische Asia-Salate, winterfestes Kohlgemüse oder robuste Kräuter auch bei Frost gedeihen. „So kann ich hoffentlich immer mehr Menschen davon überzeugen, dass wir im Winter nicht auf importiertes Gemüse oder auf das aus beheizten Gewächshäusern zurückgreifen müssen. Man kann einfach das ernten, was bei uns im Winter wächst", erklärt Wolfgang Palme. Selbstverständlich ist die City Farm Augarten ein Gartenparadies, dessen Besuch sich zu jeder Jahreszeit lohnt!

1

3

Augarten

Der Augarten ist die älteste erhaltene barocke Anlage Wiens und heute eine wertvolle Grünfläche mitten in der Stadt. Neben der Porzellanmanufaktur Augarten, befinden sich unter anderem auch die Wiener Sängerknaben und das Filmarchiv Austria im Augarten. Der Garten entstand Anfang des 17. Jahrhunderts als Jagdgarten; Mitte des 17. Jahrhunderts wurden mit dem Bau des Schlosses „Alte Favorita" formale Gärten angelegt. Strukturell weist der Garten vier Bereiche auf: eine barocke Gestaltung an der Oberen Augartenstraße, waldartige Boskettbereiche, landschaftliche Anlagen und formale Gartenkunst aus der Zeit um 1900.

JUNIOR CITY FARMING

„Eine weitere Besonderheit der City Farm Augarten ist das Jahresprogramm ‚Junior City Farming', bei dem Kinder aus Kindergärten, Schulen und anderen Betreuungseinrichtungen mit fachlicher Unterstützung ein ganzes Jahr lang einmal pro Monat bei uns auf kindgerecht gestalteten Beeten garteln können", erzählt Bernadette Staska, Projektmanagerin und Workshopleiterin in der City Farm. In den Gartenworkshops lernen die Kinder spielerisch Tipps und Tricks rund um den Gemüsebau und nehmen ihr frisch geerntetes Gemüse gleich mit nach Hause. Jede Einheit wird mit einem besonderen Themenschwerpunkt passend zum Gartenjahr abgerundet. Der Garten bietet dabei ein optimales Medium für die Vermittlung gesellschaftsrelevanter Themen im Schnittfeld von Umweltschutz, Gesundheitsförderung, Bewegung und sozialer Kompetenz. Auch Flüchtlingskinder werden von der City Farm unterstützt und können kostenlos an dem Programm teilnehmen. Einmal im Monat gibt es außerdem eine „Privatgruppe", zu der sich einzelne Kinder (ohne ihre Klasse) anmelden können.

4

Beste Besuchszeit
Der Garten der City Farm Augarten ist das ganze Jahr über nur im Rahmen der gartenpädagogischen Programme, also der Workshops für Kinder, Erwachsene und Schulklassen, Gartenführungen und Events geöffnet.

3 Stolze „Junior City Farmerinnen" mit ihrer ersten eigenen Radieschenernte.

4 Eingefrorener Pflücksalat.

5 Wolfgang Palme bei einer Raritätenverkostung von rotblättriger Perilla und Litschi-Tomaten.

5

⚲ In der Umgebung

Karmelitengarten

Der Karmelitermarkt ist einer der ältesten, noch bestehenden Märkte Wiens. Er ist jeden Tag, bis auf Sonntag, geöffnet und bietet alles, was man so benötigt. Immer freitags und samstags kann man auf dem Bauernmarkt feinste biologische Erzeugnisse aus der Region erstehen. Samstags hat Slow Food Wien eine eigene Verkaufsecke auf dem Markt. In den integrierten Lokalen kann man sich gemütlich niederlassen und das Treiben beobachten. Wer Veganes oder Vegetarisches sucht, ist bei „Zimmer 37" richtig, die komplett ohne Konservierungsstoffe und Geschmacksverstärker kochen und hauptsächlich Produkte aus biologischer Landwirtschaft verwenden. In der „Marktlücke" gibt es austromediterrane Küche: Im Sommer wird eher mediterran leicht gekocht, im Winter kommen herzhaft fleischige Schmankerl aus Österreich auf den Tisch.

—

Karmelitermarkt
Krummbaum-/Leopold-/Haidgasse
1020 Wien
Österreich

WORKSHOPS FÜR KINDER

Die Themenworkshops des Jahresprogramms können jeweils auch einzeln gebucht werden. Im Februar werden beispielsweise Samen unter die Lupe genommen. Die Kinder lernen die Vielfalt der Samen kennen, üben das Aussäen in Saatschalen und fertigen selbst eine Samenkugel an, die sie mit nach Hause nehmen. Im September wird beim „Gemüsegarten Kunterbunt" erklärt, wie wichtig essbare Pflanzen für die Ernährung sind und was Pflanzen eigentlich zum Wachsen benötigen. Dabei dürfen die Kleinen graben, jäten, Jungpflanzen setzen und natürlich auch Gemüse naschen. Im November widmen sich die City Farmer dann dem Thema „Nüsse – Eichhörnchens Lieblinge": Beim Nuss-Domino wird geklärt, ob wirklich alle Nüsse eine harte Schale haben und wo sie eigentlich wachsen. „Bei jedem Workshop wird entweder eine kleine Gartenjause selbst zubereitet oder ein kleines Geschenk gebastelt, das die Kinder dann mit nach Hause nehmen können", erzählt Bernadette Staska.

📍 Kino

Im Sommer findet (meist im Juli und August) im Naturgarten des Filmarchivs Austria das Open-Air-Festival „Kino wie noch nie" statt. Während des Festivals gastiert die „Grünstern Gartenküche" im Naturgarten und verarbeitet biologische, saisonale und regionale Lebensmittel zu hochwertigen Gerichten. Der Großteil der erntefrischen Lebensmittel stammt direkt aus eigenem Anbau und von den Feldern Wiener Kleinproduzenten.

—

Augartenspitz
Obere Augartenstraße 1
1020 Wien
Österreich
www.kinowienochnie.at

📍 Workshops

Die City Farm bietet eine große Auswahl an Workshops für Erwachsene und Kinder, die je nach Jahreszeit variieren. Die beliebtesten Workshops für Erwachsene befassen sich mit den Themen Wintergemüse (unsere Spezialität!) und Urban Gardening (Garteln in der Stadt auf Balkon und Terrasse). Bei Kindern sind die Workshops „Gemüsegarten kunterbunt", „Nützlinge" sowie „Samen – die kleinen Kraftpakete" besonders beliebt.

📍 Zum Mitnehmen

In regelmäßigen Abständen finden auch Saatgut-Tauschevents, Jungpflanzenmärkte oder Ernteverteilungen (gegen eine freiwillige Spende) statt. Die Termine werden über Newsletter oder auf der Homepage bekannt gegeben.

Das ganze Jahr über bietet der City Farm Augarten spannende Workshops im Gewächshaus an. Die Kleinen lernen z. B. viel bei den Kinderworkshops, hier zum Thema Kürbis. Erwachsene werkeln mit großem Interesse bei Themen wie die Wurmkompostkiste.

Rezept

Kräuterbutter

Zutaten
- 1 Becher Sahne
- frische Gartenkräuter

Zubereitung
1 Einen Becher Sahne in ein großes Schraubglas füllen und so lange schütteln, bis sich ein Klumpen Butter gebildet hat (ca. 5 bis 10 Minuten).

2 Diesen mit einer Gabel aus dem Glas holen und in einer Schüssel mit frischen Gartenkräutern (z. B. Majoran, Schnitt(knob)lauch, Sauerampfer, Liebstöckel) verrühren.

3 Anschließend auf ein Brot streichen, dieses mit essbaren Blüten (z. B. Gänseblümchen, Ringelblume, Kapuzinerkresse) dekorieren und mit der im Schüttelglas verbliebenen Buttermilch genießen.

⭐ Tipp

Salat hat immer Saison

„Pflück- oder Romanasalate können noch einmal Mitte/Ende August ausgesät und Mitte/Ende September ins Hochbeet gepflanzt werden", erklärt Wolfgang Palme. Ab Mitte Oktober werden die Pflänzchen durch eine Hochbeethaube oder einen Frühbeetkasten geschützt. Zu Weihnachten ist der vitaminreiche Salat erntereif, denn Salate sind frosthärter, als es die meisten für möglich halten.

Nach fünf spannenden Jahren in Schönbrunn ist die City Farm im Sommer 2018 in den Augarten in die direkte Nachbarschaft zu der gleichnamigen Porzellanmanufaktur und den Wiener Sängerknaben gezogen. „Mit vielen fleißigen freiwilligen Helfern, großzügigen Spenden und unter vollem Einsatz unseres Teams haben wir es geschafft, im September planmäßig mit unserem Programm am neuen Standort zu starten", erzählt Wolfgang Palme. Das neue Zuhause ist das ehemalige Baumschulquartier der Österreichischen Bundesgärten im Augarten. „Voraussetzung war, dass wir uns verpflichten,

die Sanierung der leer stehenden Gebäude durchzuführen." In einem Gewächshaus wurde ein provisorisches „grünes Klassenzimmer" als Unterrichtsraum eingerichtet. Für den Innenhof, den Kursraum und das Bürogebäude steht die Totalsanierung noch an. „Sowohl für die Sanierung als auch für die laufenden Kosten suchen wir noch dringend nach regelmäßigen Spendern und Sponsoren, da die Einnahmen aus den Workshops die Kosten leider nicht decken", betont Wolfgang Palme. „Denn wir müssen für unsere gartenpädagogische Arbeit gänzlich ohne öffentliche Subventionen auskommen." Doch

der neue Standort bringt auch Vorteile mit sich: Der Garten liegt nun noch zentraler, urbaner und ist noch besser mit öffentlichen Verkehrsmitteln erreichbar. „So können wir noch mehr Kinder und Erwachsene erreichen, die sonst kaum Zugang zu Natur und Landwirtschaft haben. Bei uns können sie lernen, wie Obst und Gemüse auch in der Stadt wachsen, wie man selbst im Winter eigene frische Köstlichkeiten anbauen kann und welche großen und kleinen Helferlein, von den Bodenlebewesen bis zu den Wildbienen, hierfür zusammenarbeiten", erklärt Bernadette Staska.

1

2

3

1 Jungpflanzen für die Tauschbörse.

2 Hochbeete im Gemeinschaftsgarten Hechtgruen – eine alte Bahnbrache.

3 Lauschiger Kinoabend zwischen Folientunnel und Lagerfeuer.

4 Probieren geht über studieren – feine Happen beim Fermentationsworkshop.

4

Stadtentwicklung
selbst gepflanzt

UFER-PROJEKTE DRESDEN

Der Verein UFER-Projekte Dresden e. V. gestaltet und fördert gemeinsam mit allen Interessierten verschiedene Gemeinschaftsgärten in Dresden. Er wurde 2011 als Trägerverein für urbane Gemeinschaftsgärten und Bildungsprojekte für nachhaltige Entwicklung gegründet. UFER steht dabei für „Urbane Freiräume erschließen Ressourcen". „Darunter verstehen wir Räume, in denen nicht alles vorgegeben ist, wo Menschen sich ausprobieren können, sich den Fragen unserer Zeit stellen und neue Lösungen entwerfen", erklärt Mitbegründer Sebastian Kaiser, „und als Träger übernehmen wir die Finanzplanung, die Infrastruktur, die Kommunikation, die Verwaltung für die Gärten, leisten Vernetzungsarbeit zwischen den Akteuren und halten den Gärtnern so den Rücken frei."

Alle Projekte und Gärten sind selbst organisiert und haben keine festgeschriebenen Hierarchien. Um die Zusammenarbeit zu organisieren, gibt es Prinzipien und Regeln. „Uns ist es wichtig, die Lebensqualität in der Stadt durch die Begrünung und Belebung von ehemaligen Brachflächen mit urbanen Gemeinschaftsgärten zu erhöhen. So entstehen offene Begegnungs- und Betätigungsräume, die eine Selbstständigkeit sowie Integration und die Entstehung nachbarschaftlicher Netzwerke fördern", erklärt Sebastian Kaiser.

Menschen aus allen Einkommensschichten, Religionen, Berufen oder Generationen begegnen sich hier, sind kreativ und aktiv und verfolgen gemeinsam Projekte und Anliegen. Mit einem umfangreichen Bildungsangebot, wie z. B. professionelle Workshopreihen mit Jahresprogramm, die sich mit Themen wie dem Bauen von Recycling-Gewächshäusern oder Komposttoiletten beschäftigen, wird außerdem das Bewusstsein für ökologische Lebensweisen gefördert. Doch es wird natürlich auch das nötige Wissen für die Gestaltung von Gärten vermittelt. Seit 2015 bietet das Projekt „Junges Gemüse" außerdem Umweltbildung für Kinder und Jugendliche an.

Die UFER-Projekte sind Teil des Gartennetzwerks Dresden. Unter dem Motto „Eine andere Stadt ist pflanzbar" sind darin über 20 Projekte in und um Dresden vernetzt. Seit 2018 wagen die UFER-Projekte auch das Experiment einer Allmende: Sie stellen für die Gärten verschiedenste Güter bereit, etwa Werkzeuge, einen fahrradbetriebenen Obsthäcksler, der als Saftpresse genutzt wird, oder eine mobile Leinwand, die auf ein Fahrrad passt. Für Ende 2019 ist außerdem ebenso ein Projekt zum Thema Essbare Stadt geplant. Der Verein hat mittlerweile für sechs Gartenprojekte im Stadtgebiet die Trägerschaft übernommen. Drei dieser Projekte, der Gemeinschaftsgarten Johannstadt, der Kleine Garten in Strehlen und das Wurzelwerk, werden hier vorgestellt.

6

Gärten sind bislang unter dem Dach der UFER-Projekte entstanden.

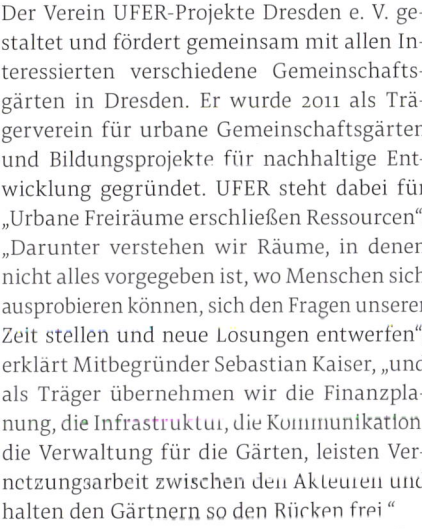

5

GEMEINSCHAFTSGARTEN
JOHANNSTADT

Als erster Garten der UFER-Projekte öffnete 2011 der Gemeinschaftsgarten Johannstadt seine Pforten. „Wir waren der Meinung, dass ein Garten dem Stadtteil guttun würde", erzählt Sebastian Kaiser, und weiter: „Keiner von uns wohnte dort, der Garten sollte auch nicht für uns sein, sondern für alle." Die knapp 1.700 Quadratmeter große Fläche wird heute von bis zu 40 Stadtgärtnern gestaltet. Etwa ein Viertel der Fläche bleibt dabei bewusst wild. Gegärtnert wird auf Gemeinschafts-, Gruppen- und Einzelbeeten, wichtige Themen dabei sind das naturnahe Gärtnern, Mischkulturen, Permakultur und natürlich die Gemeinschaft. Zu den Gemeinschaftsflächen gehören unter anderem ein Mandala-Beet, ein Gewächshaus, eine Kräuterspirale, Kartoffelbeete, ein Erdbeerbeet und zahlreiche Obststräucher. Ein Bauwagen dient als Basiscamp, es wurde ein Kompost-

klo gebaut, und die Wasserversorgung wird durch Regenwasser sowie einen selbst gebauten Brunnen gewährleistet. „Jeder ist herzlich eingeladen, in der Gemeinschaft mitzuhelfen, mit uns über spannende Themen wie Klimawandel oder Ressourcenknappheit zu diskutieren, Ideen zu verwirklichen oder sich auszuprobieren, aber natürlich auch, um im Garten – am besten auf einer Hängematte – zu entspannen, Menschen zu treffen und Inspiration in der Natur

> **"**
> ## Dem Stadtteil würde
> ## ein Garten guttun.
> **"**

zu finden", sagt Sebastian Kaiser. Mit dem Gemeinschaftsgarten soll eine Brücke für Städter zum Thema Ernährung geschlagen werden – was sind uns unsere Lebensmittel wert, woher kommen sie, wie viel Boden benötigt man für ihren Anbau und wie viel Arbeit steckt in ihnen.

6

Beste Besuchszeit
März bis November

Offene Gartenzeiten
– Jeden Donnerstag 16 bis 18 Uhr
– Am 1. und 3. Samstag des Monats 12 bis 14 Uhr

....

Kontakt
Gemeinschaftsgarten Johannstadt
Dürerstraße/Ecke Silbermannstraße
01307 Dresden

E-Mail/Web
kontakt@gg-joh.de
www.gg-joh.de

Anfahrt
Tramlinie 6 und 13
Bus 62
Haltestellen Permoserstraße bzw. Dürerstraße

Komposttoiletten

Warum soll man für jeden Toilettengang 20 bis 30 Liter Trinkwasser verschwenden, wenn man die Ausscheidungen problemlos kompostieren kann? Genauso funktioniert es auch bei allen Tieren auf der Erde: Sie verrichten ihre Ausscheidungen auf dem Boden, und sofort legen Mikroorganismen los, diese zu zersetzen, sodass daraus Humus werden kann. Die Hinterlassenschaften riechen ohnehin nur dann, wenn sie unbedeckt sind oder mit Wasser vermischt werden. Also Sägespäne oder Laub darauf geben, und schon ist das Problem gelöst. Bei Trocken-Trenn-Kompostklos wird der Urin sogar separat abgeführt, dieser kann dann ebenfalls als Dünger verwendet werden. Die gesammelte Biomasse wird vor Ort kompostiert und als fruchtbarer Humus nach einiger Zeit als Düngernachschub für Gehölze wieder ausgebracht, sodass der Nährstoffkreislauf nicht unterbrochen wird. Und ganz nebenbei sind Komposttoiletten die ideale Lösung für Gärten, bei denen es keine Infrastruktur, geschweige denn Abwasser gibt. Aber Vorsicht, jede Kommune hat eigene Vorschriften, einige schreiben auch Genehmigungsverfahren vor.

5 Die neue Sommerküche aus Recyclingmaterial.

6 Immer wieder schön: die Pfirsichblüte im Frühjahr.

> **„**
> Im Kleinen Garten stehen das gemeinsame Gärtnern, Nachhaltigkeit und Kultur im Vordergrund.
> **"**

KLEINER GARTEN IM STADTTEIL STREHLEN

„Ich bin oft an dem ungenutzten Grundstück am Kaitzbach vorbeigelaufen und habe jedes Mal gedacht, wie schade es ist, dass niemand dieses Stück Land nutzt", erzählt Gesine Hildebrandt. Als sie beim Dresdner Umundu-Festival auf Gleichgesinnte aus ihrem Stadtteil traf, denen das Prinzip der Stadtgärten ebenfalls gefiel, nahmen sie 2013 gemeinsam Kontakt mit dem Verwalter des Grundstücks auf. „Wir haben uns schnell geeinigt, schließlich konnten sie sich so den Gärtner, der die Wiese mäht, sparen und wir haben zugesagt, die Grundsteuer zu übernehmen", freut sich die Grafikdesignerin. Mittlerweile nutzen etwa 30 Anwohner – einige mehr, einige weniger intensiv – die ca. 800 Quadratmeter große Fläche des Kleinen Gartens in Dresden-Strehlen, die sie in ein grünes Idyll verwandelten.

An Kreativität und Experimentierfreude fehlt es den Stadtgärtnern vom Kleinen Garten nicht: „Als wir erfuhren, dass auf einem anderen Grundstück eine alte Hütte abgerissen werden sollte, haben wir die Bauarbeiter gefragt und die Hütte dann kurzerhand abgebaut und auf unserem Gelände in mühevoller Handarbeit wieder zusammengezimmert. Heute nutzen wir sie als Werkzeug- und Saatgutlager und bei Festen auch mal als Bar", erzählt Stadtgärtnerin Julia Mertens. Zusätzlich bauten sie als Recyclingprojekt aus alten Fenstern aus der Umgebung ein Gewächshaus. Aus alten Ziegeln, die sie auf dem Grundstück fanden, entstand eine Kräuterspirale, in der eine bunte Mischung herrlich duftender Kräuter wächst. Außerdem errichteten sie nach dem Vorbild der Permakultur Hügelbeete, in denen ohne viel Aufwand z. B. Mangold, Kohlrabi und Kürbis gedeihen.

Der Garten ist jedoch mehr als nur ein schöner Zeitvertreib, daher haben die Mitglieder des Kleinen Gartens, genauso wie alle Gärten der UFER-Projekte, das „Urban Gardening Manifest", eine gemeinsame Erklärung zahlreicher Gemeinschaftsgarteninitiativen aus ganz Deutschland, unterschrieben, um ein Zeichen zu setzen. Nach diesem Manifest haben die Gärten auch politische Funktionen. Zum einen soll den Menschen das Konzept der Nachhaltigkeit über die Gemeinschaftsgärten nahegebracht werden. Außerdem ist es ihnen wichtig, Freiräume in der Stadt zu erhalten, die nicht kommerziell genutzt werden.

Ihr Wissen geben die Stadtgärtner gerne weiter. Groß und Klein sind jeden Dienstagnachmittag eingeladen, um sich im Grünen zu erholen, sich auszutauschen, zu spielen oder bei einem der neuen Projekte mit anzupacken. Schließlich ist es das Ziel, Menschen aus dem Stadtteil über das Thema Garten zusammenzubringen.

**Beste Reise-
und Besuchszeit**
– April bis Oktober
– Immer Dienstagnach-
  mittag kann man
  die Stadtgärtnerinnen
  des Kleinen Gartens
  in ihrem Garten
  antreffen. Bei
  Interesse am besten
  eine Mail schreiben
– Zugang über die Mary-
  Krebs-Straße bzw.
  am hinteren Ende des
  Parkplatzes hinter
  dem Hof in Altstrehlen

Kontakt
Kleiner Garten Dresden
Mary-Krebs-Straße 8
01219 Dresden

E-Mail/Web
kontakt@kleiner-garten-dresden.de
www.kleiner-garten-dresden.de

Anfahrt
Tramlinie 9 und 13
Bus 61 und 75
Haltestelle Wasaplatz

Workshops

Mit Kindern werden häufig Jugend-
Sommercamps veranstaltet. Außerdem
gibt es unter anderem Workshops zu
den Themen Haltbarmachung, Einkochen
und Bauen mit Naturmaterialien.

Veranstaltungen

Veranstaltungen wie das Sommerfest
oder das Erntefest finden regelmäßig statt. Im August 2018 wurde im
Kleinen Garten außerdem das
Fahrradkino eingeweiht: Dabei wird
der Strom für den Film mit Muskel-
kraft vom Publikum selbst produziert.

Informationen zu den Workshops
und Veranstaltungen gibt es unter:

www.kleiner-garten-dresden.de

✪ Tipp

Fermentieren
Das milchsaure Einlegen,
hört sich schwieriger an, als
es ist. Alles, was man
dafür benötigt, ist Gemüse,
Salzlake, Gewürze nach
Geschmack und Zeit. Das
bekannteste Beispiel ist
Sauerkraut, aber auch ohne
das Kneten und Stampfen
lassen sich z. B. Möhren, Rote
Bete, Gurken oder China-
kohl ganz einfach milchsauer
fermentieren. Dazu wird
das gewaschene Gemüse in
mundgerechte Stücke ge-
schnitten, mit passenden
Gewürzen in ein Glas gegeben und mit der Salzlake
bedeckt. Das Glas wird dann
mit einem Deckel locker
verschlossen. Das entstehende Gas soll entweichen
können. Ab und an wird das
aufschwimmende Gemüse
untergerührt. Nach etwa
einer Woche ist das Gemüse
bei Zimmertemperatur
eingesäuert und obendrein
knackig. Vitamine und
Nährstoffe bleiben erhalten,
Probiotika und Enzyme
kommen noch dazu.
Je länger es steht, desto
weicher und geschmacks-
intensiver wird es.

♥ In der Umgebung

Der Große Garten diente
nicht nur als Inspiration
für die Namensgebung des
Kleinen Gartens. Er wird
auch als das „grüne Herz
Dresdens" bezeichnet
und ist ein eindrucksvolles
Beispiel für die barocke
Gartenkunst und englische
Landschaftsgärten. Ne-
ben der Haupt- oder der
Querallee gelangt man über
20 kleinere Eingänge in
die ab 1676 angelegte, im
Laufe der Geschichte
mehrfach erweiterte und
heute ca. 147 Hektar große
Parkanlage. Mittelpunkt
bildet das frühbarocke Palais
mit dem Palastteich und
dem Schmuckplatz.
Aufwendige Pflanzenarran-
gements sowie Skulpturen
und Schmuckvasen zieren
den Garten.

NACHBARSCHAFT WACHSEN LASSEN – WURZELWERK

Eine eigene Adresse hat das Wurzelwerk, der neuste Garten der UFER-Projekte, zwar nicht, er ist aber dank des großen Holztores in der Heidestraße in Dresden-Pieschen nicht zu übersehen. Auf einer bis dahin ungenutzten, rund 1.700 Quadratmeter großen Fläche einer alten Stadtgärtnerei können Dresdner Gartenfans gemeinschaftlich säen, pflegen und ernten oder Nützliches bauen. Die Gärtnerei unterstützt das Projekt mit Strom und Wasser und freut sich über menschlichen, sozialen und gärtnerischen Input aus der Nachbarschaft.

Die Idee für den Garten hatten Gregor Scholtyssek und Philip Harms, die beide seit Jahren in Dresdner Gemeinschaftsgärten aktiv sind. „Dabei haben wir oft erlebt, dass einige Dinge immer liegen bleiben und ehrenamtliche Mitarbeiter oft an ihre Belastungsgrenzen gestoßen sind", erzählt Philip Harms. „Damit es bei unserem Gemeinschaftsgarten eine Regelmäßigkeit sowie feste Ansprechpartner und Zeiten gibt, haben wir das Projekt ‚Qnoten – Quartiersentwicklung und sozialer Knotenpunkt' gegründet", ergänzt Gregor Scholtyssek. Dank Fördermitteln des Europäischen Sozialfonds (ESF) konnte das Wurzelwerk 2018 ins Leben gerufen werden. In Teilzeit arbeiten Gregor Scholtyssek und Philip Harms als Gartenkoordinatoren auf dem Areal, als Büro nutzen sie einen alten Containerwagen. Der Pachtvertrag läuft erst einmal für zwei Jahre, beide können sich aber gut vorstellen, das Projekt darüber hinausgehend zu betreuen.

Im Wurzelwerk liegt ein weiterer Schwerpunkt auf ökologischem Bauen und dem Erproben nachhaltiger Lösungen. In gemeinsamer Handarbeit entstehen hilfreiche Geräte oder kleinere Bauten wie Insektenhotels, Werkzeugunterstände, Komposttoiletten, Hochbeete oder Sitzecken. Das Wurzelwerk ist gleichzeitig auch ein Stadtteiltreff, wo Feste gefeiert werden und Pflanztauschbörsen, Workshops sowie Kulturveranstaltungen stattfinden. Bei Workshops oder Vorträgen und der zweimal wöchentlich stattfindenden offenen Gartenzeit können Interessierte spannende Themen lernen bzw. eigene Ideen mitbringen und mit Unterstützung erfahrener Projektgestalter umsetzen. Das Projekt wird auch von umliegenden Unternehmen unterstützt, so hat z. B. eine Baumpflegefirma den Gärtnern zerhäckselte Äste für die Wege überlassen. Vom Amt für Stadtgrün gab es einen Berg Komposterde, und immer wieder bringen Nachbarn und Interessierte vorgezogene Pflanzen oder andere Materialien vorbei. Egal, ob sich jemand für das Gemeinschaftsbeet oder ein Einzelbeet interessiert oder aber ohne gärtnerische Ambitionen ist, jeder kann kommen. Sobald man zur Gartengemeinschaft gehört, bekommt man einen Zahlencode für das Eingangstor und hat so jederzeit Zutritt zur Anlage.

7

8

Workshops

Dank der Fördermittel des Europäischen Sozialfonds (ESF) können auch zahlreiche kostenlose Workshops (z. B. zu klassischen Gartenbauthemen wie Beete anlegen, Kompostieren oder Mulchen), Vorträge und fachliche Beratung angeboten werden.
Es gibt also regelmäßig Interessantes über nachhaltiges Gärtnern, Bauen mit Naturmaterialien und andere Handwerks- und Kulturtechniken zu erfahren.

Beste Besuchszeit
Mai bis Oktober

Offene Gartenzeiten
- Jeden Montag
  15 bis 19 Uhr
- Jeden Freitag 12
  bis 16 Uhr

Kontakt
Wurzelwerk Pieschen
Heidestraße
(neben Haus-Nr. 34)
01127 Dresden

E-Mail/Web
wurzelwerk@ufer-projekte.de
www.wurzelwerk.ufer-projekte.de/

Anfahrt
Tramlinie 3, Haltestelle
Zeithainer Straße

📍 In der Umgebung

Die Gärtnerei Nitzsche,
die das Gelände an das Wurzelwerk verpachtet hat, ist ein Familienbetrieb mit schöner Auswahl an Saisonpflanzen, Stauden, Kräutern, Gemüsepflanzen und vielem mehr. Auch Blumensträuße aus teils selbst kultivierten Blumen werden liebevoll gebunden.

—

Gärtnerei Nitzsche
Weinböhlaer Straße 43
01127 Dresden
Tel.: 0049 (0)351 / 86 29 835

....

Zentralwerk e. V.
Auf dem Areal zwischen Großenhainer Straße, Heidenstraße und Riesaer Straße wird der alte Gebäudekomplex, der früher ein Rüstungsbetrieb, später eine Druckerei war, denkmalgerecht zu einer Kulturfabrik umgebaut. Hier entsteht das Zentralwerk, das auf einem Gelände Wohnen, Arbeiten, Kunst und Kultur verbindet.

—

Zentralwerk e. V.
Riesaor Straße 32
01127 Dresden
verein@zentralwerk.de
www.zentralwerk.de

⭐ Tipp

Mulchen

In der Natur ist Boden meist bedeckt, ob mit Laub oder einer schützenden Pflanzendecke. Das Mulchen, also das Bedecken des Bodens mit pflanzlichem Material, hat viele Vorteile, die wir uns im Garten zunutze machen können: Es unterdrückt Unkraut und spart so mühsames Jäten. Es speichert Wasser, verringert Verdunstung und hält somit den Boden feucht. Es verhindert den Bodenabtrag durch Wind und Wetter und bringt zudem Nährstoffe in den Boden. Die Mulchschicht sollte aus mindestens 10 Zentimeter locker aufliegender Biomasse bestehen, wie Stroh oder Rasenschnitt, gemischt mit Herbstlaub bzw. im Winter nur aus Herbstlaub. Wichtig: Für die Aussaat muss die Mulchschicht beiseitegeschoben werden, um die Bestandpflanzen wird das Material einfach ausgelegt.

7 Folientunnel und angrenzende Gärtnerei.

8 Dürresommer 2018 – grüne Inseln in der Trockenheit.

1 Die Hochbeete des
  Mintzgartens sind
  mit essbaren Blumen
  und Gemüse viel-
  fältig bepflanzt.

2 Die Holztafel mit
  dem Logo des
  Mintzgarten-Vereins
  ist natürlich
  selbst gestaltet.

Gemeinsam
gärtnern

MINTZ
GARTEN

Kontakt
Mintzgarten
Ernst-Melchior-Gasse 3
1020 Wien
Österreich

E-Mail/Web:
mintzgarten@gmail.com
www.mintzgarten.wordpress.com

Anfahrt
U-Bahn-Linie U1
Haltestelle Vorgartenstraße

Bei einem Ausflug nach Wien lohnt sich ein Besuch des zweiten Gemeindebezirks Leopoldstadt zwischen Donau und Donaukanal für Gartenfreunde nicht nur, um den Augarten oder den Prater, eine weitläufige, zu großen Teilen von der Donau geprägte Auenlandschaft, zu besuchen. Auf dem 75 Hektar großen Gelände des einstigen Nordbahnhofs befindet sich eine der größten und bedeutendsten innerstädtischen Entwicklungszonen Wiens. Bis 2025 sollen etwa 20.000 neue Bewohner das ehemals ungenutzte Bahnhofsgelände mit Leben fullen, rund die Halfte ist schon mit Wohnanlagen und einem hochmodernen Schulcampus bebaut. Damit sich in dem riesigen Stadtentwicklungsgebiet eine aktive Nachbarschaft mit sozialem Zusammenhalt entwickeln kann, gründeten einige Bewohner einen Gemeinschaftsgarten. „Wir wollen gemeinsam etwas verwirklichen und hatten das Ziel vor Augen, die damalige Wiese in einen ertragreichen Garten zu verwandeln", erklärt Schriftführer Roland Krasser. „Gegründet wurde unser Verein Ende 2012, im Frühling darauf haben wir schon die ersten Beete bepflanzt", erzählt Krasser stolz. Entstanden ist ein grünes Kleinod und ein kleiner Beitrag für ein besseres Stadtklima.

Beste Besuchszeit
Mai bis September

Direkt vor dem Gertrude Fröhlich-Sandner Campus fand sich dank der Hilfe der Gebietsbetreuung schnell ein ungenutztes, bislang sich selbst überlassenes Grünareal. „Die Gebietsbetreuung unterstützt Bewohner wie uns, die mit Nachbarschaftsgärten oder Ähnlichem die Lebensqualität in den dicht bebauten Vierteln Wiens erhöhen möchten, bei der Suche nach Standorten", erinnert sich Roland Krasser. „Außerdem helfen sie uns Stadtgärtnern auch bei fachlichen Fragen." Schnell waren alle Beete vergeben. „Derzeit sind 19 Mitglieder aktiv, jeder bewirtschaftet sein eigenes Beet", berichtet Roland Krasser und ergänzt: „Anbauen darf jeder, was er möchte, geregelt ist nur, dass biologisch angebaut wird." So entstand mit dem Mintzgarten ein kleiner Ort der Selbstversorgung mitten im Neubaugebiet, der heute einen schönen Kontrast zu dem modernen Campus bildet.

Auf der 300 Quadratmeter großen Fläche gibt es außerdem einen kleinen Kräutergarten, eine Sitzgelegenheit und einen öffentlich begehbaren Weingarten mit fünf Weinstöcken. Der Zaun um den Gemeinschaftsgarten ist etwa 50 Meter lang und als Naschhecke konzipiert. „So können Stadtgärtner, Schul- und Kindergartenkinder, aber auch Passanten im Vorbeigehen Himbeeren, Brombeeren, Ribisel (also Johannisbeeren) und Weintrauben naschen", freut sich Roland Krasser.

Das durch „Wohnbau-Monokultur" geprägte Viertel hat durch den Mintzgarten einen beliebten Aktions- und Entspannungsraum bekommen, der auch die interkulturelle Begegnung fördert. Saatgut wird selbst produziert und man hilft sich gegenseitig – nicht nur beim Gießen oder wenn gärtnerische Fragen auftauchen. Da sich der Garten neben einer Fußgängerzone befindet, bleiben Passanten oft stehen, und dann wird über Tomaten, Gott und die Welt geplaudert. „So lernt man die Nachbarn in dem neu entstandenen Stadtteil im Bezirk Leopoldstadt schnell kennen und wohnt nicht in einer anonymen Großstadt", erzählt Roland Krasser. „Man kennt sich, ist gut vernetzt und hat eher das Gefühl auf dem Land zu sein als in einer Großstadt. Und das obwohl man mit der Bahn in 15 Minuten in der Metropole ist."

Rezept

Tomatensoße

Viele Mitglieder im Mintzgarten bauen mit großer Begeisterung die unterschiedlichsten Sorten Tomaten an. Alle sind sich dort einig, dass nichts besser schmeckt als eine selbst gemachte Tomatensoße aus frisch geernteten, sonnenreifen Früchten.

Zutaten
- 1 Zwiebel
- 2 Knoblauchzehen
- Olivenöl
- 1 kg frisch geerntete Tomaten
- Kräuter (Basilikum, Thymian, Oregano)
- Pfeffer, Salz

Zubereitung
1 Zwiebel und Knoblauchzehen fein hacken und mit etwas Olivenöl anschwitzen.
2 Frisch geerntete vollreife Tomaten waschen, in grobe Stücke schneiden und hinzugeben.
3 Frische Kräuter wie Basilikumblätter, Thymian und Oregano dazugeben.
4 Etwa 1 Stunde köcheln lassen und mit Salz und Pfeffer abschmecken

Dr. Fanny Mintz

Benannt wurde der Mintzgarten nach Dr. Fanny Mintz, die am Nordbahnhof mit einer Straßenbenennung (Fanny-Mintz-Gasse) geehrt wurde. Sie wurde 1943 vom Nordbahnhof ins KZ Theresienstadt deportiert, von dort 1944 ins KZ Auschwitz überstellt und gilt seitdem als verschollen.

„

Nachbarschaftsgärten stärken das Miteinander im Stadtteil.

"

Nicht verpassen

Zum Essen

Ullmann's Zuckerbäckerei
Hier gibt es ausgezeichnete
Torten, leckere Snacks
und eine große Auswahl an
Kaffeespezialitäten.
Auch sehr gemütlich zum
Frühstücken.

Ullmann's Zuckerbäckerei
Walcherstraße 11A
1020 Wien
Österreich
sweets@ullmanns.at
www.ullmanns.at

In der Umgebung

Bei einem Besuch des Mintzgartens entdeckt man
einen außergewöhnlichen
neuen Stadtteil, in dem
mit viel Kreativität und Urba-
nität mit Natur verbunden
wird. Alte Gleise sowie der
historische, denkmalge-
schützte Wasserturm blieben
bestehen. Und mit der
„Stadtwildnis" wird ein Teil
der über Jahrzehnte
gewachsenen Wildnis auf
dem ehemaligen Bahn-
hofsareal erhalten, in dem
die streng geschützten
Wechselkröten leben.

Sommerfest

Einmal im Jahr veranstaltet
der Mintzgarten gemein-
sam mit dem benachbarten
Erna-Popper-Garten im
Sommer ein Gartenfest, bei
dem die Gartentüre für
alle Interessierten geöffnet
ist. Infos dazu gibt es auf
der Homepage.

Weitere Projekte

In Gehweite des Mintzgar-
tens befinden sich außerdem
drei weitere Gemeinschafts-
gärten: der Erna-Popper-
Garten (direkt anschließend),
PaN Gemeinschaftsgarten
(Ecke Ernst-Melchior-Straße/
Jakov-Lind-Straße, 1020
Wien) und der Vorgartl
(Vorgartenstraße 118−120,
1020 Wien).

1 Hinter den prall
gefüllten Hoch-
beeten versteckt
sich die beliebte
Küche der Stadt-
gärtner.

2 Die Stadtgarten-
Imker sind regel-
mäßig im Einsatz.

2

Feinschmecker
Garten

STADTGARTEN NÜRNBERG

Kontakt
Stadtgarten Nürnberg
Wandererstraße 44
90431 Nürnberg

E-Mail/Web
stadtgarten@bluepingu.de
www.stadtgarten-nuernberg.de

Telefon
+49 (0) 911/2346372

Anfahrt
U-Bahn-Linie U1
Haltestelle Eberhardshof

Wenn Stadtgärtnerin Xenia Mohr bei ihren oft veganen Kochworkshops im Stadtgarten Nürnberg den Kochlöffel schwingt, wird es garantiert kreativ: Sie nutzt die im Stadtgarten frisch angebauten Zutaten und hat ein Faible für verschiedenste Länderküchen. Auf dem ca. 2.500 Quadratmeter großen Areal wachsen über 70 verschiedene Heil- und Küchenkräuter, die man auch bei Führungen entdecken kann. Im Gewächshaus gibt es allein 14 Chilisorten. Auch 40 verschiedene Tomatensorten haben dort ihren Platz gefunden. Überhaupt versuchen die Stadtgärtner die ganze Bandbreite einer Gemüseart zu zeigen: In den Hochbeeten, Bottichen und leuchtend orangen Bäckerkisten wachsen Zucchini in Weiß, Gelb und Grün, unterschiedliche Bete in Rot, Gelb, Weiß und sogar geringelte Sorten sowie diverse Kohlsorten von Pflückkohl bis zum dekorativen Palmkohl. Hier gedeihen auch Pflück- und Nascharten, wie Johannisbeer-Tomaten oder Mexikanische Minigurken, die Kinder besonders lieben. Dazu gibt es natürlich jede Menge Obst: Johannis- und Stachelbeeren, Kirschen (selbst gelbe Sorten!), Aronia, Kornelkirschen und Himbeeren – im Stadtgarten Nürnberg gibt es immer etwas zu probieren. „Nicht umsonst werden wir auch als der ‚Feinschmecker-Garten'" bezeichnet", erzählt Xenia Mohr.

Dank der selbst gezimmerten Hochbeete können die Pflanzen regelmäßig verschoben werden. „Und der Garten sieht so jedes Jahr anders aus", berichtet die Stadtgärtnerin. Gegärtnert wird mit torfarmer Erde und alten samenfesten Sorten. Und auch Bienen haben im Stadtgarten Nürnberg ihren Platz gefunden. „Sie sind vor allem wegen der Befruchtung im Garten. Wir lassen den Bienen weitestgehend ihren Honig", erklärt Xenia Mohr und erklärt: „Das nennt sich wesensgemäße Bienenhaltung im Gegensatz zur Ertragsimkerei." Jeden Samstag wird Einblick in das Leben im Bienenstock gewährt. Das lassen sich Kindergärten und Schulen aus der Umgebung nicht entgehen.

1

⭐ Tipp

Pflanzenfreunde

Es gibt Pflanzen, die sich gegenseitig stärken, wenn man sie zusammen anbaut. Und es gibt Arten, die sich schwächen und dann verkümmern, wenn man sie zu dicht nebeneinander setzt. Wer gesunde Pflanzen und einen hohen Ertrag will, fördert gute Beetpartnerschaften, wie etwa die zwischen Basilikum und Tomaten. Zu jeder Tomatenpflanze setzt man Basilikum dazu, das für die im Boden lebenden Nematoden interessanter ist als die Tomate. Diese wird dadurch kräftiger und neigt weniger zu Pilzbefall. Und auch Basilikum wächst neben einer Tomate kräftiger. Ebenso „gute Freunde" sind Erbsen und Möhren oder eine Kombination aus Stangenbohnen, Mais und Kürbissen.

Fruchtfolge

In den Beeten markieren, welches Gemüse dort im Vorjahr stand. Nachtschattengewächse wie Tomaten, Kartoffeln oder Paprika laugen den Boden aus und sollten erst nach drei Jahren wieder am selben Standort angebaut werden. Das gibt dem Boden Zeit, sich zu erholen. Verschiedene Nachtschattengewächse sollten auch nicht hintereinander angebaut werden, da Krankheiten wie die Kraut- oder Braunfäule auch in Pflanzenresten im Boden überwintern. Idealerweise baut man auf den Beeten in der Nachfolge von Nachtschattengewächsen Stickstoffsammler wie Hülsenfrüchte an.

3

4

Beste Besuchszeit
– Anfang Mai bis Ende September
– Samstag 12 bis 17 Uhr oder Dienstag ab 17 Uhr
– An den anderen Tagen nach Absprache

3 Blick von außen auf den Stadtgarten.

4 Stadtgärtnerinnen Anke und Ina beim Umtopfen.

5 Stadtgärtner Ben beim Vereinzeln von Tomatenpflanzen.

6 In der Kinderstube: Anzucht der 14 Chilisorten.

7 Stadtgärtnerin Tina im „Tomatenwald" – Tomatenanzucht kurz vor dem Jungpflanzenverkauf.

Ein geteerter Parkplatz, darauf ein paar selbst gezimmerte Hochbeete auf Paletten als Pflanzgefäße, ein Küchenwagen und als Einzäunung ein wackeliger Bauzaun. Das ist der Stadtgarten Nürnberg mitten im Stadtteil Eberhardshof an der Wandererstraße. Auf dem ehemaligen Gelände der Quelle AG entstand 2012 nach dem Vorbild der Gärten in großen Metropolen ein mobiler, ökologisch bewirtschafteter Gemeinschaftsgarten, eine blühende Oase mitten in der Stadt. New York, Havanna und nun eben auch Nürnberg. Schon damals war man sich bewusst, dass die Fläche irgendwann einmal geräumt werden muss, daher wurde von Anfang an in mobilen Hochbeeten gegärtnert.

Initiator und Träger des Stadtgartens ist der Bluepingu e. V., ein gemeinnütziger Verein in Nürnberg, der das Thema „Ökologisch und nachhaltig leben in der Stadt" seit Jahren fördert. In diesem Verein haben sich Manja Rupprecht, Miriam Breuning, Joanna Nogly und Roland Brücher kennengelernt, die das ehrenamtliche Projekt zusammen ins Leben gerufen haben. Mit dem Garten wollten sie nicht nur gemeinsam etwas aufbauen und dabei dazulernen, sondern auch für mehr Grün im Stadtteil sorgen, lokales BioGemüse und -Obst anbauen und einen Raum für Austausch und Begegnung schaffen. „Wir wollen die Wertschätzung für unsere Nahrungsmittel fördern. Voraussetzung dafür ist, dass man wieder weiß, woher das Essen eigentlich kommt und wie viel Arbeit dahinsteckt. Denn der Weg bis zum Erzeugnis ist mindestens genauso wichtig, wie das geerntete Produkt selbst", sagt Manja Rupprecht.

5

6

7

WAS WIRD ANGEBAUT?

Von Frühjahr bis Spätherbst summen im Stadtgarten Nürnberg Bienen. Blumen in allen Farben und Formen blühen, und viele fleißige Gärtner wuseln über das Gelände und graben, pflanzen und säen nach Herzenslust. Jeder ist willkommen, und wer mitmacht, darf natürlich auch ernten – egal wie oft er kommt oder woher er stammt. Alles, was dort wächst, ist Gemeinschaftsgut. „Für viele hier ist es mehr als nur ein Hobby, es ist ein zweites Zuhause geworden", schwärmt Xenia Mohr. „Man kann sich betätigen, den Garten erleben und zusehen, wie Pflanzen sich verändern. Das Gärtnern entschleunigt und erdet. Man findet wieder mehr zu sich in dieser Zeit, in der alles schnell und noch schneller gehen muss. Man kann aber auch einfach nur die Gemeinschaft genießen und sich austauschen." Zwänge gibt es im Stadtgarten Nürnberg nicht, nur das viele Gießen ist in heißen Sommern manchmal eine Herausforderung …

> ❝
> Wir brauchen ein Umdenken.
> Der Verbraucher muss auch verbogene Karotten akzeptieren.
> ❞

40

verschiedene Tomatensorten finden auf dem jährlichen Jungpflanzenverkauf reißenden Absatz.

⭐ Tipp

Samenfeste Sorten

Alte samenfeste Sorten bieten eine große Vielfalt bezüglich Geschmack, Form, Farbe und Erntezeiträumen, außerdem können sie weitervermehrt werden. Moderne Hybrid- oder F1-Züchtungen sind oft auf bestimmte Erscheinungsformen gezüchtet (wie z. B. bei den Karotten), und aus den unfruchtbaren Samen lassen sich keine neuen Pflanzen gewinnen. Hybridpflanzen liefern meist wenig oder gar keinen Nektar, sodass die Bienen auf blühenden Feldern verhungern. Es lohnt sich also, samenfeste Sorten anzubauen und so gleichzeitig etwas für den Erhalt alter Sorten zu tun.

Hülsenfrüchte

Erbsen und Bohnen machen nicht viel Arbeit, wichtig ist vor allem eine Rankhilfe. Hülsenfrüchte liefern wertvolles klimafreundliches Eiweiß und reichern zudem in ihren Wurzeln Stickstoff an. Im Herbst schneidet man daher die Pflanzen über der Erde ab und lässt die stickstoffhaltigen Wurzelknollen in der Erde. Diese Erde kann dann entweder verwendet werden, um „ausgelaugte" Beete aufzufrischen – oder man pflanzt im Folgejahr stark zehrendes Gemüse (wie z. B. Tomaten) dort an.

Pädagogische Arbeit

Eine der selbst gesetzten Kernaufgaben des Nürnberger Stadtgartens ist die Wissensvermittlung. Dazu bieten die Stadtgärtner, unterstützt von zwei Pädagoginnen, Workshops und Führungen an. So haben Schulklassen und Kindergärten die Chance, Natur und Gärtnern mit Lebensmitteln direkt in der Stadt zu erleben. Viele besuchen den Stadtgarten mehrfach, um die Jahreszeiten für Kinder und Jugendliche erlebbar zu machen. Auch Studentengruppen kommen immer wieder gerne – im Jahr 2018 allein aus fünf verschiedenen Studienrichtungen. Der Stadtgarten ist ebenso ein gefragter Partner, wenn es um Angebote für die Erwachsenenbildung geht. So wurden z. B. 2018 zusammen mit der katholischen Erwachsenenbildung Workshops geplant, mit dem Landesgartenbauamt Veitshöchheim und einem Träger, der mit Erwachsenen mit psychischen Problemen arbeitet. Zusätzlich fanden in Kooperation mit der ProVeg Ortsgruppe Nürnberg und Zero Waste Nürnberg gemeinsame Veranstaltungen statt.

📍 Zum Essen

Am besten gleich direkt im Stadtgarten. Xenia Mohr bekocht immer samstags alle Stadtgärtner mit tollen Gerichten aus allem, was die Natur gerade zu bieten hat, und freut sich immer über Gäste! Im Stadtteil Eberhardshof liegen mehrere schöne Kneipen und Restaurants, die von den Stadtgärtnern gerne auf ein Bier nach der Gartenarbeit oder auch für Weihnachtsfeiern besucht werden.

📍 In der Umgebung

Bei einem Besuch in Nürnberg darf man sich die alten Fachwerkgassen, vor allem die Weißgerbergasse mit seinen Kneipen nicht entgehen lassen. Auch die älteste frei schwebende Hängebrücke Deutschlands, den Kettensteg, der 1824 errichtet wurde, ist einen Besuch wert.
Food for thought: In unserer unmittelbaren Nähe liegt auch das Nürnberger Memorium. Der Original-Gerichtssaal der Nürnberger Prozesse gegen die Nazis nach dem Zweiten Weltkrieg. Es ist ein nachdenklich machendes und geschichtsträchtiges Museum mit Ausstellung und Führungen.

Weitere Informationen finden Sie auf der Homepage:
www.memorium-nuernberg.de

Café Pforte
Ist ein cooles Café im ehemaligen Pförtnerhaus auf dem AEG-Gelände. Man genießt die kleine Auswahl an hausgemachten Speisen im alten Industrieambiente.

—
Café Pforte
Muggenhofer Straße 137/Halle 6
90429 Nürnberg
pforte135@web.de
www.aufaeg.de/gastronomie-detailansicht/item/cafe-pforte

Das Schanzenbräu
Hier gibt es original in Nürnberg gebrautes Bier. In dem gemütlichen Biergarten kann man bei gutem Wetter wunderbar entspannen. Besondere Spezialität: Rotbier.

—
Das Schanzenbräu
Proeslerstraße 3
90431 Nürnberg
bestellung@schanzenbraeu.de
www.schanzenbraeu.de

Salon Regina
Befindet sich auf der Fürther Straße und ist ein echtes Nürnberger Original mit liebevoll zusammengestellten Vintage-Möbeln. Es gibt unter anderem Vegetarisch, Vegan, aber auch eine vorzügliche Currywurst oder typische Nürnberger Brotzeiten.

—
Salon Regina
Fürther Straße 64
90429 Nürnberg
heike@salonregina.de
www.salonregina.de

📍 Zum Mitnehmen

Saatgut- und Jungpflanzenverkauf
Der Nürnberger Stadtgarten strebt an, finanziell unabhängig zu sein. Daher sind die Stadtgärtner auch im Winter fleißig und bereiten sich auf den Saatgutverkauf und den Jungpflanzenverkauf vor. Die Einnahmen der Verkäufe fließen in den Stadtgarten. Das geerntete Saatgut wird in selbst gestempelte Tütchen liebevoll verpackt und Ende Februar auf dem Nürnberger Saatgutfestival verkauft. Hunderte Tütchen wechseln dort den Besitzer. Die Haupteinnahmequelle ist der beliebte Jungpflanzenverkauf, der jedes Jahr Mitte Mai, nach den Eisheiligen, auf dem eigenen Gelände stattfindet. Etwa 300 bis 400 Leute kommen zu diesem Event, um die von den Stadtgärten vorgezogenen Pflanzen zu kaufen. Es stehen fast ausschließlich samenfeste Sorten und keine Hybridzüchtungen von verschiedenen Kräutern, Zucchini, Kürbisse, Gurken, Kohl und Chili und vieles mehr zum freien Verkauf. Besonders beliebt sind Tomatenpflanzen, mexikanische Minigürkchen (sie sind nur so groß wie ein Fingerglied) und Chilisorten, die im Gewächshaus gezogen werden. Auch beim beliebten Erntefest werden jedes Jahr Köstlichkeiten aus dem Stadtgarten, wie Kartoffeln, Kräutertee, Honig, eingelegte Zucchini oder Apfelmus, zum Verkauf angeboten.

Rezept

Kapuzinerkresse-Pesto

Kapuzinerkresse ist viel mehr als nur eine hübsche Dekoration. Im Stadtgarten Nürnberg wird sie mit Begeisterung zu einem schmackhaften Brotaufstrich bzw. Pesto verarbeitet.

Zutaten
- 2 Hände voll Kapuzinerkresse (Blüten, Stiele und Blätter)
- 1 Handvoll Cashewkerne
- 1 Handvoll sonnengetrocknete Tomaten in Öl
- Rapsöl
- Salz

Zubereitung
1 Kapuzinerkresse waschen und in einer Salatschleuder trocken schleudern. Dann mit der Hand sehr fein hacken, denn in der Küchenmaschine werden die Kräuter schnell bitter. Wer doch eine Küchenmaschine dazu benutzt, wählt die Impulsfunktion.

2 Cashews anrösten und fein hacken oder mörsern. Etwa die Hälfte der gehackten Kresse zu den fein gehackten Cashewkernen geben und vermischen.

3 Die übrige Kapuzinerkresse und die fein gehackten sonnengetrockneten Tomaten hinzufügen und gut vermischen.

4 Öl hinzufügen, bis die gewünschte Konsistenz erreicht ist, und mit Salz abschmecken. Wir essen das Pesto gerne als Brotaufstrich, daher fügen wir nur so viel Öl hinzu, dass eine geschmeidige Masse entsteht. Wenn man es als Pesto verwenden und in Gläsern aufbewahren will, muss deutlich mehr Öl dazugegeben werden, da das Öl das Pesto luftdicht abdecken soll.

Um das Pesto aufzubewahren oder zu verschenken, wird es mit einem Teelöffel in saubere, sterilisierte Gläser gefüllt und Löffel für Löffel luftdicht angedrückt. Idealerweise ist so viel Öl im Pesto, dass es beim Andrücken schon leicht austritt und einen Film bildet, der die Kräuter luftdicht abschließt. Zum Schluss noch Öl auf die oberste Lage gießen, fest verschließen und im Kühlschrank aufbewahren. So hält das Pesto mehrere Wochen.

8

Kochworkshops

Als eines der ersten großen Projekte wurde 2013 ein alter Bauwagen zu einer Küche umgebaut. Seitdem wird immer samstags im Stadtgarten Nürnberg zusammen gegärtnert, gekocht und auf dem sogenannten Dorfplatz gegessen. Was nicht gleich frisch verarbeitet wird, wird haltbar gemacht, also eingekocht, getrocknet, gedörrt oder eingesalzen. Aufgrund der großen Nachfrage bieten die Stadtgärtner unter der Führung von Xenia Mohr einmal im Monat öffentliche Kochworkshops an. „Damit möchten wir Interessierten nahebringen, welches Gemüse gerade Saison hat und wie man die Produkte am besten verarbeiten kann. Denn zu diesen Themen erreichen uns besonders viele Anfragen", erzählt Xenia Mohr. Von April bis September finden bei gutem Wetter bis zu sieben Kochstellen rund um den Küchenwagen Platz, sodass Kurse für bis zu 16 Teilnehmer unter freiem Himmel angeboten werden können. Die Stadtgärtner zeigen auch gerne, wie man sein Lieblingsrezept vegetarisch oder vegan umarbeiten kann, wie man überschüssige Ernte oder unreifes Obst verwenden kann oder wie man aus ungewöhnlichen Kombinationen tolle Leckereien zaubert. Wer neugierig ist, was in den Workshops so gezaubert wird, findet viele Rezepte der Stadtgärtner unter:
www.stadtgarten-nuernberg.de/gartenkueche/rezepte/

DIE UMZÜGE

Nach drei Jahren Gartenidylle zwischen Beton und Asphalt mussten die Stadtgärtner 2015 Platz für neue Wohnhäuser machen. Die ca. 250 Hochbeete mit Gemüse, Obstbäumen, Kräutern und Sträuchern wurden zusammengepackt und 600 Meter (Luftlinie) weiter wieder aufgebaut. Auch Küchenwagen, Klohäuschen und das Gewächshaus mussten den Standort wechseln. Nun soll auf dem neuen Standort ein Bürgerpark entstehen. „Zumindest haben wir damit einen guten Grund, wieder umzuziehen", meint Xenia Mohr. „Aber hoffentlich ist es der letzte Umzug, denn es ist ein Kraftakt und wir arbeiten ja alle ehrenamtlich. Wir versuchen den Umzug aber auch positiv zu sehen und entwickeln gleichzeitig neue Konzepte."

9

"

Der Stadtgarten ist ein wertvoller Teil von Nürnberg.

"

AUSBLICK

Seit Ende November 2018 steht der neue Standort für den Stadtgarten Nürnberg fest: Er wird seine Heimat auf dem Parkplatz vor dem ehemaligen Heizhaus des Quelle Areals finden. In dem Gebäude befinden sich bereits eine Schreinerei und einige Künstler. „Wir sind sehr glücklich, dass wir endlich Gewissheit haben, wohin es geht", freut sich Xenia Mohr und erzählt weiter: „Der Umzug fand Anfang 2019 statt. Und das Beste ist, dass das neue Gelände im selben Stadtteil liegt – für die Nachbarschaft bleibt der Garten also erhalten."

11

8   Stadtgärtnerin Xenia beim Hacken der Zwiebeln fürs gemeinsame Mittagessen.

9   Resteverwertung für grüne Tomaten: Tomatenmarmelade, eingelegte Cherrytomaten und Tomaten-Chutney.

10 Blick in den winterlichen Garten.

11 Fleißiger Helfer: Stadtgärtner Masud beim Wegfahren des Laubes.

10

SAMENFESTES SAATGUT UND GENETISCHE VIELFALT

Gesunden Boden, gutes Saatgut und ausreichend Wasser – das benötigt man, wenn man Gemüse oder Blumen ertragreich anpflanzen möchte. Und schon taucht dabei ein Problem auf: Viele bemühen sich, Pflanzen mit Saatgut zu vermehren, das sie von den eigenen Pflanzen gewonnen haben. Und dann ist die Enttäuschung natürlich groß, wenn in der nachfolgenden Generation daraus nicht die gleiche Pflanze wie die Mutterpflanze entsteht. Manchmal keimt gar nichts, weil der Samen steril ist, manchmal wächst eine Pflanze mit anderen Merkmalen heran. Oder Sie haben vielleicht darauf vertraut, dass sich eine Sorte selbst aussät und eine große Fläche im Garten mit ihrer Farbe prägt. Doch dann kommt es anders.

Je trockener das Saatgut, desto länger behält es seine Keimkraft. Man kann es gut in alten Marmeladen- oder Einweckgläsern in dunklen Räumen lagern.

WEM GEHÖRT DAS SAATGUT?

Unserer Meinung nach ist Saatgut ein freies Kulturgut, das der Menschheit gehört. Die Vielfalt des Saatguts ist eine Garantie für die zukünftige Ernährung und ein Genreservoir, denn wir wissen gerade wegen der großen Monokulturen nicht, welche weiteren Krankheiten oder Belastungen auf die Pflanzenwelt zukommen werden. Die Realität sieht heute jedoch anders aus. Laut FAO (Food and Agriculture Organization der UN) haben wir durch unsere Lebensweise im letzten Jahrhundert bereits 75 % aller Sorten vernichtet. Und der sogenannte freie Bauer ist in Wahrheit längst abhängig geworden.

In der Regel ist Saatgut heute chemisch gegen Pilze und Krankheiten behandelt, seit den 1920er Jahren gibt es jede Menge F1 Hybride auf dem Markt. Hybride werden sehr aufwendig aus zwei verschiedenen Pflanzen gezüchtet, um besondere Merkmale, gute Erträge und gleichmäßig große Früchte, die zur gleichen Zeit reifen, zu bekommen. Wer in der Schule im Biologieunterricht aufgepasst hat, kennt die Mendel'schen Gesetze der Vererbungslehre und weiß, dass in den folgenden Generationen diese Merkmale ganz anders aussehen können. So auch beim Hybridsaatgut, das allenfalls bei den direkten Nachkommen noch die gewünschten Merkmale und eine gute Ernte hervorbringt. Weder Hobbygärtner noch Züchter können aus diesen unfruchtbaren Samen eigenes Saatgut mehr gewinnen. Saatgut, das sich im Laufe der Zeit an das Klima, die Wetter- und Bodenbedingungen anpasste, gibt es immer weniger. Viele Landwirte kaufen daher lieber gleich jedes Jahr neues Saatgut, weil sie sich die Ertragseinbußen bei ihren Monokulturen nicht leisten können und wollen. Anders ist es bei samenfesten Sorten. Hier sind die nachfolgenden Generationen zuverlässig, man kann mit ihnen beliebig oft weiterzüchten, und jedes Jahr wächst wieder genau die Pflanze, die man einst als Samen gekauft hat.

Samenfestes Saatgut bestellen

Das kulinarische Interesse an der Vielfalt „vom Garten bis zum Teller" können Sie im eigenen Grün oder auf dem Balkon in die Tat umsetzen. Hier einige Adressen, bei denen Sie kleine und große Mengen samenfestes Saatgut ersehen können. Stöbern Sie auf den Internet-Seiten, denn hier werden auch Veranstaltungen angekündigt, bei denen Sie z. B. Pate einer schützenswerten Pflanze werden können, oder Sie bekommen dort wissenswerte Anbautipps für Ihren Garten. Z. B. den Hinweis auf die alte Mischkultur „Milpa", die schon die Mayas praktizierten. Sie können die Mischung z. B. bei BingenheimerSaatgut erstehen.
(» siehe Kasten rechts)

WIE HAT DAS ALLES ANGEFANGEN?

Seit etwa 10.000 Jahren betreiben Menschen Ackerbau und bedienen sich seitdem ausgeklügelter Techniken beim Anbau, der Saatgutvermehrung und der Lagerung für die Aussaat im nächsten Jahr. Sie tauschten Saatgut, das sich in ihrer Region, auf ihren Böden und bei ihrem Klima bewährt hatte. Natürlich tauschten sie auch ihre Erfahrung über den Anbau, über Fruchtfolgen und Mischfruchtanbau aus und sicherten sich so ihre Ernährung. Das Saatgut, das die Natur dem Menschen jedes Jahr quasi wieder als Geschenk gibt, behandelten sie sorgfältig.

Heute werden von 80.000 potenziellen Nutzpflanzen auf der Welt noch ca. 5.600 genutzt. Nur 150 davon werden intensiv angebaut, und mit noch viel weniger Sorten verdienen die großen Konzerne das große Geld. Auf der Welt gibt es 80% Kleinbauern, selbst diese stehen unter zunehmendem Druck, patentiertes Saatgut der Konzerne kaufen zu müssen, statt selbst zu vermehren und zu tauschen. Sie sind es übrigens, die ganz wesentlich zur Ernährung der Weltbevölkerung beitragen, und glücklicherweise gibt es inzwischen so viel Druck, dass sich sogar die Vereinten Nationen mit der Situation der Kleinbauern beschäftigen müssen.

Aber das zentrale Problem sind die Patente und der Sortenschutz am Saatgut – das sind sogenannte geistige Eigentumsrechte. Die drei großen Weltkonzerne Bayer/Monsanto, ChemChina/Syngenta und Dow/DuPont machen horrende Gewinne mit den Getreidesorten Reis, Weizen, Mais und der Hülsenfrucht Sojabohne, die zusammen mit fast 50% zur Ernährung der Weltbevölkerung beitragen. Für ihr patentiertes Saatgut machen sie eine sehr nachdrückliche Lobbyarbeit. Wer ihr am Markt dominantes Saatgut züchterisch weiterentwickelt, muss an die Konzerne als Ursprungsinhaber des Patentes zahlen. Dazu kommt inzwischen die systematische Gensequenzierung, also die Genentschlüsselung vieler Sorten und das Speichern dieser Daten, die später für die gentechnische Veränderung von Saatgut genutzt werden. Das ist Teil der Strategie der Agrarindustrie, die dazu beiträgt, dass mehr produziert als vor Ort gebraucht wird, dass große Gebiete nur noch als Anbauflächen für Tierfutter genutzt werden, dafür aber Urwälder gerodet werden. So hat sie Exportnationen geschaffen. Hier geht es nur um Gewinne, nicht um die Chancen von Menschen, sich durch Ackerbau in ihren Regionen selbst versorgen zu können. Die Freiheit der Bauern, die Rechte an ihren alten Sorten zu behalten, ist in Gefahr. Seit etwa 20 Jahren keimt langsam international eine Gegenentwicklung. Heute tauschen viele wieder ihr Saatgut, lernen, es selbst zu gewinnen und sicher zu lagern. Ich kenne z. B. die Farm Navdanja im Norden Indiens. Hier erhält Vandana Shiva, die Trägerin des Alternativen Nobelpreises, alte regionale Reissorten und erforscht diese für und mit den Bäuerinnen in der Region.

Auch bei uns gibt es neue und bereits bestehende Projekte und Unternehmen, die samenfestes und ökologisches Saatgut für Landwirte, aber auch für den eigenen Hobbygärtner züchten und verkaufen. Vieles davon wird in den Urban-gardening-Projekten, die in diesem Buch beschrieben werden, genutzt. Oft ist ja gerade deren Ziel, die alten Sorten und die Vielfalt der Pflanzen durch den Anbau zu erhalten. Vielfalt statt Einfalt auf dem Acker und im Garten!

Gute Adressen für Saatgut

Online-Shops mit samenfesten Sorten
www.dreschflegel-saatgut.de
www.bingenheimersaatgut.de
www.stadt-land-blüht.de
www.samenfest.de
www.biogartenladen.de
www.biogartenversand.de
www.magicgardenseeds.de
www.arche-noah.at
www.bio-saatgut.de
www.garten-des-lebens.de/gemuese-und-saatgut/
www.irinas-tomaten.de
www.gruenertiger.de
www.kartoffelvielfalt.de

Weitere Informationen
www.freie-saaten.org
www.opensourceseeds.org
www.slowfood.de
www.nutzpflanzenvielfalt.de

Es lohnt sich auch, bei einem Urban-gardening-Projekt in Ihrer Nähe oder einem Staudenmarkt einmal nachzufragen. Dort bekommt man meistens ebenfalls samenfestes Saatgut und ökologisch erzeugte Gartenpflanzen, etwa von Bioland oder von Demeter.

Die freie Tomate

Spontan würden wir alle sagen, dass Saatgut der Allgemeinheit gehört. Doch in der Realität haben einige wenige Unternehmen Monopole aufgebaut, die zu einer einheitlichen Produktion führen und mit Sortenschutz und Patenten die Landwirtschaft und unsere Ernährung abhängig machen. Wir wollen jedoch das Gegenteil erreichen, denn die genetische Vielfalt der Pflanzen sichert unsere Zukunft, damit Bäuerinnen und Bauern, entsprechend den jeweiligen Standort- und Klimabedingungen, unsere Ernährung sichern können. Also brauchen wir eine Pflanzenzucht, die unabhängig ist. Deshalb gibt es Initiativen, die Lizenzen für „Open Source"-Saatgut schaffen möchten. Das bedeutet, dass neu entwickelte Sorten wieder der Allgemeinheit gehören werden. Wer immer dieses Saatgut nutzt oder züchterisch weiterentwickelt, darf dies nicht durch Patente privatisieren, es bleibt ein Gemeingut. Ein Beispiel dafür ist der Sommerweizen ‚Convent C', der für Bauern interessant ist. Oder für uns Hobbygärtner: die gelbe Cocktailtomate ‚Sunviva', die erste „freie" Tomate. www.opensourceseeds.org

1

1 Im Sommer
   finden im Inselgrün
   regelmäßig Ver-
   anstaltungen statt.

2 Das Inselgrün
   lädt zu einem
   Besuch ein.

2

#mehrgrüninderstadt
INSELGRÜN

Kontakt
Kulturinsel Stuttgart
gemeinnützige GmbH
Güterstraße 4
70372 Stuttgart

E-Mail/Web
info@kulturinsel-stuttgart.org
www.kulturinsel-stuttgart.org

Anfahrt
S-Bahn-Linie S1, S2 und S3
Regionalbahnlinie R8
Haltestelle
Bad Cannstatt

Das Inselgrün ist Teil der Kulturinsel Stutt-gart, eine lebendige Kulturstätte und Heimat für Kreative, Künstler, Nachbarn, Kunst- und Kulturinteressierte, Flüchtlinge und Men-schen, die mit Begeisterung gärtnern. In Stutt-gart-Bad Cannstatt finden auf dem Zollamta-real des ehemaligen Güterbahnhofs mit charmantem Hinterhofflair Ausstellungen, Theaterstücke, Benefizkonzerte und Social Days statt. Nach dem Prinzip „Kultur trifft Industrie" wird das Areal auch von der Indus-trie für Veranstaltungen, Tagungen und Work-shops genutzt. Immer sonntags treffen sich Künstler und Kunstinteressierte im Künstler-café in den Räumlichkeiten des ehemaligen „Club Zollamt".

Beste Besuchszeit
Mai bis Ende September

3

IDYLLE IM INSELGRÜN

Seit 2012 wird im Inselgrün, zwischen dem Stadtarchiv, dem Motorenwerk von Mercedes-Benz und der Mercedes-Benz-Arena gelegen, mitten auf einer der größten Brachflächen Stuttgarts gegärtnert. Genau wie die Kulturinsel Stuttgart selbst ist das Inselgrün ein Ort der Begegnung und Vernetzung und eine der wenigen Subkultur-Oasen der Stadt. Gegärtnert wird nicht nur in Hochbeeten und Holzkästen; auch allerlei ungewöhnliche Gegenstände wie Einkaufswagen, Badewannen, ausgediente Autoreifen, Sporttaschen und sogar alte Turnschuhe dienen als Pflanzgefäße. Darin wachsen neben Gemüse und Kräutern allerhand Blumen, die das Inselgrün zieren. Auf dem Gelände sind mittlerweile auch Bienen der Demeter-Imkerei Summtgart zu Hause. Und natürlich gibt es im gesamten Garten genügend Sitzgelegenheiten zum Entspannen.

Das Projekt Inselgrün ist rund um die Uhr für alle offen, die Lust haben zu gärtnern oder kreativ zu sein. Anwohner, Gäste der Kulturinsel und Neugierige haben in dem Nutz- und Lerngarten die Möglichkeit, die Brachfläche neben dem Zollamt bunter zu gestalten und nach Herzenslust zu pflanzen, säen, jäten und ernten. Der Garten erfindet sich immer wieder neu und bringt dem Quartier echten Mehrwert. Auch im Bereich der Integrationsarbeit ist das Inselgrün für Stuttgart sehr wertvoll. „Seit 2018 wird die Kulturinsel Stuttgart als Willkommensraum vom Sozialamt der Stadt Stuttgart gefördert. Menschen unterschiedlicher Herkunft mit und ohne Fluchtgeschichten wird hier ein Begegnungsort geboten, an dem sie sich vernetzen können", erklärt Gründer Joachim Petzold.

> „
> **Der Mensch kann ohne Mehraufwand mit der Natur in Einklang leben.**
> "

GRÜNER GEHT'S NICHT

Feinstaub ist in Stuttgart seit Längerem ein großes Thema: Daher haben auf dem begrünten Dach des Biergartens, einem sogenannten Trittbrett-Biotop, zahlreiche Pflanzen und Tiere ein neues Zuhause gefunden. Die Pflanzenschicht aus Sedum-Arten bindet Staub und Schadstoffe aus der Luft und reduziert so die Feinstaubbelastung. Die Arten wachsen auf wasserspeichernden Vegetationsmatten; Lavasteine versorgen sie mit den nötigen Mineralien und verhindern das Aufkommen von Unkraut. Die entstehende Verdunstungskälte kühlt gleich die darunterliegende Bar. An heißen Tagen ist der Bereich so um mindestens fünf Grad kälter und bietet ein angenehmes Arbeitsklima.

6

MOMENTANE LAGE

Doch auch dieses Projekt ist leider gefährdet. Die Kulturinsel Stuttgart samt Inselgrün wurde aus dem Bebauungsplan des ehemaligen Güterbahnhofs (auf dem Gelände entsteht das Neckarparkquartier mit 800 Wohnungen) gestrichen, dabei wäre eine Integration als „Anker" für das neue Wohngebiet mehr als wünschenswert. „Zumal wir mit dem IÖW (Institut für ökologische Wirtschaftsforschung) in Berlin eine Ausschreibung gewonnen haben, die den Mehrwert urbaner Gärten in Stadtquartieren nachweisen soll", erklärt Gründer Joachim Petzold. „Wir sollen ab März eine Drittelstelle für die langfristige Betreuung des Gartens bekommen, auch für die Planung eines Umzugs und die administrative und politische Arbeit, falls es kurzfristig keinen oder nur einen kleinen Garten Inselgrün geben kann."

Wann die Baustelle den Garten schluckt, steht noch nicht fest: Einige glauben, dass schon im Herbst 2019 an diesem Standort Schluss sein wird; andere meinen, dass es erst in zwei bis drei Jahren so weit sein wird. Joachim Petzold wartet noch auf die finalen Aussagen der Stadt. „Die Baustelle wird aus unserer Sicht immer Möglichkeiten bieten, und auch das Areal bietet Potenziale, um grüne Akzente zu setzen", sagt Petzold und führt weiter aus: „Wir werben auf jeden Fall für #mehrgrüninderstadt! Mit dem Slogan möchten wir klarmachen, dass wir, egal in welcher Stadt, mehr Grün benötigen: Ein urbaner Garten wie unser Inselgrün kann auch auf einem der Neubauten in Kombination mit viel grüner Innovation verwirklicht werden. Ein grünes, lebendiges Areal für alle, das wäre unser Traum. Und neben dem Nachbarschaftsgarten könnte man neue Technologien testen und insbesondere dem Thema Bildung eine tolle Plattform geben." Wer auf dem Laufenden bleiben möchte, wie es mit dem Areal der Kulturinsel Stuttgart weitergeht, kann sich auf der Homepage www.kulturinsel-stuttgart.org informieren.

4

3 Salat zum Selbsternten.

4 Der Geschäftsführer der Kulturinsel· Joachim Petzold.

5+6 Ob alte Turnschuhe oder Geldkassetten, im Inselgrün wird alles bepflanzt.

5

INSELGRÜN 2.0

Wo sich die Stadt ausbreitet, muss da die Natur weichen? Das sehen die „Inselgrüner" in jedem Fall ganz anders. „Wo es graue Wände, versiegelte Böden und einfache Wiesen, Straßentrennflächen oder Dächer gibt, ist auch Platz zum Begrünen", betont Stephanie Küster, die seit September 2018 die Leitung des Inselgrüns auf der Kulturinsel Stuttgart übernommen hat. Mit sehr effektiven Anlagen wollen sie die Natur in die Stadt zurückholen. Denn der Mensch kann mit der Natur in Einklang leben – und das ohne Mehraufwand.

Mit der Philosophie der Permakultur und dem vertikalen Gärtnern plant das Team vom Inselgrün Grünanlagen in der Stadt, die gleichzeitig platzsparend und selbsterhaltend sind. Sie versorgen die Stadtbewohner mit täglich frischem Obst und Gemüse, das auf dem Nachhauseweg geerntet werden kann. Mit einem integrierten Bewässerungssystem, einer hohen Insektenvielfalt, welche die massenweise Vermehrung von Schädlingen verhindert, und einer optimalen Kombination an Pflanzenarten, die in Symbiose miteinander leben, ist die Pflege dieser Anlagen auf ein Minimum reduziert.

Es werden die Gesetze der Natur angewandt, um die Natur wieder in die Stadt zu holen. Weitere Projekte, wie Biotope oder Insektenhotels, begünstigen die Ansiedlung von Insekten- und Vogelarten sowie Kleintieren in den Gärten. „Was wir genommen haben, können wir so zurückgeben", sagt Stephanie Küster. Robuste Wildpflanzen aus dem Inselgrün sollen in die geplanten Anlagen integriert werden, um leistungsfähiges Saatgut zu produzieren. Außerdem will man verschiedene Biotope anlegen; im Gespräch ist z. B. eine Kakteenlandschaft und ein hängender Garten im Miniformat mit Bonsais. Mit der Heil- bzw. Abwehrwirkung der Gewächse werden Pflanzenkrankheiten bekämpft. „Mit den Produkten, die wir aus der Natur ernten, stellen wir außerdem Erzeugnisse her, die der Mensch in seinem Alltag benötigt: Cremes aus Beinwell, Spülung aus Brennnesseln oder Shampoo aus Kastanien sind nur einige Beispiele", erzählt Stephanie Küster. „Und da nicht nur ein an-

gelegter Garten Früchte trägt, bieten wir Sammeltage für Kräuter und Pilze an. Die Standorte der unterschiedlichen Wildpflanzen sollen auf einer Landkarte dokumentiert und das korrekte Ernteverhalten beschrieben werden, damit alle Zugang zu den Naturprodukten finden können."

Für ein Gewächshaus mit integrierter Hydroponikanlage, das im Inselgrün entstehen soll, hat das Team sogar eine Förderung der Universität Stuttgart erhalten. „Mit der Anlage wird die herkömmliche Landwirtschaft in unserem Garten auf die Probe gestellt und untersucht, ob dieses System eine zukunftsfähige Art des Anbaus darstellt", erklärt Stephanie Küster. In einer Hydro-

ponischen Anlage werden die Pflanzen ohne Erde in einem Speichermedium wie Tonkugeln oder Steinwolle bzw. in künstlichen Nährlösungen gehalten. So gelangen Nährstoffe und Wasser direkt zu den Wurzeln der Pflanzen, die dadurch frei von Krankheiten gedeihen können. Die Pflanzen wachsen schneller, und der Ernteertrag von Gemüse oder Früchten steigert sich enorm, weil die Pflanzen mehr Energie in ihr Wachstum stecken können. Nahrungsmittel können so problemlos lokal und effektiv unter eigener Kontrolle angebaut werden. Durch das geschlossene Hydroponiksystem gelangen außerdem keine Stoffe in die Umwelt, sodass es auch zu keiner Verunreinigung kommt.

Durch die vertikale, platzsparende Bauweise ware das System vielleicht eine Alternative für die weiterhin stark anwachsende Erdbevölkerung, da so eine große Menge Pflanzen auf sehr kleinem Raum wachsen kann. Für 2019 ist zunächst die Erforschung der Anlagen und das Ansammeln und Verbreiten von Wissen geplant; 2020 sollen die Modelle dann in der Stadt etabliert werden.

Workshop

Das Wissen, das im Garten entsteht, wird mit Workshops wie z. B. „Richtig kompostieren", „Heilung durch die Natur", „Hydroponik", „Permakultur" oder „Natürlich düngen und Schädlinge bekämpfen" an Interessierte weitergegeben. Die Verbreitung des Wissens ist zentraler Bestandteil des Vorhabens. Menschen sollen erfahren, welche Alternativen existieren, und das Werkzeug dafür erhalten, um eine gesunde Lebensweise in der Stadt zu fördern. Aktuelle Termine gibt es unter:
www.facebook.com/inselgruen

Führungen & Events

Im Sommer sind die Wildkräuterführungen mit anschließender Verkostung ein echtes Erlebnis. Kräuterexpertin und Initiatorin des Inselgrün, Birgit Haas, führt Sie 2 ½ Stunden durch das wunderschöne Inselgrün und zeigt, was die städtische Pflanzenwelt zu bieten hat. Danach gibt es Leckereien wie Wildkräuter-Brotaufstrich oder Brennnesseleis zum Probieren. Unkostenbeitrag: 15 € inklusive Spende an die Kulturinsel.
Termine gibt es unter:
www.organicgroundworks.com/Garten-Kueche/
Hinweise zu verschiedenen Events, wie zur Garteneröffnungs- und Schließungsparty (etwa im März und November), zur Saatgutbörse (Februar) oder zu den regelmäßigen Gruppentreffen (mittwochs und sonntags) gibt es unter:
www.facebook.com/inselgruen

Summtgart

Einmal im Jahr lädt die Stadtimkerei Summtgart, die zwischen 15 und 20 Bienenvölker auf dem Gelände betreut, zum Bienentag auf die Kulturinsel, um über die fleißigen Bestäuber zu informieren. Termine gibt es unter:
www.summtgart.de

Zum Mitnehmen

Jeder darf Kräuter mitnehmen. Manche holen sich jeden Tag frische Klassiker oder Wildkräuter. Die Aktion soll intensiv ausgebaut werden.

Zum Essen

Am besten geht man gleich im gemeinnützigen Biergarten im Innenhof der Kulturinsel essen. Dort gibt es frisch gezapftes Bier, eine Auswahl an regionalen Gerichten, Snacks und leckeres Frühstück. Außerdem sorgen Veranstaltungen wie kostenloses Open-Air-Kino und Live-Musik in den Sommermonaten oder die Künstlercafés dafür, dass es nie langweilig wird! Für Beträge, die „obendrauf" in die Spendenkasse geworfen werden, gibt das Kulturinsel-Team Speisen an jeden aus, der danach fragt.

—

Öffnungszeiten:
Mai bis Ende September
Samstag 14 bis 22 Uhr
Sonntag 12 bis 20 Uhr

1 Der Prinzessinnen-
garten in Berlin ist
ein buntes gärtne-
risches und soziales
Experimentierfeld.

2 Für das japanische
Gartendinner wurden
Zutaten aus den
japanischen Beeten
des Prinzessinnen-
gartens frisch verar-
beitet.

2

Gewachsen, um
zu bleiben

PRINZESSINNEN GARTEN

Kontakt
Prinzessinnengarten
Prinzenstraße 35–38
10969 Berlin

E-Mail/Web
kontakt@prinzessinnengarten.net
www.prinzessinnengarten.net

Anreise
U-Bahn-Linie U8
Bus M29 und N8
Haltestelle
Moritzplatz

Der Prinzessinnengarten mitten in Berlin-Kreuzberg ist eines der größten und bekanntesten Urban-gardening-Projekte Deutschlands. Am Moritzplatz wurde die etwa 6.000 Quadratmeter große, frühere städtische Brache, auf der ehemals das Kaufhaus Wertheim stand, in eine urbane Landwirtschaft voller Leben verwandelt. „Durch die verschiedenen Themen wie Bienen, Werkstätten, Café und Küche, Kunst, Märkte, Workshops, Seminare und natürlich der Garten selbst zieht der Prinzessinnengarten diverse Zielgruppen an, die Vielfalt in die Stadt bringen", erzählt Stadtgärtnerin Svenja Nette. Wenn man den Blick durch den Garten schweifen lässt, kann man das bestätigen: Neben freiwilligen Helfern, neugierigen Kindergarten- und Schulgruppen, streifen auch Studenten, Mütter mit Kindern, Rentner und einige Touristen, heute z. B. aus Italien, Ungarn und den USA, durch den Garten.

> **„**
> ## Der Prinzessinnengarten ist ein beispielloser Ort, wie eine Stadt auch anders aussehen kann.
> **"**

3

Der Prinzessinnengarten ist offen für alle und ein Ort des Lernens, Erfahrens, Ausprobierens und des Austausches. In Kreuzberg, einem Bezirk mit hoher Verdichtung, wenig Grün und vielen sozialen Problemen, ist der Prinzessinnengarten schnell zu einer beliebten Anlaufstelle für das Gärtnern und die Umweltbildung, aber auch für entspannte Stunden geworden. Nachhaltigkeit spielt im Prinzessinnengarten eine große Rolle, etwa bei der Saatgutgewinnung, der Imkerei, der Kompostwirtschaft, dem Verarbeiten und Konservieren von Gemüse oder dem Re- und Upcycling. So werden z. B. aus alten Milch- und Saftpackungen Blumentöpfe hergestellt, die, an Rankgittern befestigt, einen kreativen vertikalen Garten bilden. Tomaten zieht man in Reissäcken – so werden die Säcke wiederverwendet und die Pflanzen sind mobil. Aus städtischem Restmaterial entstehen neue Möbel für verschiedene Auftraggeber der Stadt – ein schönes Beispiel, wie man große Mengen aussortierter Ressourcen sinnvoll nutzen kann.

GÄRTNERN IN DER STADT

Wer Lust hat, Unbekanntes zu erkunden, wird im Prinzessinnengarten bestimmt fündig, denn es gibt dort einige vergessene Gemüsearten zu entdecken. Darunter alte Nutzpflanzen wie Erdbeerspinat, Portulak, Haferwurz oder auch ausgefallene japanische Salatsorten. Hier wird ökologisch angebaut und saisonal geerntet. Die Herkunft, der beste Standort und weitere Besonderheiten werden auf kleinen Tafeln erklärt. Bei den gängigen Gemüsearten setzen die Stadtgärtner auf Sortenvielfalt. „Tomaten werden z. B. in den schönsten Farben und Formen (gelb, rot, grün, getigert, oval oder auch birnenförmig) kultiviert. Beim Anbau von Gemüse, Kräutern oder Obst verwenden wir nur ökologische Düngemittel und biologische Schädlingsbekämpfung", erzählt Stadtgärtnerin Svenja Nette. „Und natürlich stammt das Saatgut aus biologisch zertifiziertem Anbau und ist, wenn möglich, auch samenfest, damit die Sorten später im eigenen Garten nachgezogen werden können."

Gemeinschaftlich werden über 500 verschiedene Gemüse- und Kräutersorten angebaut. Die Pflanzen wachsen in Hochbeeten, lebensmittelechten Bäckerkisten und Pflanzsäcken, da der Boden durch eine Schuttauflage nicht für den Gemüseanbau geeignet ist. Das Hauptaugenmerk des Gemüsebaus liegt nicht auf einem möglichst hohen Ertrag, sondern auf der Agro-Biodiversität, also dem Erhalt der Sortenvielfalt und der Kommunikation darüber in Form von Seminaren, Führungen und Gesprächen beim Gärtnern. Das geerntete Gemüse wird entweder verkauft, an die Helfer abgegeben oder im angegliederten Gartenlokal zu feinen Gerichten verarbeitet. „Die vielen verschiedenen Sorten, die wir in unserer urbanen Landwirtschaft anbauen, bringen neuen Geschmack auf die Teller, sodass unsere Gäste Lust bekommen, Landwirtschaft bei uns zu erleben. Dabei lernen sie auch, wie viel Arbeit eigentlich dahintersteckt, Gemüse selber zu ziehen", freut sich Mitbegründer Robert Shaw.

3 Im Prinzessinnengarten werden regelmäßig Kurse zur wesensgemäßen Bienenhaltung angeboten.

rechts:
Die Auswahl an bunten Gemüsesorten ist groß.

Beste Besuchszeit
Etwa von April bis Oktober, täglich zwischen 11 Uhr und 20 Uhr, im Sommer auch mal länger.

Gartencafé und Küche sind von April bis Oktober täglich ab 12 Uhr geöffnet. Jeden 2. Sonntag ist Ruhetag.

Während der Saison kann immer donnerstags von 15 bis 18 Uhr und samstags von 11 bis 14 Uhr in den offenen „Gartenarbeitsstunden" fleißig mitgegärtnert werden.

 Tipp

Torf vermeiden
Wer selbst Anzucht- und Kultursubstrate mischt, kann Torf ganz einfach vermeiden. Im Prinzessinnengarten verwenden die Stadtgärtner zur Anzucht ein Kompost-Sand-Gemisch im Verhältnis 50:50. Es gibt natürlich noch andere Kombinationen, daher lohnt es sich, ein wenig zu experimentieren!

📍 Zum Essen

Das Gartencafé und die Gartenküche im Prinzessinnengarten bieten täglich schmackhafte Gerichte wie Gartensalate oder Falafel an, die in einem ausrangierten Container zubereitet werden. Nach Möglichkeit werden dazu ökologische Produkte aus der Region verarbeitet. Saisonales Gemüse, Kräuter oder Pilze stammen von Landwirtschaftsprojekten aus dem Umland, von ökologisch wirtschaftenden Höfen und teilweise auch vom Prinzessinnengarten selbst. Wer hier entspannt im Grünen isst, tut gleichzeitig Gutes: Alle Überschüsse, die mit dem Verkauf von Getränken und Speisen verdient werden, finanzieren die sozialen und ökologischen Projekte des Prinzessinnengartens.

📍 Workshops und Veranstaltungen

Im Prinzessinnengarten gibt es Workshops zu den unterschiedlichsten Themen: zu Saatgut, Bienenhaltung in der Stadt oder zu Lebensmitteln wie Kartoffeln und Kräuter. Aber auch Fahrradreparaturen und Recycling- bzw. Re-use-Workshops werden regelmäßig angeboten, um kreative Ideen zur Weiterverwendung von Holz, Stoffen oder Fahrradteilen mit Interessierten zu teilen. Auch Kinder lernen dabei, dass man nicht zwingend auf dem Land groß werden muss, um sich im Garten auszukennen. Die Workshops können entweder umsonst, gegen Spende oder gegen kleine Teilnahmegebühren besucht werden. Zudem finden regelmäßige Flohmärkte und Open-Air-Gartenkino statt. Jeder ist willkommen!

📍 Zum Mitnehmen

Im Prinzessinnengarten kann man unterschiedlichste Jungpflanzen für den Balkon oder den Garten kaufen. Darunter sind auch unbekanntere oder ältere Sorten, die in torffreier Erde und ohne künstliches Licht oder Wärmequellen im Freiland oder im ökologisch beheizten Gewächshaus angebaut werden. An einer Tafel gegenüber vom Restaurant sind immer diejenigen Kräuter, essbaren Blüten und Gemüsesorten notiert, die gerade aus den Beeten geerntet werden können. Auch in den Beeten helfen Tafeln bei der Orientierung, welche Pflanzen jetzt erntereif sind. Bevor man aber mit der Ernte loslegt, sagt man im Ladencontainer selbstverständlich Bescheid.

📍 Pflanzentausch

Jedes erste Mai-Wochenende gibt es im Prinzessinnengarten den großen Pflanzentausch- und Jungpflanzenmarkt. Die Veranstaltung findet in Kooperation mit der Berliner Saatgutorganisation Social Seeds statt. Pflanzen und Erfahrungen werden getauscht und weitergegeben, in Vergessenheit geratene Sorten wiederentdeckt. Besonders Tomaten und Kräuter sind dabei sehr gefragt. Initiativen und Projekte rund um ökologisches Gärtnern stellen sich vor. Außerdem gibt es Mitmach-Aktionen wie Stecklinge schneiden, Siebdruck und vieles mehr für Groß und Klein.

4

6

4 Der größte Teil der Nutzpflanzen, die zum Verkauf stehen, wird im Prinzessinnengarten gemeinschaftlich angebaut.

5 2012 haben 30.147 UnterstützerInnen die Privatisierung der Fläche des Prinzessinnengartens verhindert.

6 Mit der Wunschproduktion „99 Jahre Prinzessinnengarten" soll der Garten am Moritzplatz dauerhaft zum Gemeingut werden.

7 Aktuelle Veranstaltungen werden an der Tafel veröffentlicht.

5

DIE ENTSTEHUNG

Im Sommer 2009 haben zwei botanische Laien, der Historiker Marco Clausen und der Filmemacher Robert Shaw, die gemeinnützige Organisation Nomadisch Grün gegründet und die ungenutzte, zugewucherte und zugemüllte Brachfläche mit Unterstützung von Freiwilligen in einen urbanen Garten verwandelt. Nach einem Aufruf der beiden erschienen gleich am ersten Tag etwa 150 Leute, die den Müll mit aufräumten. Im Laufe der Jahre haben tausende Helfer den Prinzessinnengarten in einen lebendigen Nutzgarten und eine für alle offene, soziale und ökologische Landwirtschaft mitten in der Stadt verwandelt. Eine direkte Förderung bekommt der Garten nicht. Pacht, Personal- und Materialkosten, der Aufbau der Infrastruktur und laufende Betriebskosten werden unter anderem durch Einnahmen in der Gastronomie und im Gartenbau, durch Führungen und Vorträge sowie den Verkauf von Pflanzen und Erntegut finanziert.

Im Sommer 2012 sollte die Fläche, die sich im öffentlichen Eigentum befindet, meistbietend an einen Investor veräußert werden. Dagegen hat sich breiter Protest formiert. Über 30.000 Unterstützer sowie der Bezirk Friedrichshain-Kreuzberg haben sich für den Erhalt des Gartens ausgesprochen und dafür gesorgt, dass der Pachtvertrag verlängert wird. Derzeit arbeitet der Verein Common Grounds daran, den Prinzessinnengarten langfristig als ein Gemeingut zu erhalten. Dafür initiiert der Verein eine „kollektive Wunschproduktion", bei der gemeinsam mit Nutzern, Nachbarn, Initiativen und Interessierten Wünsche, Konzepte und Ideen für die nächsten 99 Jahre formuliert werden. Ziel ist es, die Zeiten der Zwischennutzungen zu beenden und die gemeinsam entwickelten Vorschläge verbindlich in die Stadtplanung am Moritzplatz festzuschreiben. Nomadisch Grün, die ursprüngliche Trägerorganisation des Projektes, wird im Jahr 2019 weiterziehen und einen neuen Gemeinschaftsgarten auf einem ehemaligen Teil des Friedhofs Neuer St. Jacobi in Neukölln initiieren, der die oben beschriebene Arbeit dort weiterführen und -entwickeln wird.

7

1 Bei besonderen Anlässen wird an langen Tischen direkt zwischen den Hochbeeten gefeiert.

2 Die Bar ist ein gemütlicher Treffpunkt und bietet Getränke, Kuchen oder eine Steinofenpizza.

1

Gemeinschaft

ANNALINDE

Kontakt
Gemeinschaftsgarten
Annalinde
Zschochersche Straße 12
04229 Leipzig

E-Mail/Web
akademie@annalinde-leipzig.de
https://annalinde-leipzig.de

Anfahrt
Tramlinie 8 und 15
Haltestelle Lützner-/
Henriettenstraße

Der Gemeinschaftsgarten Annalinde im Westen von Leipzig begann 2011 gar nicht als Garten. Vielmehr hatten einige die Idee, soziale und kulturelle Arbeit sowie Handwerk miteinander zu verbinden. Schnell wurde jedoch klar, dass der richtige Ort dafür ein Garten ist. So entstand ein offener Garten, in dem nicht nur gegärtnert wird. Vielmehr soll er ein Angebot für den ganzen Stadtteil sein. Kindergärten und Schulen werden eingebunden, für das benachbarte Hospiz wurden Hochbeete angelegt. Seit 2015 ist der Gemeinschaftsgarten auch für Menschen mit Fluchtbiografien offen, die sich wöchentlich hier treffen. Ein Ort mit einer niedrigen Hemmschwelle, an dem Kontakt und Teilhabe leicht hergestellt werden können.

Beste Besuchszeit

Gärtnerei
Mai bis Oktober
Montag bis Freitag 10
bis 19 Uhr
Samstag 10 bis 14 Uhr

Gemeinschaftsgarten
(Saison ab April)
An drei Tagen (Di, Do, Sa)
in der Woche ist der
Garten in der Sommerzeit
nachmittags offen.
Wer möchte, kann einfach
mitmachen und auch
mitkochen und mitessen.
Oder einfach zusehen.

3   Physalis, Schwarz-
    kohl und anderes
    Herbstgemüse
    gedeihen noch
    prächtig.

4   Möhren einmal
    anders:
    ganz in Weiß.

5   Der Hofladen für
    den Samstagseinkauf
    und den Pflanzen-
    markt im Frühjahr.

3

DIE GÄRTNEREI

Zwei Jahre nach der Gründung wurde bekannt, dass das Ehepaar
Toepel die seit 1870 bestehende Gärtnerei in der Lützner Straße aufgeben wollte. Diese liegt nur eine Viertelstunde Fußweg vom Gemeinschaftsgarten entfernt. Statt des ursprünglichen Plans, hier
eine Tankstelle zu bauen, erhielt Annalinde die Fläche. Nun kultiviert
man dort seltene und alte Gemüse sowie Kräuter und leistet so einen
Beitrag zur biologischen Vielfalt. Als Projekt der urbanen Landwirtschaft im Leipziger Westen wird diese Gärtnerei inzwischen auch
vom Bundesamt für Naturschutz gefördert.

Seit 2014 arbeiten hier die ersten jungen Leute im Bundesfrei-
willigendienst. Inzwischen ist ein Obstgarten am Plagwitzer Bahnhof dazugekommen; eine zweite Gärtnerei im Leipziger Osten wird
gerade wiederhergestellt.

4

Spezialitäten

Die Annalinde-Gärtnerei bietet Pflanzen, die man nicht überall bekommt wie etwa Zitronenverbenen. Im Garten und im Blumenkübel verbreiten sie einen frischen Zitronenduft. Ich z. B. halte es wie die Franzosen nach einer ausgedehnten Mahlzeit: Zum Abschluss gibt es keinen Kaffee, sondern eine Tasse Tee aus den Blättern der Zitronenverbene. Einfach köstlich – und im Sommer generell ein wunderbar erfrischendes Getränk.

Rezept

Schwarzkohl gewickelt

Mit Schwarzkohl lassen sich ähnliche Gerichte wie mit Wirsing zubereiten. Mein Markthändler empfiehlt, daraus eine Art Roulade herzustellen. Die großen Blätter werden kurz blanchiert; dann wird der sehr dicke Teil des Strunks entfernt. Das Blatt anschließend mit ein bis zwei in kleine Streifen geschnittenen Datteln und einem Stück Ziegenkäse füllen. Das Blatt zu einer Roulade wickeln und ein paar Minuten anschmoren. Passt zu Fleisch, aber auch auf ein Büfett.

---

annalinde
HOFLADEN

Bunte Bete
Möhre
Radicchio
Physalis
Chili

Mo-Fr.: 10⁰⁰-18⁰⁰
Samstag: 10⁰⁰-14⁰⁰

Meine gesammelten Rezeptideen

In den Annalinde-Gärten wächst der Mangold reichlich – also tauschten wir natürlich Rezepte aus. Von den Annalinde-Gärtnern stammen zwei Pfannenrezepte: den Mangold und fein geschnittenen Rotkohl in der Pfanne schwenken und dazu Kartoffeln oder Nudeln geben. Oder klein geschnittene Kürbisstücke in der Pfanne anbraten und später dazu dann den Mangold geben. Ich hielt mit einem im Ofen gebackenen Nudelauflauf dagegen, bei dem Rigatoni nur fünf Minuten gekocht werden, anschließend klein geschnittener Mangold und einige kleine Stücke des kräftigen Taleggio-käses untergemengt werden.

Mangold-Nudel-Auflauf

Zutaten
- 250 g Penne
- mindestens 100 g Taleggio
- 1 Tasse Nudelwasser
- 5 Stängel bunter Mangold
- Olivenöl
- Pfeffer
- ½ Becher süße Sahne

Zubereitung
1 250 g Penne-Nudeln 5 Minuten vorkochen und abgießen, 1 kleine Kaffeetasse Nudelwasser auffangen.

2 Den kompletten Mangold in daumenbreite Stücke schneiden. Ein paar Tropfen Olivenöl in eine Auflaufform und dann jeweils eine Schicht Nudeln, Mangold und klein geschnittene Stücke des Taleggio schichten. Die Schicht wiederholen. Grob gemahlenen Pfeffer darauf geben.

3 Eine Kelle Nudelwasser und einen halben Becher süße Sahne darübergießen. Ca. 25 Minuten im Backofen auf mittlerer Schiene bei 180° backen.

Falls Sie keinen Taleggio bekommen, bitte einen anderen, sehr intensiven Weichkäse nehmen. Er muss mit dem erdigen Geschmack des Mangolds mithalten können.

Mangold-Kürbis-Pfanne

Zutaten
- 1 kleiner Hokkaido
- Olivenöl
- 4 Stängel bunter Mangold
- Pfeffer
- Salz

Zubereitung
1 Einen sehr kleinen Hokkaido-kürbis in kleine fingerbreite Stücke schneiden. (Hokkaido kann mit der Schale verwendet werden; falls Sie die gleiche Menge einer anderen Kürbissorte verwenden, müssen Sie die Schale abschneiden.)

2 Den Kürbis in Öl anbraten und nach 3 Minuten vier Stangen fingerbreit geschnittenen Mangold dazugeben.

3 Nach weiteren 4 bis 5 Minuten ist diese Beilage fertig. Pfeffern und salzen.

Rotkohl/Mangold als Beilage zu Fleisch – auch vegetarisch gut

Zutaten
- ¼ Kopf Rotkohl
- Olivenöl
- 4 Stängel bunter Mangold
- Pfeffer
- Salz

Zubereitung
1 ¼ Rotkohl fein hobeln und in der Pfanne mit etwas Olivenöl anbraten.

2 Nach 3 Minuten vier daumenbreit geschnittene Stangen Mangold dazugeben und noch einmal für 5 Minuten andünsten. Etwas salzen und pfeffern.

Mangold

Plötzlich gibt es den Mangold wieder auf zahlreichen Märkten und in vielen Gärten. Er ist eine Pflanze aus dem Mittelmeerraum mit wohl 1.000-jähriger Tradition. Unverständlich, dass sie noch vor einigen Jahren gegenüber dem Spinat das Nachsehen hatte – obwohl beide gänzlich unterschiedlich schmecken. Der vitaminreiche Mangold hat einen sehr erdigen und dominanten Geschmack, weshalb sich Spinat und Mangold auch in Rezepten nicht als Alternative anbieten. Der Mangold braucht in den Rezepten immer kräftige Mitstreiter. Mangold ist ein Starkzehrer und liebt humusreiche Böden sowie reichlich Wasser, dann bringt er eine reichhaltige Ernte. Ab April kann man die Samen direkt ins Beet aussäen; dabei den einzelnen Pflanzen jeweils gut 30 Zentimeter Platz lassen. Sonne oder Halbschatten werden vertragen. Der Anbau von Mangold ist einfach, allerdings sollte man Schnecken fernhalten, sonst fressen sie Löcher in die Blätter. Man erntet jeweils die äußeren Stiele ab und lässt den Rest der Pflanze stehen. Wer Mangold noch einmal im Juli/August aussät, kann bis in den späten Herbst oder Winter hinein ernten. Die klein geschnittenen Stiele lassen sich, kurz blanchiert, problemlos einfrieren. So hat man im Winter jederzeit fertiges Gemüse z. B. für einen Nudelauflauf.

DREI STANDBEINE

Das Zusammenspiel aus Gemeinschaftsgarten und Gärtnerei ist vielleicht typisch für die Struktur und Finanzierung solch neuer Projekte der Gemeinschaftsgärten und urbanen Landwirtschaft. Sie verfügen über drei Standbeine:

1. Den Direktverkauf und die Lieferung von Gemüsekisten über den Hofladen der Gärtnerei. Die Erzeugnisse werden auch an die Gastronomie geliefert, oder sie werden bei eigenen kulinarischen Veranstaltungen verarbeitet.
2. Soziale Arbeit, die von der Kooperation mit Kindergärten und Schulen (auch Kinder mit schweren Behinderungen oder Schulverweigerer) bis zur interkulturellen Arbeit reicht.
3. Die Teilnahme an Forschungsprojekten, wenn es z. B. um die Nutzung von Kompostwärme zur Beheizung von Wohncontainern geht, bevor der Kompost auf den Acker ausgebracht wird.

Zum Essen

Restaurant Pekar

Wenn Sie etwas von dem köstlichen Gemüse der Gärtnerei essen wollen, bietet das „Restaurant Pekar", das nur wenige Gehminuten entfernt ist, dazu Gelegenheit. Das „Pekar" ist eine Mischung zwischen Pizzeria und gemütlichem, vegetarischem Restaurant und verfügt auch über Plätze im Freien. Es ist barrierefrei. Hier kann man die frischen Zutaten aus dem Garten Annalinde genießen.

—

Restaurant Pekar
Odermannweg 11
04177 Leipzig
post@wir-sind-pekar.de,
www.wir-sind-pekar.de
Geöffnet:
Dienstag bis Sonntag von
17 bis 23:30 Uhr
(am WE auch länger)

Seminare & Führungen

Auf der Homepage findet man ein vielfältiges Kursangebot: fermentierte Chilisoße, ökologische Bienenhaltung zusammen mit der Demeter-Imkerei „Kirschgarten", auch Kräutertouren gehören dazu. Und natürlich Angebote, die vom Kompostieren bis zur klugen Bepflanzung des Balkons reichen. Eine einfache Holzbühne wird für Aufführungen und dir Fête de la Musique genutzt.

Zum Mitnehmen

Werbung für den in der Region berühmten Jungpflanzenmarkt – benannt nach dem Ökobauern Prinz Charles.

Jungpflanzen kaufen

Die hochwertigen Produkte der Gärtnerei werden im Sommerhalbjahr (Mai bis Oktober) auf dem Annalinde-Wochenmarkt in der Gärtnerei angeboten.
Geöffnet: Montag bis Freitag von 10 bis 19 Uhr

Ein besonderer Tipp ist der Jungpflanzenverkauf der Gärtnerei, der jährlich etwa ab dem 20. April für vier Wochen stattfindet. Täglich kann man dann von mittags bis abends (19 Uhr) Jungpflanzen für den Balkon, Garten oder direkt für die Küche einkaufen. Hier findet man eine Vielfalt an Gemüse von A wie Aubergine bis Z wie Zucchini, auch Küchenkräuter und Zierpflanzen. Besonders breit ist das Angebot von ungefähr 50 Tomaten- und 15 Chilisorten. Kunden kommen sogar extra aus Dresden angereist, weil sie diese Vielfalt und Qualität schätzen.
Termine unter:
https://annalinde-leipzig.de

Lesungen mit Kindern

Um zum 2.000 Quadratmeter großen Gelände zu gelangen, kommt man direkt an der Georg-Maurer-Bibliothek vorbei, woraus sich gleich eine Kooperation ergab: Lesungen mit Kindern im Garten!

Gartendinner

Ganz besonders beliebt sind die Gartendinner: Im Garten oder an einem anderen Ort wird ein besonderer Abend mit Kultur und natürlich dem Gemüse aus dem Garten organisiert. Auch das Pizzabacken im eigenen Steinofen ist gefragt. Die Plätze sind rar und über die Homepage schnell ausgebucht.

INTERVIEW
RENATE KÜNAST

MIT

PHILIPP SCHARF
UND
SEBASTIAN POMM

RK / Was ist für euch besonders am Gemeinschaftsgarten und der Gärtnerei der Annalinde?

SP / Ich bezeichne die Annalinde-Gärten gerne als „Öko-Soziotope", Orte an denen zum einen der Anbau von Gemüse stattfindet, Menschen zusammenkommen und sich mit Gemüse, Kräutern, Beerenobst beschäftigen. Zum anderen sind sie ein Vehikel, ein Medium, über das sozialer Austausch, Bildung und Kommunikation stattfindet. Es geht aber auch um kulturelle Aspekte, Gartenbau als Kulturlandschaft. Deshalb „Öko-Soziotope". Und gerade unser Gemeinschaftsgarten ist im Leipziger Westen zu einem Ort geworden, der von ganz vielen Menschen verschiedener sozialer Milieus das Jahr über genutzt wird.

PS / In der Urban-gardening-Szene gibt es nur einige wenige Projekte, die ernsthaft Gemüse produzieren. Es sind alles produktive Orte, auch sozial produktive Orte. Aber ich würde sagen, dass die Annalinde-Projekte besonders darauf ausgerichtet sind – so wie die Gemüsewerft in Bremen oder der Prinzessinnengarten in Berlin.

RK / Es gibt ja Leute, die diese ganzen Stadtgartenprojekte als Luxus für Besserverdienende und Hipster betrachten. Was ist es für euch?

SP / Es zieht definitiv Menschen an, die sich mit dem Thema schon beschäftigt und Lust darauf haben. Aber gerade durch Formate sozialer Arbeit – wie z. B. die Arbeit mit Menschen mit Fluchtbiografien, Menschen mit Behinderungen, Schulverweigerern oder mit Wege e. V. hier in Leipzig, ein Projekt für Angehörige und Freunde seelisch Kranker – kommen eben auch Menschen, die sich sonst nicht mit dem Thema beschäftigen. Das bringt sie in die Gärten, ermöglicht Teilhabe, und so wachsen sie am Ende gut in diese Gartengemeinschaften hinein. Dadurch bricht das Klischee auf. Vielleicht kann man das auch an dem Hofladen hier in der Gärtnerei gut festmachen.

> „Ich wünsche mir die Ausweitung von Fördermitteln auf die Landwirtschaft im urbanen Raum."

PS / Was für eine Art von Publikum oder Kundschaft hier unterwegs ist? Das sind ganz normale Menschen aus der Nachbarschaft, nicht nur junge Rennrad-Hipster. Unsere Stärke liegt darin, dass wir Theater- und Musikveranstaltungen oder Techno-Partys machen, um Leute gezielt in den Garten zu locken, die mit dem Thema Garten bisher nichts zu tun hatten.

Aber dann wandern sie vielleicht in einer Theaterpause durch die Beete und schauen sich an, was da für Kulturen in den Beeten stehen.

SP / Nicht zuletzt besuchen uns über unsere Umweltbildungsveranstaltungen, die wir mit Kindern, Schulen, Kindergärten machen, Menschen aus bildungsfernen und teilhabefernen Milieus. Da sind Kinder dabei, die von ihren Eltern Pommes in die Brotbüchse gepackt bekommen. Sie kommen dann in unsere Gärten und beschäftigen sich mit Sachen, die sie bisher gar nicht hinterfragt haben. Etwa wie denn so eine Tomate am Strauch aussieht und was es für Arbeit macht, Gemüse anzubauen. Wir beziehen sie dann auch in die Arbeit mit ein. Ich sehe diese Bildungsarbeit mit den Kindern als Stein, den man ins Wasser wirft, der Wellen schlägt. Irgendwann treffen diese Kinder ihre eigenen Entscheidungen, die vielleicht von den Erfahrungen, die sie in unseren Gärten gemacht haben, beeinflusst werden. Das sind dann wieder potenzielle Teilnehmer, die sich ein paar Jahre nach ihrem Schulabschluss im Gemeinschaftsgarten engagieren.

RK / Wenn ihr jetzt – egal auf welcher Ebene – drei Wünsche an die Politik frei hättet, welche wären das?

PS / Ich muss vorher noch etwas zur Frage loswerden, ob es etwas Besonderes ist, in der Stadt zu gärtnern und Gemüse zu produzieren. Die Gärtnerei, in der wir gerade sind, ist eigentlich ein gutes Beispiel dafür, dass es ganz normal ist, in der Stadt Lebensmittel für die Stadtbevölkerung zu produzieren. Eigentlich ist es viel absurder, dass Äpfel aus Chile kommen. Spannend hier bei uns ist, dass die Flächennutzung ja weitergeführt wird. Alte Fabriken werden in den Städten zu Kulturorten, und hier sind wir auf einer Fläche, die bereits seit 1870 durchgehend gärtnerisch genutzt wird.

SP / Meine Wünsche wären: 1. Die Ausweitung von Fördermitteln auf die Landwirtschaft im urbanen Raum, die sich sonst auf die Landwirtschaft und den ländlichen Raum beziehen. Natürlich muss man die ganze EU-Landwirtschaftsmaschinerie überdenken. Klar ist: Eine Landwirtschaft in der Stadt ist auch Landwirtschaft. 2. Ernährungskonzepte für die Städte. Es gibt Infrastrukturkonzepte, Wasserkonzepte, aber es gibt keine Ernährungskonzepte. Das ist eine wichtige Forderung. 3. Feste Maßgaben für öffentliche Versorger, bei Schulspeisungen, Kantinen und Mensen einen prozentualen Anteil lokaler und vielleicht sogar biologisch erzeugter Produkte zu verwenden.

Renate Künast:
„Danke für das Interview, das wir im ehemaligen Wohnhaus der Gärtnerfamilie geführt haben. Nebenan hörten wir die ganze Zeit hackende Geräusche. Ich vermute, da wurde gerade Essen vorbereitet und jemand arbeitete hart an einem Kürbis. Es wurde tatsächlich eine Kürbis-Mangold Pfanne vorbereitet."

1

1 Blick vom Garten
in den WGZ-Park,
in dem sich das
düsselgrün befindet.

Die Stadt ist unser Garten

DÜSSELGRÜN

Kontakt
düsselgrün
Kölner Straße 109
40227 Düsseldorf

E-Mail/Web
info@duesselgruen.de
www.duesselgruen.de

Anfahrt
U-Bahn-Linie U75
und U76
Haltestelle
Handelsmarkzentrum/
Mosk Straße
Vom Hauptbahnhof kommend,
geht man am besten
zu Fuß zum Garten –
es sind nur 800 Meter.

„Schau Dich um", lädt ein bunt bemaltes Holzschild die Besucher des offenen Gemeinschaftsgartens düsselgrün ein. „Wer mag, kann natürlich auch gerne mitmachen, gärtnern und ernten", sagt Stadtgärtner Boris Ludwig. „Wir freuen uns über jeden, der sich für unser Projekt interessiert oder mit anpacken möchte."

Das düsselgrun im sogenannten WGZ-Park in Düsseldorf-Oberbilk ist ein lebendiger gemeinschaftlicher Ort im Herzen der Stadt, der Düsseldorfern und Interessierten hinter dem Hauptbahnhof eine alternative Form gemeinsam genutzter Stadtfläche bietet. In den Hochbeeten aus wiederverwendetem Baustellenholz oder Weidengeflecht und in kreativen Pflanzgefäßen wachsen vor allem selten gewordene regionale Gemüsesorten und Obststräucher. Für Kräuter wurde aus Abbruchmaterial einer innerstädtischen Brachfläche eine Kräuterspirale angelegt. „Auch eine bunte Auswahl an Blumen hat sich im düsselgrün erfolgreich angesiedelt, und mehrere Bienenkolonien haben ein Zuhause gefunden", freut sich Boris Ludwig.

Kräuterspirale

Eine Kräuterspirale ist ein kleiner Kräutergarten aus z. B. Natur- oder Ziegelsteinen (am besten aus der Region), der sich spiralförmig nach oben windet. Die Steine speichern die Sonnenwärme und geben sie an die Pflanzen weiter. Durch das Gefälle entstehen vier verschiedene Klimazonen – trocken, neutral, feucht und nass –, die den Kräutern einen jeweils optimalen Standort bieten. Ganz oben in der Trockenzone werden vor allem Mittelmeerkräuter wie Thymian, Rosmarin, Oregano oder dekorativer Salbei platziert, die trockene und nährstoffarme Böden bevorzugen. Höhere Pflanzen stehen besser auf der Nordseite, damit sie kleinere Kräuter nicht beschatten. Die mittlere Zone, die sogenannte Normalzone mit neutralem Boden, der weder zu trocken noch zu feucht ist, bietet den meisten Kräutern einen guten Platz. Hier gedeihen z. B. Majoran oder Currykraut. Die Feuchtzone beherbergt Pflanzen wie Estragon, Petersilie oder Basilikum, die einen eher nährstoffreichen, lockeren Boden bevorzugen. Den Fuß der Spirale bildet ein kleiner Miniteich, der in Richtung Süden weisen sollte. An dessen Rand fühlen sich Pflanzen wie Brunnenkresse oder Wasserminze wohl. Tipp: lieber keine Pfefferminze in eine Kräuterspirale setzen, da ihre Wurzeln schon bald die gesamte Erde durchziehen würden.

2

DIE IDEE

„Uns geht es darum, altes Gartenwissen wiederzubeleben und zu teilen, wir möchten mehr Aufmerksamkeit auf die Wertschätzung von Lebensmitteln lenken, besonders auf regionale und saisonale Produkte und bewirken, das man gemeinsam mehr über Nachhaltigkeit und Ökologie nachdenkt", betont Stadtgärtner Ludwig. „Es soll ein nachhaltiger Kreislauf geschaffen werden, im wörtlichen und im übertragenen Sinne, in dem Wissen über Pflanzen, Ernten, Ressourcenschonung, Recycling, Upcycling etc. erlernt und erhalten wird – ohne eine feste personelle oder hierarchische Struktur aufzubauen", ergänzt Boris Ludwig.

Die Initiative lebt vom Einsatz ihrer freiwilligen Mitglieder und vom Interesse an einer gemeinsamen Tätigkeit in der Stadtmitte. Auf Mitgliedschaften, Vorstände oder Anwesenheitspflichten verzichtet man bewusst. Jeder kann sich einbringen, wie er mag. Auch das Know-how eignet sich jeder selbst an, oder man lernt mit- und voneinander. Im Sinne des Upcyclings, bei dem scheinbar nutzlose Dinge in neuwertige Produkte umgewandelt werden, wurden die meisten Hochbeete aus ausgedienten Paletten gebaut. Traditionelle Kartoffelsorten wachsen in einfachen Reissäcken.

3

2 Nicht nur beim Sommerfest sind Besucher herzlich willkommen.

3 Schnappschuss von einem Kartierungsworkshop.

4 An der orangenen „Info-Möhre" finden Besucher und Stadtgärtner Aushänge zu aktuellen Terminen rund um den Garten.

WIE ALLES BEGANN

2013 tat sich in Oberbilk eine kleine Gruppe Nachbarn zusammen, um gemeinsam zu gärtnern. Auf einer jahrzehntelangen Brache zwischen Mehrfamilienhäusern stellten sie Hochbeete auf und gärtnerten einfach drauflos. Die Idee kam in der Umgebung gut an: Die Fläche wurde schnell erweitert, und die Gruppe wuchs auf ca. 20 Unterstützer an. 2014 wurde das Projekt Teil der Quadriennale, einer alle vier Jahre stattfindenden Kunstausstellung in Düsseldorf. Im Rahmen der Quadriennale erhielt der Garten als Spende auch seine charakteristische solide Beetkonstruktion als Herzstück der Anlage. Die große Hochbeetkonstruktion ist ein Objekt aus ineinander verschachtelten Langhölzern und einem Bewässerungsturm, die zusammen zwölf einzelne Beete ergeben.

4

📍 Zum Mitnehmen

Auf Anfrage kann man Saatgut und Stecklinge mit den Stadtgärtnern des düsselgrün tauschen.

📍 Zum Essen

Oberbilk rund um den Gangelplatz (vom Garten kommend durch die Flügelstraße, Ecke Linienstraße) ist ein gemütlicher Stadtteil mit einem netten gastronomischen Angebot und nur ca. 900 Meter vom düsselgrün entfernt. Ein geselliges Fleckchen mit einem urigen Büdchen, einer „Wohnzimmer"-Bar mit geschmacklich sehr sicherer Musik- und Getränkeauswahl, einer guten Pizzeria unter alten Alleebäumen. Und nachts wird die Szenerie vom Schein der typischen Düsseldorfer Gaslaternen erhellt.

Rezept
Zucchini-Antipasti

Wer einige Zucchinipflanzen besitzt, hat zwischen Juni und Oktober oft eine wahre Zucchini-„Schwemme". Zum Glück gibt es viele Möglichkeiten, das leckere Gemüse zuzubereiten. Das Rezept der düsselgrüner ist nicht nur schmackhaft, sondern auch blitzschnell zubereitet.

Zubereitung (ca. 5 bis 10 Minuten)
1 Zucchini in feine filetähnliche Scheiben schneiden.
2 Knoblauch und Rosmarin fein hacken, Zwiebeln schälen und in feine Streifen schneiden. Mit Olivenöl beträufeln und unter mehrmaligem Wenden garen.
3 Anschließend mit Pfeffer und Salz würzen.

📍 Workshops & Veranstaltungen

„Unser Projekt hat sich auch zu einer Plattform für verschiedene Ideen und Formate aus dem Stadtteil entwickelt", erzählt Boris Ludwig. Für Workshops und Seminare, für Feste und Gemeinschaft – man ist für alle Ideen offen, die in der Gruppe entstehen oder die an die Initiative herangetragen werden. So gab oder gibt es zahlreiche Veranstaltungen und Kurse wie z. B. Saatguttausch, Holzwerkstätten, Beratung und Ideenweitergabe, Imkerkurse, Kompostberatung, Lesebühnen, Yoga, Natur- und Medienpädagogik, Stadtteilgespräche, Theateraufführungen, Videopräsentationen, unterschiedliche Workshops vom Solarkocherbau über Kartografie bis zur Lebensmittelrettung und noch vieles mehr.

⭐ Tipp

Kein Garten ohne Kompost
Und ist das Grundstück noch so klein – jeder kann mit einfachen Mitteln im eigenen Garten Kompost herstellen, der Dünger ersetzen kann und Humus liefert. Beim Kompostieren müssen im Komposthaufen optimale Bedingungen für die natürlichen biologischen Abbauvorgänge geschaffen werden. Dann laufen dort dieselben Prozesse ab wie bei der Humusbildung im Boden – nur erheblich schneller. Im Komposthaufen wird organisches Material zerkleinert, die Strukturen werden aufgebrochen und Mikroorganismen und Kleinsttiere wandeln das Material in CO_2, Wasser und Humus um. Im düsselgrün wird der Kompost zwei- bis dreimal im Jahr umgesetzt, um Fäulnisprozesse zu vermeiden. Ist er zu nass, wird der Kompost mit etwas Spänen und Kokosfasern gemischt und so aufgelockert. Außerdem liegt der Kompost unter einem Vlies, das ihn vor zu viel Regen und zu starkem Austrocknen schützt. Bevor man den Kompost ausbringt, wird er gesiebt, damit nur feines Material auf den Beeten landet.

Beste Besuchszeit
Mai bis Oktober

Gegärtnert wird immer Sonntag ab 15 Uhr, im Frühjahr und Herbst ab 14 Uhr. Im Winter finden hauptsächlich Holzwerkstätten und Organisationstreffen statt. Alle Termine werden auf der Homepage und in sozialen Netzwerken sowie auf der „Info-Möhre" vor dem Garten bekannt gegeben.

DER UMZUG

„Leider wurden aber bald Besitzansprüche auf das wiederbelebte Grundstück geltend gemacht", erinnert sich Boris Ludwig. „Und nach einem Jahr auf unsicherem Boden kam im Jahr 2015 das endgültige Aus für den alten Standort." Nach langer Standortsuche und einigen Gesprächen mit der Stadt und dem neu gewählten Oberbürgermeister erhielt düsselgrün dann 2015 eine Ausgleichsfläche im selben Stadtteil. Viele Pflanzen, Material und Boden wurden mit schwerem Gerät und schmalem Budget in einem aufwendigen Umzug umgesiedelt. Die neue Fläche ist ca. 640 Quadratmeter groß, Teil eines größeren Bürgerparks und wird durch einen Kooperationsvertrag mit der Stadt nun regulär genutzt. Schnell verwandelte sich die triste Rasenfläche zu einem bunten Ort der Vielfalt. Mit dem Umzug wurde eine neue Nachbarschaft erschlossen, und auch die Nutzungsregeln änderten sich. Zurzeit wird gemeinschaftlich gesät und geerntet, es gibt keinen privaten Besitzanspruch, und organisatorische Fragen werden in einem monatlichen Plenum besprochen.

BIENEN –
DIE STADT SUMMT

Honigbienen leben im Volk, 50.000 können es schon sein. Der Lebenszweck der Drohnen ist die Begattung der Königin. Danach kommt es nur noch auf diese und auf die Arbeiterinnen an. Es gibt viel zu tun, draußen in der Natur sehen wir sie Nektar sammeln, innen im Stock werden fleißig Waben gebaut und gefüllt; andere versorgen die Larven, damit es eine neue Königin und Arbeiterinnen gibt.

Die Imkerei, also die kontrollierte Haltung von Bienen durch den Menschen, gibt es seit mindestens 5.000 Jahren. Dass der Honig ein sehr gesundes Lebensmittel ist, teilweise sogar als Medizin geeignet, haben die Menschen früh erkannt. Aber auch, dass die Biene und andere bestäubende Insekten ein unverzichtbarer Teil unseres Naturkreislaufes sind. Denn wenn die Biene stirbt, hat der Mensch kaum noch etwas zu essen. In Europa benötigen etwa vier Füntel unserer Nutzpflanzen einen Bestäuber, sonst bleiben die Regale leer.

Die Imker pflegen die Bienen also auch, weil sie zwingend zu unserem Leben und unserer Nahrungsbeschaffung gehören. Doch vor 20 bis 30 Jahren entstand ein Problem. Je intensiver die Landwirtschaft wurde, je mehr Pestizide eingesetzt wurden, desto mehr gerieten die Bienen in Not. Wer einen guten Überblick über die Situation der Bienen weltweit bekommen möchte, dem sei

der Film „More than honey" empfohlen. Hier wird eindrucksvoll gezeigt, wie die Imkerei teils industrialisiert ist und wie gefährlich die Situation für unsere Lebensmittelproduktion wird, wenn wir die Bienen und andere Bestäuber nicht schützen.

Bei einem Imker auf dem Land habe ich erfahren, was das Ausbringen von Pestiziden auf dem Nachbaracker für seine Bienenvölker bedeutete. Beim Blick in die Bienenstöcke sah man nicht das übliche Gewusel und Gewimmel, sondern ziemlich sediert wirkende, langsame Tiere. Die meisten von ihnen starben. Nur wenige Bienenvölker haben den Pestizideinsatz überlebt. Viele Imker auf dem Land müssen das immer wieder erleben und erleiden. Durch die Insektizide verlieren die Bienen ihr Lern- und Orientierungsvermögen, weil der chemische Stoff auf die Signalübertragung zwischen den Nervenzellen einwirkt. Zudem wirken die Insektizide auch auf das Immunsystem. Es ist also insgesamt kein Wunder, dass wir oft nach kalten Wintern viele Bienenvölker verlieren und große Mühe haben, die Varroamilbe zu bekämpfen, welche die Bienen angreift. Denn die Bienenvölker sind geschwächt.

Die Situation der Bienenvölker ist das Spiegelbild unserer ausgeräumten Landschaften und unserer Agrarwirtschaft. Die industrielle Landwirtschaft hat die Umwelt verändert. Es liegt nicht nur an den Monokulturen mit dem reduzierten Nahrungsangebot für nur wenige Wochen im Jahr, schuld sind auch die Neonicotinoide und andere Insektizide, deren Aufgabe es ja gerade ist, Insekten zu bekämpfen, zu vernichten, damit diese nicht die Pflanze angreifen. Aber diese Bekämpfung von Insekten geht an den Bienen nicht spurlos vorbei. Zwar sind gerade die drei gefährlichsten Neonicotinoide in der EU verboten worden, aber damit allein ist es eben noch lange nicht getan. Wir müssen unsere Lebensmittelproduktion verändern, zurück zum Prinzip der Agrarökologie. Dann lernen wir wieder, in Kreisläufen zu denken und der Natur, der Biodiversität und den Böden nicht mehr abzuverlangen, als an Regenerationsfähigkeit möglich ist.

Die immer mehr auf Monokulturen angelegte chemische Landwirtschaft, die entweder Raps oder Mais auf großen Flächen anbaut, hat das Nahrungsangebot für die Bienen auf kurze Zeiträume im Jahr reduziert. Dazu kommen die Herbizide, die seit den 1940er Jahren die Nahrungsquellen der

Bienen beseitigen, die als störendes Unkraut auf den Feldern angesehen wurden und werden. Heute ist es doch schon etwas Außergewöhnliches, wenn man leuchtend rote Mohn- oder blaue Kornblumen in Feldern oder an Feldrändern sehen. Das wohl stärkste Breitbandherbizid ist „RoundUp" von Monsanto mit dem Hauptwirkstoff Glyphosat. Das Ergebnis der Anwendung ist die massive Reduktion von Blüten und damit der Nahrung für viele Insektenarten. Gerade hat die nationale Akademie der Wissenschaften der USA veröffentlicht, dass das Total-herbizid Glyphosat im Verdauungstrakt von Honigbienen die Mikroflora und damit das Immunsystem beschädigt. Heute wissen wir, dass wir in den letzten Jahrzehnten mit unserer Art zu wirtschaften über 70 % der Insekten verloren haben. Das ist ein massiver Verlust und steht sinnbildlich auch für den Verlust an Blütenpflanzen, die nicht mehr zu ihrer Ernährung zur Verfügung standen. Das bedeutet aber auch einen herben Verlust an Nahrung für die Vögel, die die Nächsten im Naturkreislauf sind.

Wir leben über unsere Verhältnisse. Bereits 2007 hat der Weltagrarbericht der UN festgestellt, dass sich die Erdbevölkerung gar nicht auf die gleiche Weise würde ernähren können, wie wir es auf der Nordhalbkugel heute mit Agrochemie tun. Die vielen Wissenschaftlerinnen dieser Studie stellten fest, dass die Antwort nur Agrarökologie und ökologischer Landbau heißen kann. Eine Abkehr von diesem Agrarsystem ist eine schwierige Aufgabe für die nächsten Jahre.

DIE STADT UND DIE BIENEN

Auch hier haben sich die Städter schon auf den Weg gemacht. Man sagt, es habe mit den Bienenstöcken im Central Park in New York begonnen. In den Städten wird seit den letzten Jahren kaum noch Chemie oder Glyphosat zur sogenannten Unkrautbekämpfung eingesetzt. Dafür bräuchte man eine besondere Erlaubnis der Landesämter für Naturschutz, die diese oft nicht erteilen. Die städtischen Parks sind also frei von solchen Chemieeinsätzen, und selbst viele Stadtreinigungen haben aus Umwelt- und Gesundheitsgründen die Anwendung von Glyphosat bereits beendet.

Was Bienen lieben

Vom Februar bis zum späten Herbst sind Bienen und Hummeln auf der Suche nach Nahrung. Warum also den Balkon oder die Terrasse mit im Gewächshaus gezüchteten Pflanzen bestücken, die den nächsten Winter nicht überleben. Versuchen Sie es doch einmal mit klassischen Gartenpflanzen, die meistens im nächsten Jahr wiederkommen. Das spart überdies Geld. Was Insekten vor allem lieben: kleine Winterlinge, Kornelkirschen, Haselnuss, Frühlingskrokus, Huflattich, Nieswurz, Akelei, Obstblüten, Klee, Luzerne, Phacelia, Lupine, Malve, Storchschnabel, Lavendel, ungefüllte Dahliensorten, Kartoffelrose, Astern, Fetthenne und viele weitere Arten. Übrigens finden sie auch viele Küchenkräuter unwiderstehlich, wie etwa Bohnenkraut, Borretsch und Oregano. Ebenso anziehend sind Kapuzinerkresse, Verbene, Männertreu oder Wandelröschen, die sich gut im Balkonkasten machen.

„Rein ins Grüne" heißt es quasi in den Städten. Immer mehr Vielfalt wird geschaffen, pollen- und nektarreiche Pflanzen sind in Gärten, Parks, auf Balkonen und Dachgärten angesagt. Totölzer und Brennnesseln waren in den 1960er und 1970er Jahren verpönt, weil der Garten „ordentlich" auszusehen hatte. Heute geht es viel bunter und gemischter zu. Selbst die DIN-Normen für gute Gartenpflege sehen mittlerweile Brennnesseln und altes Holz zur Ernährung von Insekten und Käfern vor.

Die vielen neuen Stadtgärten steuern ihren Teil zur Ernährung der Insekten bei. Fast alle Urban-gardening-Projekte, die ich besucht habe, besitzen eigene Bienenstöcke, oder ein Imker darf dort seine Völker aufstellen und bietet dafür im Gegenzug Imkerkurse an. Auch die Stadtplaner beginnen langsam an die Bienen zu denken. Ziel ist es nun, sich zu einer bestäuberfreundlichen Stadt weiterzuentwickeln.

Das Nahrungsangebot für Bienen ist mittlerweile übers Jahr in der Stadt üppiger als auf dem Lande. Es fängt bei den Stadtbäumen, den Robinien und Linden, an und geht weiter bis zu den neu gestalteten städtischen Grünstreifen. Immer mehr Menschen pflegen diese aus eigenem Antrieb. Wenn man genau hinschaut, so erinnern heute manch städtische Bereiche eher an die früheren Bauerngärten als viele Flächen auf dem Lande.

**Imkerkurse schaffen
Wissen und Praxis**

Im Internet werden Videos
zur Bienenhaltung und
unzählige Tipps angeboten.
Es ist jedoch ratsam,
lieber einen der Imkerkurse
zu besuchen. Denn dort
lernen Sie von erfahrenen
Imkern und Imkerinnen,
wie Sie am besten mit den
Tieren umgehen und was
ein respektvoller und vor
allem naturgemäßer Umgang
mit den Bienenvölkern ist.
Es gibt bei den Imkern
beeindruckende Persönlich-
keiten, die Kurse anbieten
oder sogar Ausbildungsbetrieb
sind. In Süddeutschland
ist das z. B. Günter
Friedmann, ein Pionier der
Ökoimkerei mit der weltweit
größten Demeter-Imkerei.
Und so erfahren Sie auch, ob
die Imkerei tatsächlich etwas
für Sie ist. Wer dann immer
noch von dem Zusammen-
wirken zehntausender
Mitglieder im Bienenvolk
fasziniert ist und Freude an
ihrer Beobachtung hat,
für den ist das Imkern richtig.
Dann haben die Investi-
tionen in Bienenbeuten,
Smoker, Schutzanzug und
kluge Bücher allemal Sinn.

BUNDESTAGSBIENEN

Das Halten von Bienen lassen sich die Städterinnen und Städter nun auch nicht mehr
nehmen. Die Imkerkurse sind gut belegt,
und wo immer man hinkommt – man trifft
immer jemanden, der mitten in der Stadt
Bienen hält. Nichts ist übrigens schöner, als
sich morgens als Erstes mit einer Tasse Tee
neben die Bienenstöcke zu setzen und zu
beobachten, wie sie ihr Tagwerk beginnen.
Tausende Bienen, die zusammenarbeiten
und kommunizieren und sich tänzelnd Hinweise geben, wo in ihrem Flugkreis von mehr
als drei Kilometern Nektar und Pollen zu
finden sind.

In immer mehr Verwaltungen, Schulen
und Unternehmen ist es längst guter Brauch,
eigene Bienenstöcke aufzustellen. Entweder
gibt es Imker im Unternehmen, oder Mitarbeiter werden dafür eigens ausgebildet
und pflegen die Bienen während ihrer Ar-
beitszeit. Mittlerweile kann man wohl be-
haupten, dass die Haltung von Bienen zum
Lifestyle einer modernen Großstadt gehört.
Vom Roten Rathaus in Berlin bis zu den Ho-
teldächern auf St. Pauli, die sogar Honigtests
mit ihrem Honig veranstalten. Auch in Wien
wird keine Fläche vom Rathaus bis zum Zen-
tralfriedhof ausgelassen. Auf die Biene
kommt es an. Vielleicht sind in der Bundes-
republik die berühmtesten Bienenvölker
diejenigen, die am Deutschen Bundestag von
einem Abgeordneten betreut werden. Jährlich ist die kleine Ernte, die angeboten wird,
schnell vergriffen. Angela Merkel hat neulich zwei Gläser dieses Bundestagshonigs an
die litauische Staatspräsidentin verschenkt,
die selbst imkert.

Gerade wächst die Imkerei in den Städten wieder rasant. Aber dies ist kein Anlass
für eine Entwarnung. Vor 100 Jahren gab es
in Deutschland wohl an die vier Millionen
Bienenvölker, heute sind es noch geschätzte
700.000 bis 800.000 Völker. Die europäische
Kommission legte im Sommer 2018 einen
Aktionsplan zum Erhalt bestäubender Insekten vor, und so beginnen denn auch die nationalen Umweltministerien mit Aktionen.
Aber es ist nicht damit getan, hier und dort
mehr Blütenvielfalt anzubieten. Wir müssen
Schluss machen mit den Pestizidanwendun-
gen – sofort!

SO WIRD DIE BIENE GESCHÜTZT

Die Bienenzucht funktioniert ähnlich, wie
es früher beim Saatgut der Fall war, bevor
die Konzerne in das Geschäft einstiegen und
die Rechte sowie den Profit mit Patenten und
Lizenzen an sich zogen. Die Imker tauschen
und verkaufen Zuchtmaterial untereinander.
Die Berufsimker sind mittelständische Unternehmen, die sich entweder auf die Zucht
oder die Produktion von Honig konzentrie-
ren. Es gibt keinen Sortenschutz, keine Lizenzen, die Genetik der Honigbiene ist „offen". Einige Imker haben aus der leidvollen
Geschichte mit dem Saatgut gelernt und
erkannt, dass international versucht wird,
die Gensequenzen der gesamten Flora und
Fauna der Welt zu entschlüsseln und dieses
Wissen für spätere Züchtungen und Profite
zu speichern.

Um die Bienen vor Patentierung und
Privatisierung rechtlich zu schützen und
sicherzustellen, dass die genetische Vielfalt
in den Händen der Imker bleibt, hat die Welt-
imkerorganisation Apimondia die Honigbiene als züchterische Leistung und damit
als Eigentum der Imker registrieren lassen.
Diese Apimondia-Lizenz ist eine sogenannte Open-Source-Lizenz. Wer die westliche
(Apis mellifera) und die östliche Honigbiene
(Apis cerana) für weitere Züchtungen und
Entwicklungen nutzt, muss auf Schutzrech-
te wie Patentrechte verzichten. Immerhin
ein Anfang, damit es der unverzichtbaren
Biene nicht ebenso ergeht wie dem Saatgut,
das wegen der Zunahme der Patente nicht
mehr den Menschen, sondern den Konzer-
nen gehört.

ROBOTERBIENEN?

Während sich alle Welt Gedanken darüber macht, wie die Bienen zu retten sind, gibt es Wissenschaftler, die eine Roboterbiene als Lösung des Problems betrachten. Kein Scherz! Aber vorher gab es da noch die Idee einer genetisch veränderten Superbiene. Für Imker eine irrsinnige Vorstellung, denn dann bestünde die Gefahr, dass die anderen bestäubenden Insekten von pestizidresistenten Laborbienen verdrängt werden. Den Niedergang fruchtbarer Böden und den unwiederbringlichen Verlust der Artenvielfalt würde das sowieso nicht aufhalten. Im Gegenteil, dies könnte ja der chemiebasierten Agrarindustrie als Rechtfertigung für ein „Weiterso" dienen. Die Konzentration auf drei große internationale Agrarkonzerne, die das Saatgut, die Pestizide und die Digitalisierung weltweit kontrollieren, würde damit noch verschärft. Die Vielfalt der Bienen und Bestäuber würde verschwinden, in der Umwelt wäre fast nur noch die gentechnisch veränderte und patentierte Biene unterwegs. Und damit nicht genug. Harvard-Forscher entwickeln bereits eine Roboterbiene, welche die Aufgaben der echten Bienen übernehmen könnte. Das wäre dann das absolute Gegenteil von dem, was die Umweltbewegung und die Imker sich vorstellen und fordern: eine an der Agrarökologie ausgerichtete Landwirtschaft, welche Bienen naturgemäß hält!

Was muss ich bei der Bienenhaltung beachten?

Wenn Sie sich dazu entschließen, Bienen im Garten oder auf dem Balkon zu halten, sollten Sie drei Dinge auf alle Fälle beachten: Sie müssen die Bienenhaltung beim Veterinäramt anzeigen. Das ist schon allein deshalb sinnvoll, um einen sofortigen Kontakt zu haben, wenn Erkrankungen wie die Faulbrut ausbrechen. Ebenso sollte man seinen Vermieter vorab informieren. Wenn es auch inzwischen oft als ortsüblich gilt, Bienen zu halten, so kann es doch darüber Debatten geben. Also lieber vorher miteinander reden und erklären, wie ungefährlich Bienenhaltung ist. Die Nachbarn und deren Kinder laden Sie am besten gleich zum Gespräch ein. Wer mit dem Thema vertraut ist, macht sich weniger Sorgen. Und natürlich sollten Sie selbst für eine Bienenweide auf dem Balkon und im Garten sorgen – giftfrei, versteht sich. Die Bienen werden es Ihnen danken.

Ein robuster Holzkasten mit herausnehmbaren Bienenwaben dient dem Bienenvolk als künstliches Zuhause.

⭐ Tipp

Jede Blüte zählt
Um Bienen, Hummeln und andere bestäubende Insekten zu ernähren, zählt jede Blüte. Sie können also nicht nur in Ihrem Garten, sondern auch auf der Terrasse und dem Balkon Gutes tun. Es ist gar nicht so kompliziert, den Insekten ein Nahrungsangebot über das Jahr zu bieten. Zunächst benötigt man regionaltypische Pflanzen, denn viele der Insekten haben sich auf Blüten in ihrem Lebensumfeld spezialisiert. Außerdem sollte man nichtgefüllte Blüten bevorzugen, denn bei den gefüllten Blüten kommt die Biene gar nicht an das Nahrungsangebot heran. Sinnvoll ist es auch, bei der Planung an das ganze Jahr zu denken: Anders als bei den riesigen Rapsfeldern, die nur kurz Nahrung bieten, möchte Hobbygärtner ein Angebot für viele Monate bereitstellen. Es geht los mit der sehr früh blühenden Haselnuss über den Weißdorn mit seiner beeindruckenden Blütenpracht bis zum Hartriegel, dessen rote Zweige übrigens auch im Winterhalbjahr eine Zierde sind. Zudem gibt es fast überall Bienenweide-Samentüten, die gezielt für eine Vielzahl an Blüten über einen langen Zeitraum sorgen. Informieren Sie sich, lassen Sie sich beraten, und Sie werden viel Freude beim Betrachten Ihrer Besucher auf den Blüten haben. Übrigens brauchen Bienen auch Wasser, doch sie genießen am liebsten das Wasser im Untersetzer, das durch Pflanzenerde gelaufen ist. Leitungswasser interessiert sie nicht.

Adressen für Kurse und Informationen
www.imker-wien.at
www.stadtimker.at
www.stadtbienen.org
www.demeter.de
www.mellifera.de
www.ifoam.bio
www.deutscherimkerbund.de
www.bioaktuell.ch

1 Hinter den Hoch-
beeten fällt der Blick
auf den mit Kanin-
chendraht einge-
zäunten „Acker".

2 Das selbst gebaute
Namensschild ha-
ben die Stadtgärtner
vom FuhlsGarden
mitten im Grabeland
angebracht.

2

Für ein
grünes Barmbek

FUHLSGARDEN

Kontakt
FuhlsGarden
Steilshooper Straße/
Ecke Langenfort
22307 Hamburg

E-Mail/Web
mitmachen@Fuhlsgarden.de
www.fuhlsgarden.de

Anfahrt
Bus 17 und 177
Haltestelle Langenfort

Im FuhlsGarden, im Herzen Barmbeks, wird seit 2015 bei Wind und Wetter gemeinsam gegärtnert. Der ökologische Gemeinschaftsgarten ist ein Projekt in Kooperation mit der Kita „Die kleinen Strolche" des Kinderwelt Hamburg e. V. Gemeinsam wird auf dem ca. 2.500 Quadratmeter großen, naturbelassenen Gelände, dem sogenannten Grabeland an der Steilshooper Straße/Ecke Langenfort, gestaltet, gebuddelt, ausgesät, gepflegt und natürlich auch geerntet. Aus der Idee ist mittlerweile ein stattlicher Garten mit viel gesundem Gemüse gewachsen. „Die ersten Beete wurden damals noch vom Museum für Hamburgische Geschichte gespendet. Einige Geräte und die Erde konnten durch Mittel aus einem Förderfonds für soziale und kulturelle Projekte des Stadtteilrates angeschafft werden", erinnert sich David Lehmkuhl. Die Kita steuerte einen Wasseranschluss und Sitzgelegenheiten bei. So wurde der FuhlsGarden schnell zu einem beliebten Ort der Begegnung. Es gibt keine formale Mitgliedschaft, jeder kann vorbeikommen und mitmachen oder sich einfach mal umschauen und bei einem Klönschnack über Gemüseanbau, Kaninchen oder Kübelbepflanzung fachsimpeln. „Jeden Sonntagnachmittag wird gemeinsam gegärtnert", freut sich Stadtgärtnerin Bettina Fallmann. Generationsübergreifend treffen dann erfahrenere Gärtner auf junge Leute, die noch nie mit Gärten zu tun hatten, aber gerne draußen in der Natur arbeiten.

WAS WIRD ANGEBAUT?

Gemüse, Kräuter und Obst werden in 15 hölzernen Hochbeeten aus unbehandelten Europaletten mit den dazugehörigen Aufsetzrahmen, aber auch direkt in Beeten im „Gemeinschaftsacker" angebaut. „Beim Anbau folgen wir den Kriterien des ökologischen Landbaus und der Permakultur", erzählt Bettina Fallmann. „Dazu gehört auch, dass nur ökologische, samenfeste und möglichst alte Sorten verwendet werden", ergänzt Ute Volkert, ebenfalls begeisterte Stadtgärtnerin. Und natürlich wird auch eigenes Saatgut gewonnen. In den Hochbeeten wächst alles, was Sommer und Herbst so hergeben: Erdbeeren, Salat, Mangold, Rote Bete, Knoblauch, Erbsen, Kartoffeln und Rotkohl. Große Mengen können zwar meist nicht geerntet werden, aber darum geht es auch nicht, sondern um das gemeinsame Gärtnern. „Wir möchten natürlich mehr Grün in die Stadt holen. Wir möchten aber auch zeigen, dass Gemüseanbau im urbanen Raum problemlos möglich ist und jeder dabei helfen kann", betont Bettina Fallmann. Ein schönes Beispiel dafür ist das „Indianerbeet", auch bekannt als „Aztekenbeet" oder „Milpa", welches 2017 zum ersten Mal angelegt wurde. Es ist eine alte Kulturform aus Südamerika, dank der nun auch im Herzen Barmbeks Mais, Bohnen und Kürbis in Mischkultur prächtig gedeihen. Die sogenannten „Drei Schwestern" bilden ein sich nahezu selbst erhaltendes System, das jedes Jahr wieder auf demselben Beet angebaut werden kann. Das Beet kann durch die Kombination aus vertikal wachsenden und bodendeckenden Pflanzen optimal genutzt werden und ist eine attraktive Bereicherung für jeden Garten. Der Mais dient als Rankhilfe für die Bohnen, außerdem tragen seine kräftigen Wurzeln aktiv zur Lockerung und somit zur Verbesserung des Bodens bei. Die Bohnen, am besten eignen sich Stangen- oder Feuerbohnen, versorgen den Mais und den Kürbis über ihre Wurzeln mit Stickstoff. Sie umranken den Mais und verleihen ihm so mehr Standfestigkeit gegen Wind. Der Kürbis (z. B. die etwas kleinere Sorte ,Butternut') erfüllt hauptsächlich die Funktion des Bodendeckers. Mit seinen großen Blättern spendet er Schatten, hält so die Feuchtigkeit in der Erde und schützt diese vor dem Austrocknen.

Beste Besuchszeit
– April bis Oktober
– Sonntag ab 15 Uhr

....

Feste & Führungen
Anfang Oktober findet im FuhlsGarden traditionell das Erntefest samt der Preisverleihung für den „Kübelkontest" statt. Bei selbst gepresstem Apfelsaft und Pfannkuchen mit frischem Apfelkompott lassen die Barmbeker das Gartenjahr gemütlich ausklingen. Aktuelle Infos gibt es dazu unter: www.facebook.com/fuhlsgarden.
Seit einigen Jahren nimmt der FuhlsGarden auch am „Langen Tag der Stadtnatur" teil. Es gibt Führungen durch den Garten, der Imker im Grabeland berichtet über seine Bienen und beantwortet die Fragen interessierter Besucher. Als Aktion wurde z. B. gemeinsam mit den Besuchern ein neues Hochbeet aufgestellt und bepflanzt.

 Tipp

Schneckenabwehr
„Wir haben diverse ökologisch unbedenkliche Methoden ausprobiert, aber weder Eierschalen, Kaffeesatz oder grober Mulch haben geholfen", erzählt Bettina Fallmann. „Jetzt setzen wir im Acker und im ,Indianerbeet' auf Schneckenzäune aus Metall, über deren scharfe Blechkanten die Schnecken nicht kriechen können. Und es funktioniert wunderbar."

....

Salaternte
Salat wächst schnell und lässt sich gut teilen.
„Wir säen verschiedenste Sorten aus und haben den ganzen Sommer reichlich Salat im Angebot", freut sich Stadtgärtnerin Ute Volkert. „Rucola und andere Pflücksalate werden ohne Wurzel geerntet, also nur geschnitten. Sie wachsen dann immer wieder nach. Selbst im Herbst und Winter haben wir mit Feldsalat und Postelein noch frische und günstige Salate aus eigenem Anbau."

AM LIEBSTEN GEMEINSCHAFTLICH

„Auf unserem ca. 40 Quadratmeter großen Gemüseacker wachsen außerdem Erdbeeren, Salat, diverse Kohlsorten und Kräuter in gesunder Mischkultur, was leider auch einige Kaninchen entdeckt haben, die in Barmbek zahlreich unterwegs sind", schmunzelt Ute Volkert. „Daher wurde der Acker nun, natürlich in einer Gemeinschaftsaktion, 40 Zentimeter tief und 80 Zentimeter über den Boden hinaus mit Kaninchendraht eingezäunt."

Die Ernte aus den alten Sorten ist vielfältig und schmackhaft und wird im Team aufgeteilt. Es gibt Grillabende und Gartenfeste, bei denen das selbst gezogene Grün gemeinsam mit Mitgliedern und Besuchern geerntet, verarbeitet und genossen wird. Auf und um das Grabeland herum wachsen alte Obstbäume wie Kirsche, Mirabelle, Pflaume und Apfel, deren Früchte geerntet und verwertet werden. Vor allem die Apfelbäume tragen reichlich, sodass die Äpfel im Garten zu Kompott verarbeitet und mit selbst gemachten Pfannkuchen gemeinsam verputzt werden. Dank der Zusammenarbeit mit einem Imker stellt der FuhlsGarden sogar eigenen Honig her.

BARMBEKER KÜBELKONTEST

Bei einem Streifzug durch Hamburg-Barmbek fallen im Sommer immer wieder blühende Blickfänge ins Auge. Die hübschen Bepflanzungen sind das Ergebnis des „Barmbeker Kübelkontest", den der FuhlsGarden 2016 ins Leben gerufen hat, da viele Kübel und öffentliche Flächen am Wegesrand (nicht nur) in Barmbek meist ein trauriges Bild bieten oder sogar vermüllt sind. „Unser Ziel war und ist es, den Stadtteil grüner und lebenswerter zu machen", sagt FuhlsGarden-Gründer David Lehmkuhl. 2018 fand der Wettbewerb unter dem Motto „Es grünt so grün, wenn Barmbeks Kübel blüh'n" zum dritten Mal statt. Alle Bewohner in Barmbek wurden dazu ermutigt, Kübel oder kleine, öffentliche Flächen am Wegesrand bunt zu bepflanzen und davon ein Foto einzuschicken. Schnell wurden graue Betonklötze zu bunten Attraktionen fürs Auge, aber auch für Insekten. Über den Sieger konnte man online abstimmen. „Wir sind stolz auf das Projekt, da so im Stadtteil hübsche Akzente gesetzt werden und auch mehr Bewusstsein für Natur im urbanen Raum geschaffen wird", freut sich David Lehmkuhl. Die Initiative ist nachahmenswert und könnte zum Vorbild für viele Stadtteile und Städte werden.

> **"**
> ## Wir wollen Hamburger motivieren, mehr für unsere Stadt zu tun.
> **"**

Rezept

Rotkohlsalat

Die Äpfel und den Rotkohl ernten die Stadtgärtner frisch im FuhlsGarden. An Nüssen und Granatäpfeln arbeiten sie noch.

Zutaten
- 1 kl. Rotkohl ca. 400 g
- 2 kleine Äpfel
- 3 EL Apfelessig (alternativ Limettenessig, Zitronensaft o.Ä.)
- 3 EL Rapsöl
- 80 g gehackte Walnüsse (alternativ Haselnüsse)
- Kerne von ½ Granatapfel

Zubereitung
1 Den Rotkohl fein schneiden, mit den klein geraspelten Äpfeln und Apfelessig sowie Rapsöl vermischen und durchziehen lassen.
2 Vor dem Servieren noch die gehackten Walnüsse und Granatapfelkerne untermischen.

Nicht verpassen

📍 Zum Essen

LüttLiv
In der alten Fabrikhalle der Zinnschmelze, dem Barmbeker Kultur-Kiez, befindet sich mitten auf dem Gelände des Museums der Arbeit das „LüttLiv" (plattdeutsch für „kleines Leben"). Hier trifft Hamburger Gemütlichkeit auf schwedisches Flair. Es wird ausschließlich Regionales und Saisonales verarbeitet, die Karte wechselt wöchentlich. Klangvolle Gerichte wie die „Tolle Knolle" oder „Ausflug in den Süden" sind Küchenklassiker. Einige Zutaten kommen sogar aus dem „Ableger" des FuhlsGarden, den zwei Hochbeeten vor dem „LüttLiv".
—
LüttLiv
Maurienstraße 19
22305 Hamburg
info@luettliv.de
www.luettliv.de

📍 In der Umgebung

Das ehemalige Arbeiterviertel Barmbek ist eine authentische und quirlige Ecke Hamburgs. Bei einem Spaziergang durch den Stadtteil entdeckt man nicht nur hübsche Rotklinkerbauten mit grünen Innenhöfen, sondern auch Schrebergärten, die Einkaufsstraße „Fuhle", das Kulturzentrum Zinn-schmelze sowie das Museum der Arbeit und die Schildvortriebsmaschine „TRUDE" (steht für „Tief runter unter die Elbe"), einst die größte Tunnelbohrmaschine der Welt, die als Denkmal beim Museum der Arbeit ausgestellt ist.

📍 Zum Mitnehmen

Im FuhlsGarden gibt es jedes Jahr viele Erdbeerpflanzen-Ableger. Interessierte können sich im Spätsommer gerne Tochterpflanzen abholen und diese auf dem Balkon oder im eigenen Garten pflanzen.

1 Blick über das Gelände des Dock II in der Bremer Überseestadt.

2 Stolz weht die Fahne mit dem Logo der Gemüsewerft im Wind.

2

Urbane Landwirtschaft ahoi!

GEMÜSE WERFT

Kontakt
Gesellschaft für
integrative Beschäftigung mbH
Gröpelinger Heerstraße 226
28237 Bremen

Telefon
+49 (0) 421/6919478

E-Mail/Web
verwaltung@gib-bremen.info
www.gemüsewerft.de
www.stadtwirte.de

Seit 2014 gibt es in Bremen-Gröpelingen und der Überseestadt die Gemüsewerft. Ihr Emblem ist ein großer blauer Dampfer auf weißem Hintergrund, auf dessen Bug ein Gärtner mit einem Spaten steht und in die Ferne schaut. Ein treffendes Logo für eine urbane ökologische Landwirtschaft inmitten der bremischen Häfen. Und auch die vielen Hochbeete der Gemüsewerft haben sich über die Stadt verteilt und zeigen den Bremern und den Touristen, wie attraktiv Gemüse sein kann und was alles in der Stadt wächst. Bei der öffentlichen Ernte, die zusammen mit der CityInitiative Bremen und BioStadt Bremen veranstaltet wird, kann jeder selbst Hand anlegen und kostenlos Gemüse mitnehmen. „Mit unseren Hochbeeten können wir essbare Nutzpflanzen wieder dort platzieren, wo es durch Bebauung und Versiegelung eigentlich nicht mehr möglich ist", freut sich Michael Scheer, Betreiber der Gemüsewerft. Er ist der Überzeugung, dass landwirtschaftliche Produkte wieder viel mehr geschätzt werden, wenn man den Anbau selbst erleben kann.

3

ZIELE UND PROJEKTE

Hinter der Gemüsewerft steckt nicht nur Michael Scheer, sondern auch die gemeinnützige Gesellschaft für integrative Beschäftigung mbH (GiB), deren Geschäftsführer Scheer ist. Die Gemüsewerft bezeichnet sich selbst als urbane Landwirtschaft und ist offen für ehrenamtliche Beteiligung im gärtnerischen, kulturellen, erzieherischen, künstlerischen und politischen Bereich. Sie ist nicht profitorientiert, sondern ein Zweckbetrieb der gemeinnützigen Gesellschaft, der im Rahmen der sozialen Eingliederungshilfe Menschen mit Behinderungen niedrigschwellige Beschäftigungsmöglichkeiten bietet. „Unser Ziel ist nicht nur ein soziales. Wir möchten landwirtschaftliches Wissen wieder in die Städte holen, eigene Erzeugnisse in der Region vertreiben und den Menschen in der Stadt Zugang zum Anbau ihrer Nahrung verschaffen", erklärt der studierte Biologe und fährt fort: „Zukünftig wird es für urbane Agrikulturen existenziell sein, sich als Teil moderner Stadtentwicklung planerisch und fiskalisch zu etablieren. Ansonsten droht ihnen vielerorts der Flächenverlust durch innerstädtische Verdichtung. Diese Orte bieten als naturnahe Grünfläche in der Regel hohe Aufenthaltsqualitäten und deren Betreiber eine Vielfalt an ästhetischem, kulturellem und politischem Mehrwert. Als Stadtwirte gestalten sie den Lebensraum und übernehmen klimawirksame Aufgaben, die auf hohen Zuspruch in der Bevölkerung stoßen."

Fünf Jahre wurde die Gemüsewerft als Zweckbetrieb unter anderem von der „Aktion Mensch" gefördert. Hinzu kam das auf drei Jahre angelegte Projekt „Social Farmers", das ebenso von der „Aktion Mensch" finanziell unterstützt wurde. Letzteres zielte darauf ab, die inklusive Wirkung urbaner Stadtgärten zu nutzen. Denn Stadtgärten bieten zum einen Menschen mit Behinderung quartiernahe und sozialraumorientierte Teilhabe. Zum anderen eröffnet dies bestehenden Stadtgärten die Chance, ihre wirtschaftliche Situation zu stärken, indem sie sich für soziale und kommunal finanzierte Dienstleistungen öffnen. Zum „Social Farmers"-Projekt gehörten auch Workshops, Tagungen und eigene Publikationen, um Stadtgärten und sozialen Dienstleistern mögliche Betriebskonzepte, Kooperationsstrukturen und Finanzierungsoptionen zu vermitteln.

Beste Besuchszeit
Der Standort auf dem ehemaligen Kelloggs-Gelände (Auf der Muggenburg 30) ist von Mai bis Oktober, immer Samstag und Sonntag von 14 bis 20 Uhr für Besucher geöffnet. Zweistündige Gruppenführungen können telefonisch vereinbart werden

3 Idyllisch: Gartenpflege zwischen den Hochbeeten.

4 Jedes Jahr im September findet das „Hopfenzupfen" statt.

5 Stilvoll eingedeckter Tisch für das Tram-Dinner.

„HOPFENFÄNGER"

Nicht nur beim Gemüse will sich die Gemüsewerft mit regionalen Anbietern oder Kunden verbinden. „Wir haben uns mit der Bremer Braumanufaktur zusammengetan und die lokalen Brautraditionen wiederbelebt", erzählt Michael Scheer stolz und ergänzt: „Dank Symbiose mit uns vereint unser Brauereipartner regionalen Rohstoffbezug und lokalen Vertrieb mit Sozialverträglichkeit und innerstädtischem Umweltschutz." Seit 2014 bezieht die Bremer Braumanufaktur Anteile ihres Hopfenbedarfs von der Gemüsewerft. Auch wenn das Anbaugebiet derzeit nur 500 Quadratmeter groß ist, so gilt der innerstädtische Hopfenanbau unter Craft-Bier-Brauern als Alleinstellungsmerkmal. Nachdem das erste gemeinsame Bier, das Ale No. 2, schnell vergriffen war, wurde die Anbaumenge permanent erhöht. Neben der Sorte Hallertauer Tradition werden auch die von der Craft-Bier-Szene begehrten Sorten Cascade, Chinook und Centennial angebaut. „Einmal im Jahr laden wir im September zum gemeinsamen Hopfenzupfen ein, das immer sehr gut besucht wird", erzählt Michael Scheer. Denn bei der Gemüsewerft wird der Hopfen wie vor 200 Jahren händisch geerntet. Für alle Helferinnen und Helfer gibt es dann vor Ort Freibier und eine leckere Suppe mit Zutaten aus dem Garten. Bei schlechtem Wetter findet der Umtrunk im gemütlichen alten Straßenbahntriebwagen statt.

4

5

⭐ Tipp

Hopfen im Hochbeet

„Wenn man einen traditionellen Hopfenbauern fragt, ob man Hopfen professionell in Hochbeeten anbauen kann, wird das bei ihm wohl leichtes Kopfschütteln auslösen", schmunzelt Scheer. Zu Recht, weil eine erwachsene Hopfenpflanze eine natürliche Wurzeltiefe von bis zu vier Metern und der Wurzelstock ein Bodenvolumen von vier Kubikmetern ausfüllt. Ein Palettenhochbeet hat eine Grundfläche von einem Quadratmeter. Bei einer Rahmenhöhe von 60 Zentimetern (das entspricht drei Palettenaufsetzrahmen) ergibt das Hochbeetvolumen gerade mal 0,5 Kubikmeter. „Trotzdem geht es!", so Scheer. Eine Hopfenpflanze in einem Hochbeet baut eine vergleichsweise geringere Biomasse auf, und die Wuchshöhe bei der Gemüsewerft ist mit 4,5 Meter deutlich niedriger als die des klassischen Hopfenanbaus mit etwa 7,5 Metern. „Auch wenn der Hochbeethopfen ein vergleichsweise geringeres Volumen aufbaut, so ist dennoch eine ergiebige Ernte möglich", versichert Scheer und ergänzt: „Der Hopfen würde den Anbau direkt im Boden sicherlich bevorzugen. Doch durch ausreichende Düngung und permanente Bewässerung verzeiht die sehr robuste Pflanze das reduzierte Raumangebot. Und wir können so den Hopfen nah zum verbrauchenden Kunden, auf versiegelte Flächen oder sogar auf Dachterrassen bringen."
Der Anbau in Hochbeeten bringt prinzipiell gärtnerische Nachteile mit sich: Das Pflanzsubstrat ist im Vergleich zum Bodenanbau sehr viel stärker exponiert und unterliegt klimatischen Schwankungen. Ein Hochbeet trocknet schneller aus und hat in der Regel weniger bodenaktive Mikroorganismen und Tiere. „Manchmal schafft es eine Feldmaus tatsächlich in ein Hochbeet!", schmunzelt Scheer. Dafür gelangen weniger Schädlinge, in erster Linie Schnecken, an die Pflanzen. Weil die meisten Gemüse- und Kräutersorten jedoch sehr gut mit den Bedingungen im Hochbeet klarkommen, baut die Gemüsewerft mittlerweile in mehr als 800 Palettenhochbeeten ihre Pflanzen an. Tendenz steigend.

An kreativen Ideen mangelt es der Gemüsewerft nicht. 2018 haben sie zusammen mit dem Martinshof (eine Einrichtung der Werkstatt Bremen und eine der größten und ältesten Werkstätten für Menschen mit Behinderungen) Deutschlands ersten Hopfenessig kreiert. Der eignet sich perfekt für Salate, Marinaden oder Soßen und entwickelt sich gerade zum Verkaufsschlager. Zu kaufen gibt es den Hopfenessig online unter www.martinshof-shop.de oder auf dem Verkaufsportal www.sozialemanufakturen.de, das gemeinsam mit der Bremer Justizvollzugsanstalt, der Werkstatt Bremen und Gröpelingen Marketing betrieben wird.

> **"**
> Unser Ziel ist es,
> dass urbane
> Agrikulturen integraler
> Bestandteil
> von Stadtplanung
> werden!
> **"**

Die Gemüsewerft ist eng mit der Stadt verbunden. Sie nimmt teil an dem Umbau Bremens zur Biostadt und zur Essbaren Stadt. Beispielsweise wird das Stadtgemüse aus den Hochbeeten in der Innenstadt im Rahmen eines öffentlichen Erntetages verschenkt. Außerdem werden wiederkehrend Filmabende oder Tram-Dinner in der Straßenbahn durchgeführt. Umweltbildung ist ein weiteres Anliegen. „Wir möchten Lebensmittelkompetenzen im Hinblick auf deren Anbaumethoden, Kulturtechniken und Sortenvielfalt vermitteln und Einverständnis beim Endkunden für den saisonalen Konsum regionaler Lebensmittel schaffen", so Scheer. „Auf diese Weise reduzieren wir im Umkehrschluss den Konsum von Lebensmitteln mit fossilem Brennstoffverbrauch durch Transport und gekühlte Lagerung."

6

7

7

Nicht verpassen

📍 Zum Mitnehmen & Essen

EINKAUFSTAG

In der Gartensaison 2019 öffnet der neue Standort auf dem ehemaligen Kelloggs-Gelände von Mai bis Oktober seine Pforten. Jeweils samstags und sonntags können Besucher von 14 bis 20 Uhr im Stadtgarten verweilen oder das Gemüse der Gemüsewerft kaufen. Und einen Kaffee oder Tee gibt es auch.

café brand

Wohin mit all dem Gemüse und dem Apfelmost? Zum gemeinnützigen Beschäftigungsträger gehört auch ein Café, in dem die Produkte der Gemüsewerft angeboten und verwertet werden. Das „café brand" befindet sich in einer umgebauten Feuerwache im Herzen Gröpelingens. Die Auswahl des Frühstücks sowie des täglich wechselnden Mittagstischs ist klein, aber fein. Auch Familienfeiern, kleine Tagungen und Caterings sind möglich.

—

Gröpelinger Heerstraße 226
28237 Bremen
Montag bis Freitag 9 bis 18 Uhr
www.cafe-brand.de

Canova Bremen

Hinter der Kunsthalle Bremen befindet sich das gemütliche und vor allem nachhaltige und regionale Restaurant und Café „Canova". Inhaber und Koch Marius Ries verwendet so viele Produkte wie nur möglich aus der nahen Umgebung. Die Gemüsewerft ist einer seiner Lieferanten, die ihn unter anderem mit Salat, Rüben und Kräutern versorgen. Das Besondere daran: Es gibt keine festen Lieferzeiten und Mengen, der Gastronom nimmt der Gemüsewerft alles ab, was sie liefert und kreiert daraus betont saisonal seine Gerichte.

—

Am Wall 207
28195 Bremen
Dienstag bis Sonntag ab 10 Uhr
erleben@canova-bremen.de
www.canova-bremen.de

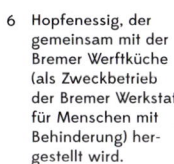

6 Hopfenessig, der gemeinsam mit der Bremer Werftküche (als Zweckbetrieb der Bremer Werkstatt für Menschen mit Behinderung) hergestellt wird.

7 Temporäre Hochbeete für eine Essbare Stadt auf dem Bremer Domshof (o. r.) sowie auf dem Bremer Hanseatenhof (u. l.)

8 Üppig wachsender Grünkohl in Bäckerkisten vor dem „café brand".

INTERVIEW
RENATE KÜNAST
MIT
MICHAEL SCHEER
GESCHÄFTSFÜHRER
DER GESELLSCHAFT FÜR
INTEGRATIVE
BESCHÄFTIGUNG MBH

RK / Was ist eigentlich das Besondere an der Gemüsewerft in der Überseestadt?

MS / Wir sind meines Wissens der einzige soziale Träger in Deutschland, der eine urbane Agrikultur betreibt. Wir bieten Beschäftigungsmöglichkeiten für Menschen mit Behinderung und erhalten für diesen Auftrag Mittel aus der Eingliederungshilfe. Das ist unser Alleinstellungsmerkmal, ein ähnliches Projekt habe ich bislang nur in Groningen gefunden. Die Finanzierungsfrage müssen sich über kurz oder lang alle Stadtgartenprojekte stellen, um unabdingbarer Bestandteil von Städtebaulichkeit zu werden. Und dabei ist es egal, ob es sich um einen partizipativen Gemeinschaftsgarten mit geringen Kosten oder um ein sich bereits etabliertes Projekt mit Personalkosten, Infrastruktur, vielen Angeboten und Besucherströmen handelt. In unserem Projekt zahlen wir Gehälter und haben Investitionskosten, weil wir rechtliche Auflagen wie die Arbeitsstättenverordnung oder Verkehrssicherung haben. Rechnungen für Strom, Wasser, Saatgut, Fahrzeug, Versicherungen müssen bezahlt werden. Unser Name Gemüsewerft ist Programm geworden: Alle Grundstücke, die wir bewirtschaften, befinden sich im Bremer Hafengebiet und im Stadtteil Überseestadt, was ein bisschen nach Fernweh klingt. Städtebaulich übrigens ein sehr interessantes Areal und noch lange nicht fertig.

RK / In der Regel stellen wir uns unter Urban Gardening ja lauter engagierte Bürgerinnen und Bürger vor, die mitarbeiten und was für ihren Garten oder Balkon lernen wollen.

MS / Bildung ist definitiv bei uns integraler Bestandteil. Zum einen, weil wir Menschen mit Behinderung den Anbau und die Verarbeitung von Obst und Gemüse vermitteln. Darüber hinaus verstehen wir uns als Showroom für Lebensmittel, denn viele Großstädter haben noch nie die Pflanzen gesehen, deren Produkte sie tagtäglich verzehren. Wir haben sehr viele Besuchergruppen, die sich für uns interessieren. Vom Bremer Kindergarten bis zur Stadtverwaltung von Windhoek. Auch wenn wir keine Teilnahmemöglichkeit an der unternehmerischen Basis bieten, sonst ein zentraler Baustein bei Gemeinschaftsgärten, engagieren wir uns sehr stark außerhalb unseres täglichen Auftrages. Wir bringen Bücher zum Thema heraus, machen viel Pressearbeit und bringen gemeinsam mit nationalen und internationalen Partnern grüne Stadtentwicklung voran.

RK / Und wenn ich als Besucherin anreise, eine Bank zum Ausruhen suche und einen Kaffee trinken möchte? Oder Gemüse aus dem Garten erstehen möchte?

MS / Wir hatten in der vergangenen Saison von Mai bis Oktober jeden Samstag von 10 bis 18 Uhr geöffnet. Über den Winter ebbt das Besuchsinteresse in der Regel stark ab, was ja auch logisch ist. An diesen Samstagen kommen Menschen zu uns, um sich einfach nur dort aufzuhalten oder um Gemüse zu kaufen. Das Besondere ist, dass das Gemüse direkt vor den Augen der Gäste geerntet wird. Unterhaltung ist also immer inklusive. Jedes Jahr haben wir auch eine Reihe von Veranstaltungen. Unser Hit ist das große Hopfenzupfen, bei dem uns eine Menge Menschen bei Freibier und Suppe bei der Hopfenernte helfen. Wir sind sehr stolz auf unsere Gärten. Es hat uns viel Mühe gekostet, die Grundstücke zu bekommen und zu erschließen. Wir sehen uns nicht nur als Garten, sondern auch als biodiverse Grünfläche mit Aufenthaltsqualität und städtebaulichem Mehrwert, in der sich Menschen naturnah erholen können.

RK / Überlegen Sie denn, noch mehr Publikumsverkehr zu ermöglichen?

MS / Zur Zeit bewirtschaftet der anleitende Gärtner mit 25 Wochenstunden eine Fläche von 2 × 3.000 Quadratmetern. Unsere Beschäftigten sind natürlich auch eine große Hilfe. Öffnungszeiten bedeuten zusätzliches Personal, weil die Erfahrung zeigt, dass die Besucher eine Menge Fragen haben. Wir haben gerade ein sehr interessantes Grundstücksangebot direkt an der Weser, bei dem wir hohen Publikumsverkehr erwarten und auch integrieren wollen. Die Computertastatur läuft in Sachen Mittelakquise bereits heiß.

RK / Stellen Sie sich vor, Sie hätten Wünsche an die Politik. Welche wären das?

MS / Ich komme gerade von einer Veranstaltung der Deutschen Akademie für Städtebau und Landesplanung, wo wir über das Thema gesprochen haben. Ich wünsche mir, dass urbane Agrikulturen integraler Bestandteil von Stadtplanung werden, dass sie offiziell als Grünflächen anerkannt werden und entsprechend öffentliche Mittel erhalten – analog zu öffentlichen Grünämtern für Parkanlagen und Stadtgrün. Stadtgärten und urbane Landwirtschaften sollten fiskalisch und planerisch als urbane Ökosystemdienstleistung bewertet werden. Sie sind innerstädtischer Klimaschutz und Habitat für genetische Vielfalt, sie bieten Nahrung und ästhetischen Genuss.

RK / Das finde ich gar nicht abwegig, denn wir geben ja 40 % des europäischen Haushaltes für den Agrarsektor aus. Warum nicht auch für den innerstädtischen Anbau?

MS / Das Bundesamt für Naturschutz hat längst erkannt, dass innerstädtische Grün- und Wasserflächen zunehmend Teil des Natur- und Artenschutzes werden müssen. Mittlerweile findet man in jeder deutschen Großstadt Wildschweine, Turmfalken, Füchse und manchmal sogar Wölfe. In anderen Städten auf der Welt sogar Bären und Affen. Der Mensch sorgt innerstädtisch für ein hohes Nahrungsangebot, und urbane Agrikulturen könnten passenden Lebensraum bieten. Ich wäre wirklich glücklich, wenn auf unseren Grundstücken ein Wolf vorbeikäme. Im Rahmen unserer Kooperation mit dem kommunalen Vorhaben „BioStadt Bremen" platzieren wir unsere Hochbeete mit Nutzpflanzen zentral im Stadtraum und arbeiten an der Umsetzung einer „Essbaren Stadt". Bremen nimmt beim Thema nachhaltige Lebensmittel in letzter Zeit Fahrt auf. Zentrales Ziel ist es, die Gemeinschaftsverpflegung in Schulen, Kitas und Krankenhäusern schrittweise auf Bio-Qualität umzustellen. Ein Teil davon kann aus innerstädtischem Anbau stammen.

Rezept

Gebackene Zucchiniblüten

Die gebackenen Zucchiniblüten stellen zwar nur einen Bestandteil des „Gemüse-werft-Tellers" dar, den Marius Ries, Inhaber des „Canova Bremen", im Sommer aus den frisch gelieferten Zutaten der Gemüsewerft zaubert. Dafür erfreuen sie
Augen und Gaumen gleichermaßen!

Zutaten

- 4 Handvoll Zucchiniblüten
- 300 g Feta
- 200 g Mehl
- ¼ l trockener Weißwein
- 2 EL Olivenöl
- Salz
- 2 Eigelb
- 2 Eiweiß
- Öl zum Ausbacken
- Meersalz

Zubereitung

1   Blüten putzen, Kelche öffnen und Blütenstempel mit Staubgefäßen entfernen.

2   Feta zerbröseln, in die Blütenkelche geben und die Blätterspitzen vorsichtig zusammendrehen.

3   Mehl mit Weißwein, Öl, Salz und Eigelben glatt rühren, etwa 10 Minuten quellen lassen.

4   Währenddessen die Eiweiße steif schlagen und anschließend unter den Teig ziehen.

5   Zucchiniblüten portionsweise durch den Teig ziehen, im Öl 3 bis 4 Minuten goldbraun frittieren. Auf Küchenpapier abtropfen lassen und mit etwas Meersalz bestreut servieren.

Open-Air-Radkino auf der Gemüsewerft in der Überseestadt.

DIE STANDORTE

Bislang hat die Gemüsewerft zwei Standorte, an denen Hopfen, Gemüse und Obst kultiviert werden: Das 3.000 Quadratmeter große Dock I liegt nur ca. 200 Meter entfernt vom Hafenbecken „F" des Bremer Industriehafens. Hier befand sich die inzwischen abgerissene Villa des Verwaltungsdirektors der AG Weser Werft. Das ebenfalls ca. 3.000 Quadratmeter große Dock II befindet sich südlich des Europahafenbeckens mitten in der angesagten Überseestadt, einem der momentan interessantesten Bremer Quartiere. Derzeit entwickelt die Gemüsewerft einen dritten 2.000 Quadratmeter großen Standort auf der Bremer Überseeinsel. Aus Sicht einer urbanen Agrikultur geschieht auf dem ehemaligen LKW-Parkplatz der Kelloggs Deutschland GmbH deutschlandweit Einmaliges: Bereits vor der Quartiererschließung und dem Bezug wird eine urbane Agrikultur städtebaulich bedacht und umgesetzt. Das Grundstück verfügt über 80 Meter direkt am Weserufer, befindet sich in nur zwei Kilometern Entfernung zum Bremer Marktplatz und liegt in einem insgesamt 15 Hektar großen Quartier, bei dessen Erschließung richtungsweisende Ansätze zur Umweltverträglichkeit und zum Klimaschutz zentrale Anliegen sind.

1 Erste Hochbeete und der Laden auf dem Parkhaus.

2 Von der Dach-terrasse reicht der Blick bis zum Berliner Fernsehturm.

2

Kulturdachgarten

KLUNKER-KRANICH

Kontakt
Neukölln Arcaden
Karl-Marx-Straße 66
12043 Berlin

E-Mail/Web
freunde@klunkerkranich.org
www.klunkerkranich.de

Anfahrt
U-Bahn-Linie U7
Haltestelle Rathaus Neukölln
Bus 104, 166, N7 und N49

Nein, der Name ist nicht erfunden, sondern er existiert wirklich, der Klunkerkranich. Ein afrikanisches Geschöpf aus der Familie der Kranichvögel, dessen Name von den beiden weißen, gefiederten Lappen herrührt, die ihm rechts und links an der Kehle herunterhängen. Also gut zu merken.

So ungewöhnlich wie der Name ist der Ort dieses Dachgartens, den man wohl besser Kulturdachgarten nennt. Dieser Dachgarten befindet sich im Norden von Berlin-Neukölln und hat quasi U-Bahn-Anschluss. Er liegt hoch oben auf den Neukölln Arcaden, einem klotzigen Einkaufszentrum, bei dem zunächst niemand einen Dachgarten für jedermann erwarten würde.

Das Unterfangen ist auch gar nicht einfach, denn hoch oben auf dem Dach brennt die Sonne unerbittlich und der Wind macht die Pflanzen besonders durstig. Aber hier wird experimentiert: mit einem besonderen Bewässerungssystem, damit die Pflanzen immer das Mindestmaß an Wasser erhalten, und mit Pflanzenkohle, um die Speicherfähigkeit der Erde zu erhöhen. Ich bin selbst schon mit Pflanzenspenden dort gewesen, und man kann bei den Gartenprojekten jederzeit mitmachen.

Beste Besuchszeit
- Mai bis September, geöffnet
  von 12 Uhr bis nach Mitternacht
- Nebensaison: Montag und
  Dienstag geschlossen
- Januar und Februar geschlossen

Nicht verpassen

Für Kinder

Entspannen & buddeln

Wenn Sie im Sommer mit kleinen Kindern in Berlin unterwegs sind und diese den Stadtbesuch langweilig finden, dann müssen Sie sich einen Ort überlegen, der nicht Unter den Linden oder Kurfürstendamm heißt, um einen Kaffee oder Drink zu nehmen. Der Klunkerkranich bietet dann eine geglückte Kombination: den Ausblick für Sie, einen großen Sandkasten für die Kinder und ein gutes, einfaches Restaurant.

Für Ohren

Hören & genießen

Schauen Sie sich bei einem Besuch in Berlin unbedingt vorher auf der Homepage an, welche Konzerte gegeben werden. Die weite Aussicht über Berlin, einen Sonnenuntergang, genussvolles Essen und Trinken können Sie dann wunderbar zum Abschluss eines Tages miteinander verbinden. Insbesondere an heißen Sommertagen, wenn die Stadt glüht, aber hier oben ein angenehmes Lüftchen weht.

3

4

5

ES GIBT VIEL ZU ENTDECKEN

Was mit Hochbeeten für Blattgemüse und Blumen begann, daraus ist mittlerweile ein Kulturdachgarten geworden. Einfach ausgestattet mit einer Bretterbühne und Hütten, genießt man hier den Blick auf die Pflanzen in den Hochbeeten und deren Duft. Ein Genuss ist auch das Essen (Frühstück und Mittagstisch) und der Ausblick auf die unzähligen Dächer der Stadt. Ab 16 Uhr beginnen dann die Kulturveranstaltungen. Von Jazz- und Soul-Konzerten bis zum Poetry Slam wird alles geboten, auch Lesungen und Kinofilme. Auf dem Klunkerkranich gibt es auch hin und wieder einen Flohmarkt und im Dezember einen Weihnachtsmarkt. Mit Glühwein oder einem Apfelpunsch kann man dann den Ausblick auf das Lichtermeer der Stadt in eisiger Winterkälte auf sich wirken lassen.

Wenn Sie den Klunkerkranich besuchen wollen, lassen Sie sich nicht irritieren. Gehen Sie zum Seiteneingang Bibliothek/Post und fahren Sie mit dem Aufzug zum 5. Parkdeck hinauf. Dann geht es in einer Schleife auf das oberste Parkdeck und zum Dachgarten.

Eine Bar und ein Imbiss mit leckeren Snacks dürfen im Klunkerkranich nicht fehlen.

Schon beim Aufstieg zur Dachterrasse begleitet einen Lebendigkeit in Grün.

In einem der Hochbeete hat auch ein Apfelbäumchen der Sorte ‚Kaiser Wilhelm‘ Platz gefunden.

Bereits der Eingang zum Klunkergarten ist vielversprechend.

6

1 Die Kinder der AG „Naturerleben" der Thomas-Mann-Grundschule markieren ihre Wege zur LAGUNE.

2 Die Hochbeete der LAGUNE werden individuell gebaut und gestaltet.

2

Stadtnatur entdecken

LAGUNE

Kontakt
LAGUNE e. V.
Geschwister-Scholl-Straße 12
99085 Erfurt

E-Mail/Web
info@lagune-erfurt.de
www.lagune-erfurt.de

Garten
Werner-Uhlworm-Straße 21b
99085 Erfurt

Anfahrt
Bus 9
Haltestelle
Geschwister-Scholl-Straße

Erfurt liegt zwar nicht am Meer, hat aber trotzdem eine LAGUNE – und zwar eine grüne, die sich unweit des Nordbahnhofs in der Werner-Uhlworm-Straße hinter einem grünen Zaun verbirgt. Nur ein kleines Holzschild mit der Aufschrift „LAGUNE" deutet auf den idyllischen Stadtnaturgarten hin. Auf dem etwa 2.000 Quadratmeter großen, ehemaligen Gelände einer Kfz-Werkstatt wachsen Bäume, Sträucher und Gräser kreuz und quer wie in einem Biotop. „Ein herrlicher Ort, um die Natur mitten in der Stadt zu genießen", findet nicht nur Stadtgärtner und „Lagunaut" Frank Mittelstädt.

Der Garten ist Ruhepol und Veranstaltungsort und liegt inmitten eines Stadtteils neben Industriegelände und Einkaufszonen. Genau das ist das Konzept der „Lagunauten", die ehrenamtlich urbane Erlebnisräume für Erwachsene und Kinder in Erfurt entwickeln, erhalten und fördern und dabei Umwelt- und Naturschutz mit Kultur und Bildung verbinden. „Kultur ist dabei ein Katalysator für nachhaltige Entwicklung", erklärt Frank Mittelstädt und ergänzt: „Unsere Themen sind oft abstrakt und betreffen große Themenkomplexe wie Klima oder Gesellschaft. Der kreative Umgang der Kulturschaffenden mit diesen Themen ist ideal, die Performance, aber auch die Workshops sind Grund genug, sich in der LAGUNE zu treffen."

Vor 13 Jahren entwickelte sich die LAGUNE aus einer wiesenähnlichen Brachfläche. Heute ist sie für wilde Stadtnatur bekannt, auf deren Fläche sogar ein kleines Wäldchen aus Robinien, Birken und Apfelbäumchen steht. Diese Bäume wurden anlässlich von Geburtstagen und Hochzeiten gepflanzt. Die LAGUNE war von Anfang an als offener Raum für unterschiedlichste Aktivitäten gedacht. Neben verschiedenen Betriebsfeiern und Gartenfesten wurde auch schon eine Hochzeit in der LAGUNE gefeiert. Zudem ist die LAGUNE auch ein besonderer Empfangsort für Gäste in Erfurt. „Die LAGUNE ist mein Geheimtipp für Menschen, die nicht den üblichen Touristenrummel suchen", sagt Frank Mittelstädt.

3

4

LAGUNE to go

Man kann die LAGUNE nicht nur besuchen, sondern auch buchen! Die engagierten Gärtner helfen weiter, wenn es um Konzepte für eigene Gemeinschaftsgärten, den Bau von Hochbeeten oder um Umweltbildungsaktionen zum Thema Nachhaltigkeit geht. Besonders nachgefragt sind Themen zur Stadtentwicklung und zur Nachhaltigkeit, wie z. B. Recyclingprojekte oder Pflanzaktionen. Messestände zu Urban Gardening oder Repair Cafés werden von der LAGUNE seit 2014 angeboten. Ebenso werden Mitmach-Aktionen zur nachhaltigen Entwicklung, wie dem Fertigen von Saatgut-Kugeln oder dem kreativen Umgang mit Naturmaterialien, betreut.

Beste Besuchszeit
– April bis Oktober
– Der Garten ist
  immer donnerstags
  geöffnet

3 Seit 2014 initiieren
die „Lagunauten" das
Stadtteilfest in
der Krämervorstadt.

4 Die vielen verschie-
denen Akteure
und Gäste der LAGUNE
hinterlassen ihre
Spuren.

5 Angebote wie das
Zauberwaldcamp
sind für Kinder
besondere Erlebnisse.

6 Auch für Messen
und andere Aus-
stellungen planen
und betreuen die
„Lagunauten" Kon-
zepte zur nach-
haltigen Entwicklung.

5

**Projekt
„Urban Gardens"**

Die LAGUNE ist Partner
der Aktion „Urban
Gardens". Das Erfurter
Urban-Gardening-
Pilotprojekt soll ein
Bewusstsein für ge-
sunde und bewusste
Ernährung schaffen.
Die Stadt Erfurt hat
dafür an sechs Stand-
orten (z. B. am
Hirschgarten, in der
Magdeburger Allee,
Jürgen-Fuchs-Straße
und Geschwister-
Scholl-Straße) insgesamt
16 Hochbeete aufge-
stellt. Die Erfurter
können hier Gemüse,
Obst oder Kräuter
anbauen und ernten.
Für jeden Standort gibt
es Paten, welche
die Beete während der
Saison betreuen,
die Pflanzen wässern,
Unkraut jäten und
aufmerksam pflegen.

⭐ **Tipp**

Üppige Ernte, kleine Fläche
Wer nur wenig Platz zum
Gärtnern hat, sollte Pflanzen
anbauen, deren Früchte
sich lange halten, wie etwa
Chilis. In Töpfen kann
man besonders scharfe, langsam wachsende Sorten
wie ‚Habanero' oder ‚Tabas-
co' gut In einem Winter-
garten oder auf der Fensterbank überwintern. Dafür
die Triebe um ca. 5 Zentimeter
kürzen, die Pflanze in neue
Erde setzten und nur bei
Bedarf gießen. Die Pflanzen
sind im nächsten Jahr größer
und robuster als frisch aus
Samen gezogene Pflanzen.

Feigen in der Stadt
In geschützten sonnigen
Innenhöfen können man-
cherorts sogar Feigenbäume
gedeihen. In den ersten
Jahren sollten sie vor
Kälte geschützt werden,
dann hat man Chan-
cen, eigene süße Feigen
zu ernten.

6

Rezept

Die LAGUNE-Gemüsepfanne

Aus wenigen Zutaten frisch aus den Hochbeeten wird schnell eine schmackhafte Sommerspeise gezaubert: ein paar Möhren und Frühlingszwiebeln in schmale Schnitze schneiden und im Wok mit Erdnussöl anbraten. Grüne Bohnen und Erbsenschoten dazugeben und gut durchschwenken. Mit Salz oder Sojasoße abschmecken.

📍 Zm Essen

Café Klara Grün

An der Predigerkirche befindet sich das gemütliche „Café Klara Grün". Es gibt Fairtradekaffee und bio-vegane Kuchen, vor allem die Nussecken sollte man sich nicht entgehen lassen. Außerdem kann man Kreatives von Erfurtern sowie Kunst und Schmuck aus Gambia kaufen. An Sonnentagen sind Sitzkissen auf der Mauer vor der Kirche ausgelegt, sodass man seinen Kaffee auch dort genießen kann.

—

Predigerstraße 12
99084 Erfurt
cafe@klaragruen.de
www.klaragruen.de

Mundlandung

Direkt auf der Krämerbrücke liegt das Kleinod „Mundlandung", eine Mischung aus Feinkost und Bistro. Das kleine Team kreiert traditionelle französische und mediterrane Gerichte, die aus frischen Thüringer Zutaten gemacht werden. Auch das Frühstück ist sehr empfehlenswert.

—

Krämerbrücke 28
99084 Erfurt
www.mundlandung.de

📍 In der Umgebung

Walls of Fame

In Erfurt gibt es seit 2018 die „Walls of Fame". An den legalen Graffiti-Wänden – an der Wand der Turnhalle in der Thomas-Mann-Schule (Hallesche Straße 18, nahe der LAGUNE) und im nördlichen Bereich der Magdeburger Allee – können Künstler und Kreative legal ihre Graffiti-Kunstwerke aufsprühen.

Schaukel auf dem Petersberg

Die Schaukel auf dem nördlichen Teil des Petersbergs ist die vielleicht beliebteste Sitzgelegenheit in Erfurt. Wenn man sie erst einmal erobert hat, genießt man einen fantastischen Ausblick über Erfurt, während man das Gefühl hat, über der Stadt zu schweben.

📍 Veranstaltungen & Workshops

Zwischen Kultur und Natur

In der LAGUNE finden zahlreiche Umweltbildungs- und Kulturveranstaltungen statt. Die Anlage ist zudem mehrmals im Jahr Gastgeber für kleinere und größere Gartenfeste. Ob Bandauftritte, Filmvorführungen, Theater, Lesungen, Kunstausstellungen oder Jonglage – die LAGUNE unterstützt lokale und überregionale Künstler mit Open-Air-Veranstaltungen. In der Stadt ist die LAGUNE bei den „Offenen Gärten" Thüringens („Open Gardens") dabei, und auch eine Stadtnaturwoche ist in Planung. Aber auch im Thüringer Umland finden sich immer wieder Projekte der LAGUNE. Zusammen mit unseren Netzwerkpartnern bieten wir Workshops zum urbanen Gärtnern in verschiedenen Thüringer Städten an. „Wir begleiten dort auch ehrenamtlich Nachfragen zu Gemeinschaftsgärten und Projekte zur Förderung biologischer Vielfalt", erzählt Frank Mittelstädt.

VEREINSGRÜNDUNG

Der Begriff „LAGUNE" setzt sich aus „Lokale Aktionsgruppe Urbanes Naturerleben" zusammen. Sie ist eine Initiative ehrenamtlicher Personen, die als spezialisierter Arbeitskreis lange mit dem BUND Stadtverband Erfurt e. V. agierte. Im Oktober 2018 fand die Gründung des LAGUNE e. V. statt. Die Aktionen, Projekte und Anforderungen an den Arbeitskreis sind gestiegen, daher benötigt die LAGUNE mittlerweile eine eigene Entscheidungsebene. „Dadurch haben wir die Möglichkeit, eigene Fördermittel zu akquirieren und Verträge abzuschließen. Dabei ist der BUND immer noch ein guter Partner", erklärt Frank Mittelstädt.

„In der LAGUNE ist immer etwas los", erklärt Frank Mittelstädt. Alles ist in Bewegung und verändert sich durch die Natur und durch Menschenhand. Man gärtnert biologisch vielfältig und erntet gemeinsam. Hoch-

beete, Insektenhotels und Sitzgelegenheiten aus Palettenholz werden in Gemeinschaftsarbeit errichtet. „Außerdem veranstalten wir Kulturaktionen und das beliebte Stadtteilfest. Unsere Vision ist ein nachhaltiges und erfülltes Leben in der Stadt mit Freunden und fruchtbaren Gärten", ergänzt Frank Mittelstädt. Bis dahin ist es zwar noch ein langer Weg, doch die Begeisterung in Erfurt ist groß: Mehrere tausend Besucher zieht es z. B. auf den „fairen Adventsmarkt" in Erfurt, den die „Lagunauten" mitentwickelten. Dieser wurde gleich so erfolgreich, dass die Stadt Erfurt und die Bürgerstiftung Erfurt als Organisationspartner einsprangen.

Neben dem Naturerfahrungsraum steht in der Nähe des Eingangs ein Sandkasten, eine Bambusbar mit einem bewachsenen Dach und eine Feuerstelle mit Holzlager. Während Kinder in den wilden Ecken oder im Sandkasten spielen, können Erwachsene den biologischen Reichtum im Garten

genießen oder neue Pläne schmieden. Ein erfolgreicher Tag im Garten muss nicht immer einen Muskelkater zur Folge haben. Und wenn, dann kann dieser auch mal vom herzhaften Lachen herrühren. Hinter der nächsten Gartenecke befindet sich eine Bühne auf der Festwiese, auf der lokale Künstler oder kreative und mutige Kinder ihre einstudierten Stücke darbieten. „Nach dem Umbau 2016 haben wir nun eine echte Waldbühne, bei der die Bäume direkt aus dem Parkett wachsen", erzählt Frank Mittelstädt. Kaffee oder den Tee aus eigenen Kräutern bekommen die Gäste an der Bar – natürlich in Mehrweggeschirr. Ein besonderes Highlight der LAGUNE-Bar sind die Kaffeebecher aus Secondhandläden, die das eingravierte Logo der LAGUNE schmücken.

Das Materiallager beherbergt neben Holz, verschiedenen Natursteinen, Pflanzen und Samen auch Material wie Fliesenstücke, Stoffe und Farben für kreative Gestaltungsideen. Eine Komposttoilette hat etwas abseits auf dem Gelände Platz gefunden. Im hinteren Teil des Gartens befinden sich vier große, aus unterschiedlichen Steinen oder Holz gebaute Hochbeete, die als Staudenquartier genutzt werden. Die drei Kinderhochbeete, in denen unter anderem Radieschen und Tomaten gedeihen, werden vom Kindergarten „Weltentdecker" gepflegt. Es gibt ein Kräuterbeet, dessen Ernte allen zur Verfügung steht. Verbunden sind all diese Elemente mit verschlungenen Trampelpfaden, die sich durch den Wildwuchs schlängeln. Im vorderen Bereich stehen Hochbeete dicht an dicht. Mindestens acht Familien gärtnern dort und bauen Schnittlauch, Erdbeeren, Gurken und Paprika in Mischkultur an. Um die pflegeleichten Erbsen und Mohrrüben kümmern sich Kinder.

Seit einigen Jahren werden in der LAGUNE auch Wildstauden angesiedelt. „Diese blühen nicht nur fantastisch, sie sind auch eine wichtige Nahrungsquelle für viele Insekten", erzählt Frank Mittelstädt. Besucher der LAGUNE können von dort Saatgut mitnehmen und damit auf dem heimischen Balkon, dem eigenen Garten oder auf brachliegenden Flächen eigene naturnahe Bereiche schaffen. „Nelken und Glockenblumen sind die Stars, die am meisten angefragt werden", ergänzt Frank Mittelstädt.

Hier wächst was!

URBAN AGRICULTURE BASEL

Kontakt
Urban Agriculture Basel
Büro Basel Wandel
Müllheimerstrasse 77
4057 Basel
Schweiz

E-Mail/Web
kontakt@urbanagriculturebasel.ch
www.urbanagriculturebasel.ch

Der gemeinnützige Verein Urban Agriculture Basel (UAB) ist ein Netzwerk, das sich für eine ökologisch ausgerichtete Stadt einsetzt. Seit 2010 fördert der Verein daher den Anbau von Gemüse, Kräutern und Heilpflanzen in Basel und der Umgebung und vernetzt Akteure mit Projekten. Grundpfeiler der verschiedenen Projekte ist die ökologische und soziale Nachhaltigkeit. Jeder kann beim Urban Agriculture Basel aktiv werden oder dessen Arbeit mit Spenden fördern.

Die Mitglieder und ehrenamtlichen Mitarbeitern des Urban Agriculture Basel möchten bei der Zukunftsgestaltung der Region mitwirken und neue solidarische Modelle entwickeln. „Wir wollen einen konkreten Beitrag zur täglichen Ernährung leisten und nicht ausschließlich zu einer soziokulturellen Sensibilisierung beitragen", erklärt Bastiaan Frich, Geschäftsleiter von Urban Agriculture Basel. Mit seinen Projekten schafft der Verein ein Bewusstsein für das eigene Konsumverhalten. Auch die Wertschätzung gegenüber der Natur und den städtischen Ressourcen als Lebensgrundlage wird gefördert. Die Projekte bieten ca. 3.000 überwiegend Ehrenamtlichen die Möglichkeit, sich Wissen über Agrikultur und Organisationsformen anzueignen und dabei den unterschiedlichsten Menschen zu begegnen.

Zurzeit werden 65 Projekte mit einer erstaunlichen Vielfalt angeboten. Darunter sind auch einige Projekte, die öffentliche oder private Brachflächen zu „essbaren" Grünflächen zum Mitgärtnern verwandeln. Dazu gehören unter anderem der 2000 m² Weltacker, der Neugarten, der Generationengarten oder der interkulturelle Garten. Mit den Schlemmergärten oder den Unigärten werden Grünflächen und ein Familiengarten-Areal in der Stadt erhalten. Einige Projekte fördern die Umweltbildung in der Stadt, etwa mit „Worming", einem Wurmkomposter aus wiederverwendbaren Kunststoffkisten, der einen nachhaltigen Kreislauf für Küchenabfälle schafft. Oder aber mit „Foodsharing", einer Online-Plattform, die Lebensmittel vor Verschwendung retten möchte.

Den Gemeinschaftsgarten Landhof, ein Pilotprojekt des Vereins, und den Lecker Acker, auf dem vor allem Kinder und Schulklassen unter fachlicher Betreuung gärtnern, möchten wir hier vorstellen.

Beste Besuchszeit
März bis Oktober

LECKER ACKER

Wer in Basel wohnt und ohne eigenen Garten Gemüse, Kräuter und Beeren anpflanzen möchte, ist beim Lecker Acker Bäumlihof genau richtig. Auf dem Gemeinschaftsacker zwischen Basel und Riehen gärtnern Familien, Schulklassen oder auch Wohngemeinschaften gemeinsam unter fachlicher Begleitung von Biologin und Projektleiterin Michelle Gisler auf ihrem jeweils 20 Quadratmeter (4 × 5 Meter) großen Stückchen Land. Werkzeug, Wasser und Kompost werden zur Verfügung gestellt.

ESSBARE „UNKRÄUTER"

Dabei lernen Kinder und Interessierte auch, dass viele der unwillkommenen Wildkräuter, die auf den Beeten wachsen, durchaus essbar sind. „Die säuerlichen, knackigen Blätter vom Sauerampfer machen sich prima im Salat, genauso wie jung geerntete Vogelmiere mit ihrem zart nussigen Geschmack", findet Michelle Gisler. „Auch Löwenzahn ist lecker und gesund, und Schaumkraut ist eine wahre Vitaminbombe, die sogar besser schmeckt als normale Kresse und bei uns vom Acker direkt aufs Butterbrot wandert."

EIGENES SAATGUT

Ein großer Teil des Saatguts wird beim Lecker Acker selbst gewonnen. „So bleiben wir unabhängig und können die Sorten mit der Zeit optimal an die Bedingungen auf unserem Acker anpassen", erzählt Michelle Gisler. „Bei den Selbstbefruchtern wie Salat, Tomate oder Gartenbohne kann man problemlos Saatgut gewinnen. Müssen die Pflanzen jedoch vom Pollen anderer Pflanzen der gleichen Art bestäubt werden, dann wird es kniffliger. Falls diese sich untereinander kreuzen, kann es im nächsten Jahr zu Überraschungen kommen." Besonders einfach ist es, Samen vom Salat zu ernten: Man lässt ihn „schießen", sodass er einen großen Blütenstand bildet. Auch wenn es schwerfallen mag, es lohnt sich, den schönsten Salatkopf für die Samengewinnung aufzusparen. Denn das so erworbene Saatgut reicht dann bei guter Lagerung sicher für die nächsten Jahre.

🟢 Tipp

Tomatensamen ernten

Für die Saatgutgewinnung kommen nur vollreife, gesunde Früchte infrage. Natürlich eignen sich auch Tomaten vom Markt – doch man sollte dann kurz nachfragen, ob es sich um eine samenfeste Sorte handelt. Die Früchte werden halbiert, die Samen samt Fruchtfleisch herausgelöffelt und in ein Gläschen gegeben. Falls wenig Saft vorhanden ist, fügt man etwas Wasser hinzu. Zwei bis drei Tage stehen lassen, wobei das Ganze stinken und sogar schimmeln darf. Eventuelle Schimmelbildung muss aber vor der Samenreinigung entfernt werden. Die Samen haben sich nun aus ihrer Gallerthülle gelöst und sind auf den Boden gesunken. Die Masse in ein Sieb geben und das Fruchtfleisch mit klarem Wasser abspülen. Die Samen auf einem Küchenpapier ausstreichen, sodass keine Kerne übereinanderliegen, und trocknen lassen. Die getrockneten Samen in einem Tütchen oder einer lichtdichten Dose aufbewahren. So gewonnenes Saatgut ist hoch keimfähig und ein paar Jahre haltbar!

DIE IDEE

Das Feld im Nordosten von Basel ist Eigentum des Kantons Basel-Stadt und gehört zum Bäumlihof-Gut, das von Landwirt und Pächter Thomas Kyburz bewirtschaftet wird. Entwickelt wurde die Idee für den Gemeinschaftsacker von sun21 energy & resources (ein Netzwerk für erneuerbare Energie- und Ressourceneffizienz und suffiziente Lebensweise in der Region Basel) zusammen mit dem Urban Agriculture Netzwerk Basel. Mittlerweile stehen 40 Parzellen zur Verfügung, die für 80 Franken pro Jahr genutzt werden können. „Besonders für Schulklassen ist der Lecker Acker Bäumlihof ein regional einzigartiges außerschulisches Umweltbildungsangebot, das wunderbar in den Schulunterricht integriert werden kann", erzählt Projektleiterin Michelle Gisler stolz. „Bislang beteiligen sich bereits 15 Schulklassen. Wir vermitteln ihnen den nachhaltigen Umgang mit der Natur und mit Lebensmitteln. Wer selbst Obst, Gemüse oder Kräuter pflanzt und pflegt, lernt automatisch, wann sie erntereif sind, und beginnt sich darüber zu wundern, wie Obst- und Gemüsesorten ganzjährig im Supermarkt angeboten werden können."

AUSBLICK

Ab 2020 soll es eine eigene Produktlinie mit Nahrungsmitteln, Setzlingen und Saatgut geben. „Schon jetzt arbeiten wir mit der Mensa der Schulen Bäumlihof zusammen, die sich für nachhaltig angebaute und regionale Produkte stark macht", erzählt Michelle Gisler. Im Frühling 2020 sollen auch verschiedene Workshops, z. B. zur Nutzung von Wildkräutern oder zum Tomatenanbau starten. Auf der Homepage kann man sich über die jeweiligen Termine informieren.

Kontakt
Lecker Acker
Zu den drei Linden 1
4058 Basel
Schweiz

E-Mail/Web
Lecker-acker@lecker-acker.ch
www.lecker-acker.ch

Anfahrt
Bus 34
Haltestelle Drei Linden
Tramlinie 6
Haltestelle Habermatten

Nicht verpassen

📍 Ackersprechstunde

Während der Saison findet zweimal pro Woche die Ackersprechstunde direkt auf dem Lecker Acker statt, bei der Gartenprofis Tipps und Tricks rund ums Gärtnern geben. Die genauen Zeiten sind auf der Homepage verzeichnet.

📍 In der Umgebung

Bäumlihof
Auch der Bäumlihof selbst ist einen Besuch wert. Hier gibt es frischen Apfelmost; auch hat man die Möglichkeit, auf dem Selbstpflück-Blumenfeld an der Allmendstrasse tolle Sträuße zu pflücken.
Bäumlihof
Äussere Baselstrasse 385
4125 Riehen

Tierpark Lange Erlen
Der Tierpark wurde 1871 gegründet und ist das Herzstück des Naherholungsgebiets Lange Erlen. Bei einem Spaziergang kann man heimische Tiere beobachten; dazu gibt es zahlreiche Verweil- und Spielmöglichkeiten. Der Eintritt ist frei. Geöffnet: März bis Oktober von 8 bis 18 Uhr und November bis Februar von 8 bis 17 Uhr.
Im Parkrestaurant wird saisonal frische und kreative Küche serviert. Mehr Informationen zum Restaurant unter www.langeerlen.ch.
Tierpark Lange Erlen
Erlenparkweg 5110
4058 Basel
www.erlen-verein.ch

Autal
Östlich von Riehen befindet sich das Naturschutzgebiet Autal, das von Kleingärten und Streuobstwiesen geprägt ist und einen Lebensraum für gefährdete Tiere und Pflanzen bietet. Im beschilderten Reservat Autal gibt es noch großflächige Weiher mit naturnahen Ufern.

Beste Besuchszeit
– April bis Oktober
– Der Garten ist immer öffentlich zugänglich. Immer Mittwoch findet von 14 bis 18 Uhr unter Leitung von Fachpersonal eine gemeinsame Gartenzeit statt. Auf Anfrage werden auch Führungen organisiert.

Kontakt
Eingang zwischen
Riehenstrasse 90 und 110
4058 Basel
Schweiz

E-Mail/Web
landhof@urbanagriculturebasel.ch
www.urbanagriculturebasel.ch/project/
permakultur-gemeinschaftsgarten-landhof/

Anfahrt
ab Bahnhof SBB und/oder DB
Tramlinie, Haltestelle Gewerbeschule

1

GEMEINSCHAFTSGARTEN LANDHOF

Auf den ersten Blick sieht der Gemeinschaftsgarten Landhof in Basel, der sich gleich neben dem Messeturm, aber gut versteckt zwischen Wohnhäusern befindet, etwas unkonventionell aus. Ein geübtes Auge erkennt jedoch schnell, dass hier nach den Prinzipien der Permakultur gegärtnert wird und dafür wahrscheinlich jahrelang an der Bepflanzung getüftelt wurde. In bunter Mischkultur und nicht in geraden Reihen wachsen hier an die 250 Sorten Gemüse, Kräuter und Wildpflanzen – darunter auch außergewöhnliche alte Gemüsesorten wie die Speisechrysantheme (Blüte und Kraut aus der asiatischen Küche bekannt) oder die dekorative Cardy (Kardone), die auch als Spanische Artischocke bezeichnet wird. Die bekannteste Sorte ‚Epineux argenté de Plainpalais' ist eine Spezialität der Romandie (französischsprachige Schweiz).

PROSPECIERARA

„Von Anfang an haben wir eine Zusammenarbeit mit ProSpecieRara angestrebt", erzählt Stadtgärtner Daniel. ProSpecieRara ist eine schweizerische nichtprofitorientierte Stiftung, die sich dafür einsetzt, gefährdete Nutztierrassen und Kulturpflanzen vor dem Aussterben zu bewahren. Im Garten wachsen mehrheitlich Sorten und Arten, die ursprünglich aus dem Netzwerk der Stiftung stammen. „Dabei handelt es sich ausschließlich um samenfestes Saatgut, damit wir daraus auch Samen für die kommenden Jahre gewinnen können", ergänzt Stadtgärtnerin Gina.

⭐ Tipp

Sonnenfalle
Aus Bäumen und Sträuchern können sogenannte Sonnenfallen gepflanzt werden, um darin empfindliche Pflanzen zu kultivieren. Die Gehölze werden dabei so gesetzt, dass sie ein „U" oder ein abgerundetes „V" formen, welches mit der Öffnung nach Süden ausgerichtet ist. Bäume und dichte Sträucher werden auf der Nordseite gepflanzt, wo sie den kalten Wind abhalten. Nach Osten und Westen hin nimmt die Höhe der Gehölze ab, sodass die Sonne auch aus Ost und West noch in die schützende Bucht scheinen kann. Große, wärmespeichernde Steine in der Mitte können die Wirkung noch verstärken.

3

2

PERMAKULTUR

„In Permakulturgärten kann man sehr effektiv Kräuter und Gemüse anbauen und so Vielfalt im Garten schaffen und gleichzeitig auch Tieren Versteckmöglichkeiten bieten", sagt Stadtgärtner Daniel. Im Gemeinschaftsgarten Landhof führen verschlungene Wege an Hügelbeeten, Sonnenfallen, Komposthaufen, Kräuterspiralen, Teichen, dem Gewächshaus, einer Magerwiese und Bienenhäusern vorbei. All diese Elemente bilden zusammen ein funktionierendes Ökosystem. Hügelbeete vergrößern z. B. die Anbaufläche und bieten einen sehr nahrstoffreichen Boden, da sie aus Gartenabfällen angelegt werden. Gewächshäuser erzeugen durch die Speicherung der Sonnenstrahlen höhere Temperaturen und bieten empfindlichen Pflanzen im Winter Schutz. Ein Teich reflektiert die Sonneneinstrahlung, speichert Regenwasser und bietet Tieren einen wertvollen Lebensraum. Daher weist der Garten mit all seinen ökologischen Nischen eine hohe Biodiversität auf.

1 Im Gemeinschaftsgarten Landhof wird Kompost selbst hergestellt.

2 Der „Dom" eignet sich zur Anzucht von Jungpflanzen.

3 Blätter, Knospen und Blüten der Speisechrysantheme verleihen Salaten eine schmackhafte Würze.

ENTSTEHUNG

Der 1.100 Quadratmeter große Gemeinschaftsgarten Landhof befindet sich auf dem Gelände des ehemaligen und ersten Heimstadions des Fußballclubs FC Basel und ist Teil des Siegerprojektes zur Neugestaltung des Areals Landhof. Nachdem sich der FC Basel von seiner Heimstätte Landhof getrennt hatte und das Areal zur Grünzone erklärt wurde, startete das Pilotprojekt des Vereins Urban Agriculture Basel im Jahr 2011 mit der Umgestaltung der ungenutzten Fläche. Aus einem asphaltierten Stück Land gestalteten die Initiatoren in Zusammenarbeit mit der Stadtgärtnerei Basel-Stadt den öffentliche Garten, der eine nahrhafte wie auch poetische Seite hat und gleichzeitig als Sozialisierungs- und Begegnungsraum des Quartiers fungiert. An zwei Nachmittagen in der Woche wird unter Mitwirkung einer Fachkraft gegärtnert, wobei das soziale Miteinander im Vordergrund steht. Die übrige Zeit dient der Garten den Quartiersbewohnern als Naherholungsgebiet, in dem ihre Kinder Natur erleben können. Zudem bietet er eine Plattform für kulturelle Aktivitäten wie Kleinkonzerte. Dank Hinweistafeln an vielen Arten und Sorten kann man den Garten problemlos auf eigene Faust erkunden.

BEGEGNUNGSRAUM

Der Gemeinschaftsgarten Landhof ist auch ein Sozialisierungs- und Begegnungsraum. 2016 halfen z. B. Asylsuchende zusammen mit der Organisation „Sur le pont" das Biotop mitzugestalten und anzulegen. „Sur le pont" bringt Menschen zusammen und schafft so eine vielfältige Gemeinschaft, die kreative Aktivitäten in Basel gestalten. Dabei organisieren Alteingesessene und Neu-Basler gemeinsam Projekte, sodass eine Brücke zwischen verschiedenen Lebensrealitäten geschlagen wird.

Nicht verpassen

📍 Workshops &
Aktivitäten

Neben gelegentlichen Veranstaltungen wie z. B. Pilzkursen finden das ganze Jahr über Workshops z. B. zu essbaren Wildpflanzen, Pflanzenkunde, Setzlingen, Permakultur, veganem Essen oder zum Thema Malen mit Pflanzen- und Erdfarben statt. Der Gemeinschaftsgarten lädt außerdem zu vielseitigen Aktivitäten wie Jahresfesten ein. Weitere Informationen gibt es unter:
www.urbanagriculturebasel.ch

📍 Samensonntag

Jedes Jahr im Februar/März findet in Basel der „Samensonntag" statt. Unter den Voraussetzungen, dass es sich um samenfestes Saatgut handelt, es möglichst aus dem eigenen Garten oder vom eigenen Feld stammt, es gereinigt ist und es sich um keine invasive Art handelt, kann dort jeder sein eigenes Saatgut anbieten. Parallel dazu finden spannende Workshops statt. Termine und weitere Informationen:
www.samensonntagbasel.
blogspot.com

📍 Zum Essen

Kulturbeiz 113
Das „Kulturbeiz 113" ist ein gemütliches Restaurant mit täglich wechselndem Mittagsmenü hoch oben im Warteck-Turm der ehemaligen Brauerei. Hierher kommt man nicht nur wegen des köstlichen Essens, sondern auch, um sich eine Auszeit von der Stadt zu gönnen und von der Dachterrasse auf dem Malzsilo den Blick über die Dächer von Basel zu genießen. Der Weg hinauf ins „Kulturbeiz 113" führt über 113 Treppenstufen, oder man nimmt den Lift.
Kulturbeiz 113
Burgweg 15
4058 Basel, Schweiz
www.kulturbeiz113.ch

1 Lieber eigene
Ernte statt Super-
marktware!
Frisch und ohne Ver-
packung hat man
immer die richtige
Menge zur Hand.

2 Jantje Schumacher
ist glücklich in
ihrem selbst ge-
schaffenen Paradies
aus frischem Ge-
müse und Tieren.

2

Frisch vom Feld

MITMACH-
GARTENBAU

Kontakt
Mitmachgartenbau
Jantje Schumacher
Warwischer Hauptdeich 72
21037 Hamburg

E-Mail/Web
into@mitmachgartenbau.de
www.mitmachgartenbau.de

Telefon
+49 (0) 40/37087872

Anfahrt
Bus 120 und 124
Haltestelle Warwischer
Hinterdeich (120)
oder Kirchwerder
Schulweg (124)

Bei Jantje Schumachers Mitmachgartenbau in Hamburg-Kirchwerder in den Vier- und Marschlanden ist der Name Programm: Direkt am Elbdeich und doch nur 20 Kilometer vom Hamburger Hauptbahnhof entfernt, erlebt man Gartenbau zum Anfassen und Mitmachen in familiärer Atmosphäre. Hier ist die Zeit ein bisschen stehen geblieben: Ein alter geschwungener Schienenweg führt direkt aufs Feld. Statt eines Traktors nutzt Jantje Schumacher eine Feldlore. Eintönige Monokultur sucht man hier vergeblich. Es ist diese Vielfalt, welche die bunt gemischte Kundschaft aus der Hamburger Innenstadt und der Nachbarschaft am Mitmachgartenbau so schätzt: Über 30 Gemüsesorten – von roten Kohlrabis über orange Spitzpaprika bis zu Exoten wie Wassermelonen, dazu 20 verschiedene Kräuter – vom Sauerampfer bis zur Zitronenverbene –, und acht Obstsorten wachsen hier in Mischkultur. Mittendrin tummeln sich ab und an die Gänse oder der Hofhund Motte. „Es gibt viele schöne persönliche Gespräche und auch mal spontan eine Schnapsverkostung, wenn ich gerade irgendetwas Gutes angesetzt habe. Man kann ja durchaus mehr mit dem Grünzeug machen als ‚nur‘ essen", erzählt Jantje Schumacher mit einem strahlenden Lachen im Gesicht. Aus Pfefferminze macht sie z. B. Zahnpasta, aus Spitzwegerich einen Hustensirup und aus Pflaumenkernen einen Amaretto. Wie das geht und wie man möglichst viel Verpackungsmüll vermeidet, verrät sie in ihren spannenden Kursen, die sie regelmäßig anbietet.

1

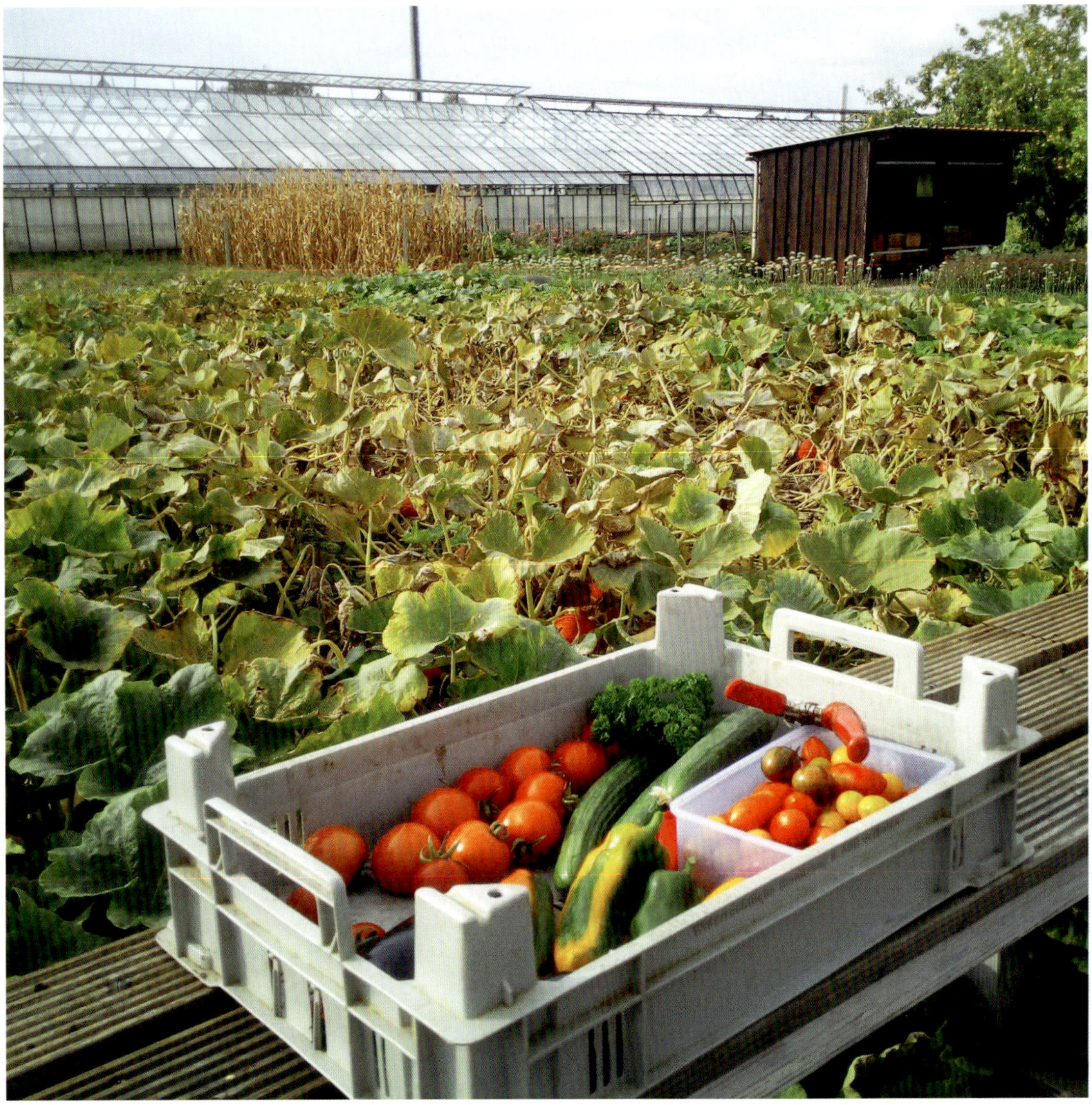

Beste Besuchszeit
- Mitte Mai bis Anfang September
- Immer Montag, Dienstag und Mittwoch 15 bis 19 Uhr sowie Freitag und Samstag 10 bis 18 Uhr
- Genaue Daten gibt's auf der Homepage

Tipp

Mischkultur mit Knoblauch

Knoblauch ist ein Fungizid, tötet also Pilze ab. Deswegen steht bei Jantje Schumacher der Knoblauch immer abwechselnd mit den Erdbeerpflanzen im Beet. Erdbeeren neigen zu einer Pilzkrankheit, dem Grauschimmel, den man mit Knoblauch gut von den Pflanzen fernhalten kann.

3 Die Gänse dürfen frei laufen und viele Kinder gehen gerne mit ihnen spazieren.

4 In Einkochkursen wird das Gemüse winterfest gemacht, damit man das ganze Jahr etwas vom regionalen Anbau hat.

Von Mai bis September kann jeder auf den Feldern und in den Treibhäusern des Mitmachgartenbaus Gemüse, Obst, Blumen und Kräuter selbst frisch ernten, je nachdem, was die Saison gerade hergibt. Spaten, Messer und Hilfe bekommt man an Ort und Stelle. Die verschiedenen Gemüsesorten sind mit Schildern versehen, damit jeder weiß, was er gerade erntet, oder das findet, was er sucht. Bezahlt wird das, was man letztendlich geerntet hat.

In diesem Garten geht es darum, die Natur zu entdecken, zu fühlen, zu riechen und zu schmecken. Neben der Ernte steht der Spaß dabei an erster Stelle. Der Ausflug nach Hamburg-Kirchwerder ist ein schönes Erlebnis für die ganze Familie. Die Kinder helfen beim Ernten mit und dürfen gerne auch einmal probieren. Genauso viel Spaß hat der Nachwuchs auf dem großen Spielplatz oder mit den vielen Tieren am Hof – den Hühnern, Gänsen, Wachteln, Kaninchen, Bienen und natürlich mit dem Hofhund Motte. „Dabei entdecken die Kinder z. B., dass Gänse keine Zähne haben und daher auch nicht beißen", schmunzelt Jantje Schumacher. Die Tiere sind aber nicht nur zum Anschauen da. Sie fressen die Gemüsereste, sodass tatsächlich alles verwertet wird, und liefern dann wertvollen Dünger. „Wenn man Pflanzen mit sich langsam zersetzenden Stoffen düngt, wachsen sie zwar auch langsamer, bekommen aber festere Fasern und sind dann deutlich widerstandsfähiger – und das alles ohne chemischen Dünger", erklärt Jantje Schumacher.

> „Unser Gemüse schmeckt einfach besser, als wenn man es im Supermarkt kauft."

3

4

Workshops

Im Mitmachgartenbau werden im kleinen Hoflädchen Kräuterkurse für Groß und Klein, Kurse für die Herstellung eigener Kosmetik (z. B. Deo, Shampoo oder Zahnpasta), für Küche und Haushalt (z. B. Waschpulver oder Scheuermilch) und ein Kurs rund ums Einmachen, Einkochen und Einwecken angeboten. Viele dieser Kurse finden auch außerhalb der Gartensaison statt. Themen und Preise stehen online, ein Blick auf die Homepage lohnt sich!

Führungen

Den Kräuterspaziergang sollte man sich nicht entgehen lassen. Jantje Schumacher erklärt, welche Kräuter und Wildkräuter man essen kann, welche der Gesundheit dienen und mit welchen man putzen und waschen kann. Unkostenbeitrag: 25 €/ Person, unbedingt anmelden! Auch Kindergarten- und Schulklassen werden gerne über das Feld und durch die Ställe geführt.

Zum Mitnehmen

Gemüse und Obst sucht man im kleinen Hoflädchen vergeblich, denn das erntet man ja selbst auf dem Feld oder im Gewächshaus. Dafür gibt es dort allerlei Zubehör rund um das Thema Selbermachen, wie von ätherischen Ölen, Wachsen, Tensiden – natürlich alles in Bio-Qualität! Außerdem gibt es Bücher zu den Themen Kochen, Kräuter und Naturkosmetik, eine tolle Auswahl an Gläsern und Flaschen zum Einmachen sowie Pumpbehälter, Roll-on-Fläschchen und vieles mehr für Selbstrührer. Außerdem kann man auch selbst gemachten Honig, Marmelade, Kräutertee oder Eier kaufen.

GESUNDE BÖDEN: DAS NEUE GOLD

Was tun im eigenen Garten?

Ganz einfach: die Mikroorganismen und anderen Bodenlebewesen die Arbeit tun lassen. Zuallererst gilt es, auf den Beeten für organisches Material zu sorgen. Für ausreichend organisches Material kann man z. B. einfach mit Zwischensaaten düngen. Das verhindert Krankheiten und reduziert Schädlingsbefall. Sehr gut sind dafür z. B. Senfsaaten, Phacelia (Büschelschön) oder Leindotter geeignet. Natürliches Gärtnern heißt auch, einen eigenen Kompost anzulegen (soweit dafür Platz vorhanden ist). Da beim Vorgang des Kompostierens Mineralstoffe freigesetzt werden, kann am Ende des Umbauprozesses ein Dünger entstehen, der jeden Kauf von weiteren Düngemitteln überflüssig macht. In vielen der hier im Buch genannten Gemeinschaftsgärten finden Kompostierkurse oder Aktionen dazu statt.

Schon vor mehr als 100 Millionen Jahren haben sich auf unserem Planeten Böden gebildet. Ein Quadratmeter Boden braucht mindestens 20.000 Jahre, wenn nicht gar mehr als 100.000 Jahre, um zu entstehen. Aus Gestein, Pflanzen, Tieren und Mikroorganismen werden Böden aufgebaut, die Vegetation erst möglich machen. Von dieser uns ernährenden Fläche ist jedoch nicht unendlich viel vorhanden: Etwa 12 % des Festlands sind weltweit für den Ackerbau nutzbar, weitere 20 % sind es nur bedingt.

Als die ersten Bauern lernten, diese Böden für die Ernährung zu nutzen, trugen sie maßgeblich zu unserer Ernährungssicherung und zur Entwicklung der Kulturen bei. Im Laufe der Jahrhunderte entwickelte sich die Landwirtschaft immer weiter – inzwischen war sogar einmal von einer angeblich „grünen Revolution" die Rede. Die wird aber nicht von den Bauern betrieben, sondern von den Agrarkonzernen. Monokulturen auf riesigen ausgeräumten Feldern und hoher Pestizid- und Düngemitteleinsatz versprachen angeblich immer höhere Ernteerträge. Doch die Zukunft der Bauern wurde dabei nicht rosiger. Vielmehr verlieren wir inzwischen weit mehr Boden pro Jahr, als sich in der gleichen Zeit bilden kann. Jedes Jahr gehen Milliarden Tonnen guter Boden durch Erosion verloren oder werden durch falsche Bewirtschaftung oder Wetterextreme infolge der Klimakrise degradiert und sind somit weniger fruchtbar.

Der Erhalt gesunder Böden und ihre nachhaltige Nutzung ist aber für die Ernährung von bald zehn Milliarden Menschen auf dieser Welt existenziell. Deshalb sollte man dem Prinzip der Agrarökologie folgen und dem Naturhaushalt nicht mehr entnehmen, als sich regenerieren kann, und so die Artenvielfalt bewahren. Ackerflächen und Böden sollten wie Gold behandelt werden. Tatsächlich aber gehen jedes Jahr mindestens 0,5 % der weltweiten landwirtschaftlichen Nutzfläche durch Bodenerosion und Degradation verloren. Weniger Fläche muss also bei zunehmenden Wetterextremen mehr Menschen ernähren. Wie soll das gehen?

Wir müssen lernen, unsere Böden wieder als das zu betrachten, was sie sind: die wichtigste Grundlage für unsere Ernährung und die der nachfolgenden Generationen. Eben das neue Gold. Es reicht nicht, nur auf den Ertrag der nächsten Ernte zu schielen und nach dem Prinzip „nach uns die Sintflut" zu wirtschaften, die uns in der Realität schon längst erreicht hat.

Mit unserer Art zu wirtschaften verlieren wir heute den Lebensraum und die Grundlage für Pflanzen und Tiere, nicht nur was den Boden, sondern auch was den gesamten Naturkreislauf betrifft. Wir verlieren ebenso die besonderen ökologischen Dienstleistungen, die Böden erbringen, denn sie sind ein unverzichtbarer Filter von Schadstoffen und damit der Garant für sauberes Trinkwasser. Chemisch werden wir diese Ökosystemleistungen nicht ersetzen können. Gute Böden sind Alleskönner. Sie ermöglichen gesundes Pflanzenwachstum, sie speichern Nährstoffe und Wasser, die ansonsten ablaufen würden, sie reinigen die Luft und binden CO_2. Ein Wunderwerk der Natur!

Mit dem bloßen Auge erkennen wir bei einem gesunden Boden zwar die Regenwürmer, Asseln und Insektenlarven, doch Millionen von Bakterien und Mikroben, von Pilzen und Algen bleiben uns verborgen. Nehmen Sie eine Handvoll Erde auf. Sie haben jetzt mehr Lebewesen in der Hand, als Menschen auf der Erde leben! Alles Ökodienstleister und die Basis für die Produktion unse-

> **Healthy soils
> grow healthy plants,
> healthy food,
> healthy communities,
> healthy people.**

Dr. Vandana Shiva
Alternative Nobelpreisträgerin, Indien

rer Nahrung. Diese Ökodienstleister wollen aber auch selbst ernährt sein, sie brauchen organisches Material, nicht Chemie. All die Bodentiere, die Mikroorganismen und das Netz der Mykorrhiza-Pilze, sie gemeinsam sorgen für mehr Widerstandsfähigkeit der Nutzpflanzen, strukturieren den Boden, sorgen für seine Belüftung und seine Speicherfähigkeit von Wasser. Gute Böden kann man gar nicht überschätzen. Sie sind zudem einer der größten Kohlenstoffspeicher.

Der Handlungsbedarf ist groß: Wir brauchen eine internationale Strategie zum Schutz der Böden. Die Bekämpfung des Hungers in der Welt zwingt uns dazu, sie ergibt sich aber auch aus den Zielen des Pariser Klimaschutzabkommens. Das Terrain ist hart umkämpft. Künftige Entscheidungen über die Zulassung von Pestiziden müssten den Erhalt der Biodiversität des Bodens ernsthaft berücksichtigen. Totalherbizide wie Glyphosat dürften dann keine Zulassung mehr bekommen. Das bringt harte Auseinandersetzungen mit den Vertretern reiner Industrieinteressen mit sich. Immerhin wurde beim letzten Treffen des "Übereinkommens für biologische Vielfalt" beschlossen, einen Report zum globalen Stand der Biodiversität von Böden für das Jahr 2020 zu erstellen. Hier wurde schon 1992 vereinbart, die biologische Vielfalt der Böden zu erhalten. Aus dem gleichen Jahr stammt die Klimarahmenkonvention, die Mindestmaßnahmen zur Speicherfähigkeit der Treibhausgase durch Böden vorsieht – womit wir wieder bei ökologisch bewirtschafteten Flächen wären.

Die Kampagne „Save our Soils – Rettet unsere Böden" ruft zu mehr Bewusstsein für gesündere Böden auf.

Bodenpate werden

In der Schweiz gibt es ein interessantes Projekt der Stiftung Trigon, bei dem Konsumenten Bodenpate für eine bestimmte Fläche werden können. So kann man mit einer Spende zum Aufbau und Erhalt der Fruchtbarkeit landwirtschaftlicher Böden beitragen. Unternehmen können auch CO_2-Zertifikate erwerben. Die Spende fließt dann in ein großes Modellprojekt, bestehend aus 30 Betrieben, die am Bodensee 1.000 Hektar Land nachhaltig bewirtschaften:

www.bodenfruchtbarkeit.bio
In Deutschland gibt es eine ähnliche Initiative, die den ökologischen Landbau gerade wegen der gesunden Böden unterstützt:
www.bioboden.de

Weitere Adressen:
www.boell.de/Bodenatlas
www.saveoursoils.com

1 Holzbeete, Kisten-
beete, die Bühne –
die bunte Mischung
macht das All-
mende aus.

2 Irgendetwas ist hier
immer im Entstehen.

2

Im Central Park von Berlin

ALLMENDE KONTOR

Kontakt/E-Mail/Web
garten@allmende-kontor.de
www.allmende-Kontor.de

Ursprünglich war das Tempelhofer Feld ab 1722 ein militärisches Übungsgelände und der Paradeplatz der Berliner Garnison. Dort nahm der preußische König außerhalb der Stadt Paraden ab. Es lag im sogenannten Tempelhofer Oberland, südlich von Berlin. Doch das war im 18. Jahrhundert – heute liegt diese Fläche, die mit 350 Hektar wohl die größte innerstädtische Freifläche der Welt ist, mitten in der wachsenden, pulsierenden Hauptstadt

Die Nutzung der Fläche änderte sich immer wieder über die Jahre und Jahrzehnte. 1910 wurde die Fläche westlich des Tempelhofer Damms mit Wohnungen bebaut; im Jahr 1922 entstand auf dem östlichen Teil der Flughafen Tempelhof. Das heute noch existierende große Eingangsgebäude stammt aus dem Jahr 1936. Berühmt wurde der Flughafen Tempelhof vor allem während der Berlin-Blockade, als von 1948 bis 1949 hier die Versorgungsflugzeuge der West-Alliierten landeten, um Berlin (West) mit Lebensmitteln zu versorgen. Im Jahr 2008 wurde der Flugbetrieb eingestellt, und zwei Jahre später erfolgte die Öffnung der großen Fläche für die Allgemeinheit.

1

DER CENTRAL PARK VON BERLIN

Was für New York der Central Park, ist für Berlin das Tempelhofer Feld: ein einmaliger grüner Ort. Pro Jahr kommen geschätzt bis zu zwei Millionen Besucherinnen und Besucher hierher. Die große Grünfläche ist eine Oase in der Millionenstadt, die zum Stadtklima beiträgt. Nachdem vor Jahren mit einem Volksentscheid beschlossen wurde am Rand des Feldes doch keine 5.000 Wohnungen zu bauen, ist die Fläche zu einem Symbol für einen neuen Umgang mit Stadtraum geworden. Es ist ein Raum für die ganze Stadt, für sportliche und gemütliche Aktivitäten, ohne Konsumzwang, ohne Eintrittsgeld.

Start und Landebahn sind erhalten geblieben, ebenso der sogenannte „Taxiway", also die asphaltierten Wege, auf denen die Flugzeuge zwischen Startbahn und Flughafengebäude bewegt wurden. Auf den Asphaltflächen wird Rad gefahren oder geskatet, Klein und Groß haben Freude beim Drachen steigen lassen oder beim Kitesurfen. Auch Lauf-Wettbewerbe finden statt und eine Vielzahl anderer interessanter Veranstaltungen. Und über allem der weite Himmel – oder auch der Grillgeruch, denn hier ist an drei ausgewiesenen Stellen das Grillen erlaubt, was eifrig genutzt wird. Schön ist, dass sich viele Menschen dabei an

die Regeln der gemeinschaftlichen Nutzung halten. So wird etwa der Aufforderung der Hinweisschilder an der großen zentralen Wiese Folge geleistet, während der Brutzeit der Feldlerche (Bodenbrüter) von März bis Juli die Wiese nicht zu nutzen.

Schon gewusst?

Etwas näher zur Oderstraße hin gibt es übrigens noch einen kleinen Garten, den Stadtteilgarten Schillerkiez.

DER GEMEINSCHAFTSGARTEN

Das Allmende-Kontor ist ein Gemeinschaftsgarten auf dem Gebiet des Tempelhofer Feldes. 2011 wurde dieser Gemeinschaftsgarten als Pionierprojekt gleich nach der Öffnung des Feldes für die Allgemeinheit im Osten angelegt. Es begann mit ungefähr 20 engagierten Berlinern, die auf 5.000 Quadratmetern die ersten Hochbeete bauten. Der Garten organisiert sich heute selbst und besteht inzwischen aus hunderten Hochbeeten und noch viel mehr Gärtnerinnen und Gärtnern. Seit 2014 existiert nun der Verein Gemeinschaftsgarten Allmende-Kontor e. V.

Ohne Umzäunung ist er – solange das ganze Feld geöffnet ist – jederzeit für alle zugänglich. Hier können Sie einen Spaziergang während ihrer Gartentour über das große Feld einlegen und ein wenig Ruhe finden. Oder Sie machen bei einer der vielen gemeinsamen Aktionen mit, etwa beim Häckseln und Anlegen eines Komposts. Es ist sicherlich nicht einfach, einen Garten an einer so prominenten Stelle mit so viel Publikumsverkehr zu führen. Oft war man nicht begeistert, wenn sich Besucher einfach am Gemüse bedienten. Der Garten soll ja vor allem den Menschen des Bezirks Neukölln die Möglichkeit geben zu gärtnern und zu ernten. So manchen Neuköllner sieht man gemütlich auf einer wackeligen, provisorischen Holzbankkonstruktion zwischen den Hochbeeten sitzen, seine Pflanzen bewundern oder einfach in den Himmel blicken. Da hier jeder sein eigenes Beet bestückt, ist die Vielfalt entsprechend groß. Bei manchem Gespräch habe ich erfahren, wie groß die Sehnsucht der Menschen nach intensivem Kontakt mit der Natur ist und wie groß der Wunsch, diese Naturerfahrung auch den Kindern mit einem kleinen Beet zu vermitteln. Wer sich heute darüber beklagt, dass Kinder und Jugendliche nicht mehr wüssten, wie Lebensmittel angebaut werden, muss sich fragen, wie wir unsere Städte gestalten. Und ob wir Flächen für solche Projekte freihalten oder bei großen Begehrlichkeiten und verschärfter Flächenkonkurrenz stets den finanzstarken Investoren den Vorrang geben.
www.allmende-kontor.de

Beste Besuchszeit
Das ganze Jahr über. Die Öffnungszeiten des Allmende-Kontors richten sich nach denen des großen Tempelhofer Feldes, das je nach Jahreszeit geöffnet ist. Im Winter meist von 7:30 bis 17 Uhr, im Sommer von 6 bis 22:30 Uhr. Exakte Zeiten finden Sie auf der Homepage: www.gruen-berlin.de. Nach der Schließung kommt man aber gegebenenfalls noch über die Drehtüren an den zentralen Eingängen hinaus.

3 Im Abendlicht die Seele baumeln lassen.

4 Tomaten wollen hochgebunden werden.

5 Harmonisches Miteinander von Beet und Wanne.

4

5

Tipp

Schnittlauch

Der Schnittlauch ist eine sehr pflegeleichte Pflanze. Abgeernteter Schnittlauch kann ganz einfach eingepflanzt werden und treibt nach jedem Winter garantiert wieder aus.

Gut zu wissen

Die Blüten ruhig samt ihrer Stängel abschneiden, dann bleibt mehr Kraft für die Pflanze übrig. Wer auch im Winter frischen Schnittlauch ernten will, gräbt einen Teil der Staude aus, topft sie ein und holt sie ins Haus. Alternativ kann man den Schnittlauch auch im Sommer mitsamt Topf ins Beet eingraben – dann holt man ihn in der kalten Jahreszeit bereits getopft aus der Erde. Die Pflanze treibt in der Wärme an einem hellen Ort zuverlässig aus.

6

IMMER ETWAS BESONDERES

Im Oktober 2018 beweidete der Wanderschäfer Knut Kucznik aus Brandenburg mit ungefähr 100 Schwarzkopfschafen und zwei Hütehunden das Tempelhofer Feld. Für Knut Kucznik bedeutet die Wanderschäferei Freiheit, er betreibt sie seit 34 Jahren. Statt lärmendem Rasenmäher zeigten nun einmal die Landschaftspfleger auf vier Beinen, wie effektiv sie eine solch große Fläche kurz halten können. Auf dem Tempelhofer Feld konnte man sich die Tiere am Nachtgatter in Ruhe ansehen. Geschichten des Schäfers gab es dabei inklusive – ein Schäferstündchen sozusagen.

Eine gute Gelegenheit für Städterinnen und Städter, mehr über die Leistungen von Schafen, speziell in Landschaftsschutzgebieten, zu erfahren. Die Wanderschäfer sind in einer finanziell prekären Situation, denn eine „Schafsprämie" gibt es trotz der großen ökologischen Leistung dieser Tiere leider nicht mehr. Ebenso wenig werden die Herdenschutzhunde ausreichend finanziert. Bleibt zu hoffen, dass sich Wanderschäfer Kucznik mit seinen Schwarzkopfschafen nächstes Jahr wieder auf dem Feld einfindet.

Der Weg zum Tempelhofer Feld

Es gibt insgesamt zehn Zugänge: Sechs Eingänge findet man an der östlichen Seite entlang der Oderstraße (Neukölln), die man über den U-Bahnhof Leinestraße oder über die Boddinstraße (U8) erreicht. Den westlichen Eingang am Tempelhofer Damm erreichen Sie vom U-Bahnhof Paradestraße (U6) und vom S-Bahnhof Tempelhof mit den S-Bahnen 41, 42, 46 und 47. Im Norden gibt es einen Eingang vom Columbia Damm aus, neben der Sehitlik-Moschee an der Golßener Straße (Bushaltestelle Friedhöfe Columbia Damm Bus 104). Das Allmende-Kontor liegt im östlichen Bereich des Feldes, der kürzeste Weg dorthin führt über die Oderstraße. Es sei denn, Sie haben Lust auf einen längeren Spaziergang bzw. fahren mit dem Fahrrad quer über das Tempelhofer Feld.

Nicht verpassen

◉ Picnic Berlin:
Picknickkorb-Verleih

Wer Lust auf ein stilvolles
Picknick, aber keine Zeit für
die aufwendigen Vorbe-
reitungen hat, kann sich bei
Picnic Berlin einen indi-
viduellen Picknickkorb für
zwei bis acht Personen nach
eigenen Wünschen be-
füllen lassen und am Eingang
Neukölln in dem rot-weiß
gestreiften Häuschen am Ende
der Oderstraße, Höhe
Hausnummer 22, abholen
(und auch wieder abgeben).
Im Korb enthalten sind
leckere Speisen und Getränke,
Porzellangeschirr, Besteck,
Gläser, eine Zeitung und etwas zum Spielen.
—
Öffnungszeiten bitte
telefonisch erfragen unter:
0049 (0)177 / 897 35 22
www.picnic-berlin.com

◉ Luftgarten

Wo einst Flugzeuge von
Berlin aus in alle Welt
starteten, befindet sich heute
(unter anderem) der
„Luftgarten", einer der größten
und attraktivsten Biergärten
Berlins. Bei köstlichen
Gerichten vom Lavastein-
grill, feinen Torten und Kuchen
und einer umfangreichen
Getränkeauswahl kann man
das bunte Treiben auf
dem Tempelhofer Feld beo-
bachten und die Seele
baumeln lassen. Der Luftgarten hat von April bis
Oktober (abhängig von der
Witterung) immer Montag bis
Sonntag ab 11 Uhr geöffnet.
—
Luftgarten
Tempelhofer Park
Eingang Columbiadamm
10965 Berlin
info@luftgarten-berlin.de
www.luftgarten-berlin.de

7

WARUM HEISST ES ALLMENDE?

6 Schwarzkopfschafe
statt Rasenmäher dank
Wanderschäferei.

7 Die Fahne Tibets weht
über dem freien Feld.

Das Wort „Allmende" stammt aus dem Mittelhochdeutschen.
Damit wurde eine Fläche bezeichnet, die im Eigentum der
gesamten Gemeinde stand und von allen Dorfbewohnern
genutzt werden konnte. Treffender kann man das Allmende-Kontor und das Tempelhofer Feld wohl nicht bezeichnen:
eine fest umrissene Fläche, die der ganzen Stadt gehört.

1 Hinter der Aqua-
ponikfarm ziehen die
vier Schornsteine
der alten Mälzerei die
Blicke auf sich.

2 Bei der ECF Farm
kann man auch
köstliche Tomaten
erwerben.

2

Nachhaltigkeit trifft Innovation

ECF FARM BERLIN

Kontakt
ECF Farm
Malzfabrik
Bessemerstraße 20
12103 Berlin

E-Mail/Web
office@ecf-farmsystems.com
www.ecf-farm.de

Anfahrt
S-Bahn-Linie zum
Bahnhof Südkreuz
Bus 106
Haltestelle
Eresburgstraße oder
Egelingzeile

In Berlin-Schöneberg befindet sich, fußläufig vom Bahnhof Südkreuz entfernt, ein denkmalgeschütztes Bauensemble aus den 1920er Jahren: die Malzfabrik. Dieser Industriekomplex war einst eine Schultheiss-Brauerei: Erbaut zwischen 1914 und 1917, wurde hier Malz für die Bierherstellung produziert, bis die Produktion 1996 stillgelegt wurde. Heute ist das große Gelände ein Kreativzentrum.

Wer über das Gelände geht, entdeckt hinter all den roten Backstein-Industriebauten einige Gewächshäuser. Hier findet der aquaponische Anbau der ECF Farm Berlin statt. Wenn man diesen Begriff das erste Mal hört, denkt man eher an einen Science-Fiction-Roman als an eine reale Farm. Aber hier wird mitten im städtischen Raum effiziente Landwirtschaft bei hohem Tier- und Umweltschutz betrieben.

> **Der lokale Anbau
> verkürzt Transportwege
> und Kühlketten
> für mehr Nachhaltigkeit
> und Frische.**

3

4

AQUAPONIK

Was ist das Besondere an Aquaponik? In der ECF Farm der Malzfabrik gibt es 20 Fischbecken für Buntbarsche. Auf höchstem technischem Niveau wird für eine optimale Wassertemperatur, ideale pH-Werte und exakte Futtermengen gesorgt. Die spezielle Regeltechnik „Smart Connection" sorgt jeweils getrennt voneinander für die Aquakultur der Fische und für den Pflanzenanbau (Hydroponik) für höchste Ressourceneffizienz. Denn durch die zwei getrennten Kreisläufe können jeweils optimale Werte eingestellt werden. Das durch den Fischkot nährstoffreiche Wasser der Fischbecken wird aufbereitet und dann zur Bewässerung und Düngung der Pflanzen in den Gewächshäusern noch einmal benutzt. Pestizide und Hormone werden nicht eingesetzt. Falls Dünger zugeführt wird, schadet das den Fischen nicht, da die Kreisläufe getrennt sind.

3 Salat mit leuchtendem Mangold als Hintergrund.

4 Reichhaltiges Ernteversprechen bei den Tomaten.

5 Große Auberginen aus Berlin.

6 Die Barsche werden gefüttert.

7 Das berühmte Hauptstadt-Basilikum.

5

Nachhaltige Nahrungserzeugung

Aquaponik bedeutet nicht nur moderne Technologie für die großen Städte. Im Free State in Südafrika gibt es die ersten drei Kooperativen, die mit dem gleichen Prinzip arbeiten. Neben der Fischzucht wurden Hochbeete für Menschen mit Behinderungen aufgestellt. Die Arbeit in der Aquakultur ist körperlich weniger anstrengend, bietet aber das ganze Jahr über ein besseres Einkommen und sichert somit den Zugang zu Lebensmitteln und ausreichend Nährstoffen. Auch in Peru und Jamaika gibt es bereits solche Projekte.

6

HAUPTSTADT-BARSCH UND -BASILIKUM

Fisch ist ein guter Eiweißlieferant in der Ernährung des Menschen. Da für die Aufzucht der Fische pro Kilo Fischfleisch 1,2 bis 1,4 Kilo Futter gebraucht werden, ist er in der Ernährung viel nachhaltiger als z. B. Rindfleisch. Dort werden acht bis neun Kilo pflanzliches Eiweißfutter für ein Kilo Rindfleisch benötigt.

Da das nährstoffreiche Wasser der Fischzucht optimal für manche Kräuter ist, entstand die Idee von „Hauptstadt-Barsch" und „Hauptstadt-Basilikum". Lokal, mitten in der Stadt und mit kurzen Transportwegen zu den Konsumenten, ist dies ein wunderbares Modell für eine nachhaltige Stadt-Landwirtschaft. Barsch und Basilikum werden mittlerweile in hunderten Supermärkten verkauft.

Das Gemüse ist an verschiedenen Stellen in Berlin zu erstehen, z. B. in Berlin-Kreuzberg in der Markthalle Neun.

Das ECF Farmsystem breitet sich bereits aus und zeigt, wie alte Industriekomplexe mitten in städtischen Wohngebieten ohne Lärmbelästigung für die Anwohner in Zukunft für eine Landwirtschaft mit kurzen Wegen genutzt werden können.

2018 wurde in der belgischen Hauptstadt Brüssel auf dem Dach eines früheren Schlachthofes eine Farm gebaut, die heute den Namen „Ferme Abattoir", also „Schlachthof-Farm", trägt. Dort gibt es Buntbarsche, Tomaten und Kräuter. Eine weitere Farm entstand in der Schweiz in Bad Ragaz. www.ecf-farmsystems.com

Nicht verpassen

📍 Führungen

Die ECF Farm bietet eine Infotour. Dabei erfahren Sie, wie Aquaponik funktioniert, wie der leckere „Hauptstadt-Barsch" aufwächst und vieles mehr. Immer Dienstag um 16 Uhr. Eintritt: 5 € inkl. einem „Hauptstadt-Basilikum". Gruppen melden sich vorher über die Homepage für einen Extratermin an. www.ecf-farm.de

📍 Sehenswert

Die Malzfabrik
Auf dem Gelände der Malzfabrik befinden sich nicht nur Büros und kleine Produktionen, vielmehr ist das gesamte Gelände mittlerweile für Veranstaltungen ausgebaut. Hier finden im Sommer Umweltfeste oder zu Weihnachten ein japanischer Weihnachtsmarkt statt. Besonders interessant ist das Gebäude der Brauerei. Unter www.berlin.de findet man das Stichwort „Verlassene Orte". Eine Führung durch das ungenutzte Hauptgebäude mit den noch originalen Einbauten und Maschinen ist eine spannende Zeitreise.

7

STADTGÄRTEN DER ZUKUNFT: SINGAPUR, LONDON, PARIS, BERLIN

Aus den neuen urbanen Gärten und der städtischen Landwirtschaft ist inzwischen ein fixer Bestandteil des Stadtgrüns geworden. Die Gesellschaft will und unterstützt diese Projekte, und die Entwicklung geht sogar noch weiter. Immer mehr Städte überlegen sich, wie Lebensqualität aussehen wird, wenn bis 2050 – so die UN – zwei Drittel der Weltbevölkerung in Städten leben werden. Wie lebt man dort, angesichts des Klimawandels und der enormen Konkurrenz um Flächen? Schon heute erleben wir hitzige Debatten, ob Kleingartenanlagen weichen müssen, um Wohnungsbau zu ermöglichen. Und neue Stadtgärten bekommen nur vorübergehende Nutzungsverträge.

Grüne Wände in Form von vertikaler Bepflanzung eignen sich für den Außen- und Innenbereich.

Hamburg hat sich da etwas Kluges überlegt. Im Zuge der Erweiterung der A7 wird es in Höhe Eimsbüttel und Altona nicht nur Lärmschutz geben, sondern eine Überdachung der Autobahn. Das schafft Platz für über 3.000 Wohnungen, doch die neu gewonnene Fläche soll auch für Parks und neue Kleingärten genutzt werden. Finanziert wird das Projekt auch durch den Verkauf der Kleingartengrundstücke. Zur Gestaltung der neuen Flächen gibt es einen öffentlichen Wettbewerb.

Die Diskussion hat ebenso in Berlin ihren Niederschlag gefunden. Denn dort wird die A 100 nach langer strittiger Diskussion verlängert. Hier fragt man sich nun, ob die Verlängerung nicht auch einen sogenannten Deckel bzw. eine Röhre benötigt? Das würde Platz schaffen, um Kleingärten dorthin zu verlagern, deren jetzige Fläche dann für den Bau von 9.000 dringend benötigten Wohnungen zur Verfügung stünde.

New York ist mit seinem Stadtteil West Manhattan dafür schon seit 2014 eine Art Vorreiter. Die im Jahr 1934 gebaute Hochbahntrasse, die einst für den Güterverkehr gebaut wurde und z. B. zum Meatpacking District führte, wurde zu einer grünen High Line umgewidmet. Die etwa zwei Kilometer lange, ehemalige Güterzugtrasse ist heute ein Park voller Büsche und Wildpflanzen und inzwischen zu einer echten Touristenattraktion geworden.

DIE GROSSEN STÄDTE DENKEN ALSO NACH ODER BESSER „VORAUS"!

International fällt hier beispielsweise Singapur auf. Auf den ersten Blick eine sehr grüne Stadt. Allerdings gibt es dort kaum natürliches Grün, sondern eine Art Monokultur mit den immer gleichen Pflanzenkombinationen, hunderte Meter weit. Angesichts des tropischen Klimas geht eine solche Einseitigkeit auch mit einem hohen Chemieeinsatz einher. Alles ist zwar begrünt, sogar die Fassaden großer Hotels, nur Vögel sind keine zu hören.

Aber das ist noch lange nicht alles. Die Stadt denkt über neue Entwicklungen nach. Radwege werden als Schnellstraßen quer durch die Stadt eingerichtet. Neue Stadtteile werden bereits ganz anders geplant. Hier soll in Zukunft der Verkehr – außer der Radverkehr – komplett unterirdisch fließen, auch der Lieferverkehr. An der Oberfläche soll dann möglichst viel Grün gedeihen, auch an den Hausfassaden. Neue Stadtteile planen sogar einen Plantation District, in dem Flächen für das Urban Gardening, also das Gärtnern der Stadtbevölkerung, von Beginn an vorgesehen sind. Es sollen soziale und ökologische Orte werden. Orte, an denen jedem vor Augen geführt wird, wie Lebensmittel angebaut werden.

London ist bekanntermaßen eine der teuersten Städte, aber auch hier tut sich etwas in alten Warenhäusern und auf den Dächern, bis hin zu Stadtimkern, die den Honig mit Postcodes versehen, damit man ihn dem jeweiligen Stadtteil zuordnen kann. Dort wird auch angeregt, sogenannte Pollinator Gardens anzulegen, also Flächen mit Pflanzen anzusäen, die Bestäuber wie Bienen ernähren.

Und erst Paris! Ein Gesetz aus dem Oktober 2016 erlaubt den Pariserinnen und Parisern, städtische Gärten – vom hängenden Garten bis zum Dachgarten – anzulegen. Alle sollen quasi „Gärtner des Pariser öffentlichen Raumes" werden. Die Bürgermeisterin Anne Hidalgo träumt von 100 Hektar Dachgärten, die nicht nur grün sind, sondern auch Teil der neuen städtischen Landwirtschaft werden könnten. Bereits seit 2015 müssen ohnehin alle Neubauten entweder mit einer Dachbepflanzung oder mit Solarpanels ausgestattet werden. Der Georges-Pompidou Expressway wird zu einem Fußgängerweg mit herrlicher Aussicht und setzt ein Zeichen gegen die Luftverschmutzung in der Stadt.

3

1 Hotelfassade mit Terrassengärten in Singapur – ein Beispiel für hängende Gärten.

2 Auf dem A7-Deckel in Hamburg-Schnelsen entsteht ein weitläufiger Park mit einer Rad- und Fußwegverbindung sowie Kleingartenparzellen.

3 Auch der Deckelpark in Hamburg-Stellingen schafft neue Wegverbindungen abseits der Straßen und bietet zudem positive mikroklimatische Effekte für die benachbarten Wohngebiete.

1

2

Eine seit 30 Jahren stillgelegte Hochbahntrasse wurde zum ungewöhnlichsten Stadtpark der Welt umfunktioniert. Damit ist der High Line Park in New York ein tolles Beispiel für nachhaltigen Städtebau.

Die Stadt Berlin hat per Bürgerbeteiligung begonnen, eine „Charta für das Berliner Stadtgrün" zu entwickeln, damit es eine dauerhafte Selbstverpflichtung der Metropole für den Umgang mit der grünen Infrastruktur gibt. Infrastruktur, damit sind jetzt nicht mehr nur Schulen, Krankenhäuser, Straßen und Schienen gemeint – vielmehr wird das „Grün" zur Infrastruktur in der Stadt des 21. Jahrhunderts!

„PFLANZENNAHVERKEHR"

Offenbar wird das Grün der Städte und auch der Gemüseanbau dort zum Kulturgut. So hat die Stadt Nürnberg z. B. beschlossen, für ihre Bewerbung zur Kulturhauptstadt 2025 ein Gewächshaus mitten im Stadtzentrum aufzustellen, das mit der Abluft aus dem U-Bahn-System beheizt wird. „Pflanzennahverkehr" heißt dieses Projekt sinnigerweise. „Gemüseanbau auf dem U-Bahn-Schacht" ist allerdings nicht ganz neu, denn vor ein paar Jahren hatte die Stadt Wien ein Gewächshaus während eines Kulturfestivals bereits auf solche Art beheizt.

GEMÜSE BEWEGT

Und jetzt bewegt sich sogar eine der letzten Bastionen des Fast Foods. In den USA beginnen die großen Football-Vereine, Gemüse selbst anzubauen und auch die Versorgung der Fans in den Stadien anders auszurichten. Die Amelie Arena in Florida hat einen effektiven Aquaponik-Gemüsegarten eingerichtet; die Denver Rockies bauen Ökogemüse mit Studenten an, und die Washington Nationals kultivieren auf ihrem Dachgarten Tomaten und Kürbisse. Es gibt also viel Bewegung in Sachen Stadtgrün und Gemüseanbau.

18
Den **Stadtgarten Bebelhof**
in Braunschweig finden
Sie auf Seite 171.

14
Kants Garten
in Duisburg finden
Sie auf Seite 169.

denmark

netherland

belgium

france

switzerland

austria

20
Die **Seedcity**
in Zürich (CH) finden
Sie auf Seite 172.

21
Frau Gerolds Garten
in Zürich (CH) finden
Sie auf Seite 172.

01
Das **Café the Greens**
in Berlin finden Sie
auf Seite 164.

03
Den **Hildegarten**
in Leipzig finden
Sie auf Seite 165.

12
Die **Essbare Stadt**
in Kassel finden Sie
auf Seite 168.

In vielen Großstädten
Deutschlands, Österreichs
und der Schweiz sprießen
Urban-Gardening-Projekte
aus dem Boden und sind
zu Bestandteilen der Stadt-
bilder geworden. Immer
mehr Städter haben wieder
Lust, in und mit der Natur
zu arbeiten. Sie haben Spaß
daran, die eigene Ernte
wachsen zu sehen, und ge-
nießen die Gemeinschaft
mit Gleichgesinnten.
Es gibt mittlerweile eine solche Vielfalt an Gärten zu
entdecken, aus der wir Ihnen
auf den folgenden Seiten
noch weitere interessante
Projekte vorstellen möchten.

09
Den **Stadtacker**
in München finden
Sie auf Seite 167.

23
Infos zum gemeinnützigen
Verein **Gartenpolylog** in
Österreich finden Sie auf
Seite 173

22
Den **Franz von Sales Garten**
in Klagenfurt (A) finden Sie
auf Seite 173.

Gartentipps in Ostdeutschland

Bei einem Besuch in Berlin oder Leipzig gibt es viel zu entdecken, unter anderem natürlich auch interessante Gärten und einladende Cafés. Es sind Orte der Inspiration, der Muße und Erholung sowohl für die Anwohner als auch für die Reisenden. Denn was gibt es Schöneres, als bei einem gemütlichen Spaziergang die Vielfalt der Pflanzen zu betrachten ...

01
MÜNZGARTEN & CAFÉ THE GREENS

Auf dem Hinterhofgelände der Alten Münze nahe des Alexanderplatzes befindet sich das außergewöhnliche Café „The Greens – Coffee and Plants" mit eigener Gartenwirtschaft, dem Münzgarten. „The Greens" bietet einen entspannten Kontrast zur turbulenten Hauptstadt: Zwischen gemütlichem Industriecharme und Grünpflanzen (die man auch kaufen kann) genießen Künstler, Berliner und Touristen selbst gebackenen Kuchen, köstlichen Green Latte oder Mittagsgerichte wie Suppen und Bowls, die vorwiegend aus regionalen Bio-Produkten gefertigt werden. Über einen alten Hof gelangt man durch eine Tür in ein kleines grünes Paradies mitten in der Stadt, den Münzgarten. In Hochbeeten wachsen hier üppiges Gemüse und Kräuter, die ebenfalls auf dem Teller des Cafés landen. Von April bis September werden außerdem Imker-, Pflanzen- und Gartenworkshops angeboten.

Beste Besuchszeit
Das ganze Jahr über.
Der Münzgarten ist täglich von 10 bis 18 Uhr geöffnet.
Das Café hat von Montag bis Freitag von 10 bis 18 Uhr, auch am Samstag und Sonntag von 12 bis 18 Uhr geöffnet.

Kontakt
Münzgarten & „The Greens – Coffee and Plants"
Am Krögel 2
10179 Berlin

E-Mail/Web
www.alte-muenze-berlin.de
bzw. hallo@the-greens-berlin.de
www.the-greens-berlin.de

02
CAFÉ BOTANICO

Das Gastro-Gardening-Restaurant „Café Botanico" mitten in Berlin-Neukölln bietet italienische Gartenküche. Die Zutaten werden von Besitzer Martin Höfft per Hand im eigenen 1.000 Quadratmeter großen Permakulturgarten mit Bio-Siegel geerntet, der sich direkt hinter dem Restaurant befindet.
In dem bunten und wilden Stadtgarten wachsen alte Gemüsesorten, Obst und Wildpflanzen in naturnahem Anbau; der Schwerpunkt liegt auf den Wildkräutern. Bis in den Winter hinein werden hier etwa 200 Pflanzenarten geerntet, die im „Café Botanico" frisch auf den Tisch kommen. Unbedingt reservieren, damit man etwas von der Tagesernte abbekommt.

Beste Besuchszeit
Das ganze Jahr über von Dienstag bis Sonntag ab 12 Uhr. Der Permakulturgarten kann auch im Winter während der Öffnungszeit besucht werden. Jeden letzten Sonntag des Monats gibt es eine Führung mit kleinen Kostproben der jeweils essbaren Wildpflanzen. Genauere Informationen, auch zu weiteren Veranstaltungen, Konzerten und Workshops auf der Webseite: www.cafe-botanico.de

Kontakt
Café Botanico
Richardstraße 100
12043 Berlin-Neukölln

E-Mail/Web
info@cafe-botanico.de
www.cafe-botanico.de

Telefon
+49 (0) 175/1112055

03

HILDEGARTEN

Der Hildegarten befindet sich in Leipzig auf dem Bürgerbahnhof Plagwitz in der Nähe der Antonienbrücke. Er besteht aus Schollen (Einzelparzellen), die individuell von Einzelpersonen beackert werden, aus Inseln (Nachbarschaftsgärten), die gemeinsam bewirtschaftet werden, und aus einer Projektfläche für Workshops. Auch alte Elemente des Bahnhofs wurden in den Garten integriert: Eine alte Lokbetankungsanlage wurde wiederbelebt und zur Sommerdusche umfunktioniert. Die ursprüngliche Überdachung des Bahnsteigaufganges wurde als Unterstand mithilfe von Spendern originalgetreu aufgebaut. Und die ehemalige 25 Meter lange Gleisstrecke wird demnächst mit neuen Gleisen belegt und mit einem Waggon bestückt. Im Laufe der Jahre sind außerdem in gemeinsamer Arbeit eine Außenküche, ein Geräteschuppen, ein Insektenhotel, ein Kompostklo, eine Kräuterschnecke und ein Gewächshaus dazugekommen. „Die Hildegärtner" freuen sich immer über Unterstützung und Besucher.

Beste Besuchszeit
Von April bis Oktober,
Donnerstag und Freitag von
16 bis 18 Uhr sowie
Samstag und Sonntag von
10 bis 18 Uhr

Kontakt
Hildegarten
Röckener Straße 44
04229 Leipzig

E-Mail/Web
hildegarten@buergerbahnhof-plagwitz.de
www.buergerbahnhof-plagwitz.de/hildegarten

04

QUERBEET

Seit 2014 befindet sich der knapp 1.000 Quadratmeter große Gemeinschaftsgarten Querbeet im Herzen von Neustadt-Neuschönefeld in Leipzig. Gegärtnert wird in unterschiedlichsten Gemeinschaftsbeeten wie Hochbeeten oder Kanistern: Beetpatenschaften können von sozialen Einrichtungen übernommen werden. Neben der gärtnerischen Tätigkeit finden im Querbeet auch einige kulturelle Veranstaltungen wie Konzerte oder Filmabende und pädagogische Veranstaltungen wie Workshops statt. Jeder ist willkommen, das Querbeet zu entdecken!

Beste Besuchszeit
Von April bis Oktober,
Dienstag von 15
bis 18 Uhr und
Samstag von 15 bis 18 Uhr.

Kontakt
Querbeet
Neustädter Straße 20
04315 Leipzig

E-Mail/Web
info@querbeet-leipzig.de
www.querbeet-leipzig.de

05

STADTGARTEN CONNEWITZ

Wer in Leipzig dem Großstadttrubel entkommen möchte, findet im Stadtgarten Connewitz den perfekten Ort dafür. Das 4.300 Quadratmeter große Idyll bietet auch reichlich Inspiration für den eigenen Stadtgarten. Der Garten wird von den "Ökolöwen" (dem Umweltbund Leipzig) naturnah und ökologisch bewirtschaftet und ist ein anschauliches Beispiel für das Gärtnern im Einklang mit der Natur. Viele verschiedene Habitate bieten heimischen Tieren einen Lebensraum. Es gibt z. B. eine Totholzecke mit einem Käferweg, Insektennisthilfen, Trockenmauern und vieles mehr. Dank der Streuobstwiese, dem alten Baumbestand und artenreichen Wiesen lässt sich die biologische Vielfalt im jahreszeitlichen Rhythmus immer wieder neu entdecken. Auch Workshops zum insektenfreundlichen Gärtnern oder das Knowhow zum Anlegen einer Magerwiese werden angeboten.

Beste Besuchszeit
Von April bis Oktober, Dienstag bis Freitag 9 bis 18 Uhr (April und Oktober bis 17 Uhr). Die Gemeinschaftsgärtner treffen sich Donnerstag ab 17 Uhr zum Gärtnern und Werkeln; jeden 1. Samstag im Monat kann von 10 bis 15 Uhr mitgegärtnert werden.

Kontakt
Stadtgarten Connewitz vom Ökolöwe – Umweltbund Leipzig e. V. Kohrener/Burgstädter Straße Eingang Kohrener Straße, 04277 Leipzig

E-Mail/Web
stadtgarten@oekoloewe.de
www.oekoloewe.de/
stadtgarten-connewitz

Gartentipps in Süddeutschland

Dank Gemeinschaftsgärten, öffentlichen Grünflächen mit bienenfreundlichen Blumen oder Heilkräutergärten blühen viele Städte durch Urban Gardening immer mehr auf. Auch in München, Stuttgart oder Nürnberg wird immer mehr gemeinschaftlich angebaut, ausprobiert und geerntet und so ein neues Bewusstsein für biologische Vielfalt geschaffen.

06
SEBALDER HOFGÄRTCHEN

2013 wurde ein lange vergessener Hinterhof in der Nürnberger Altstadt wiederentdeckt und mithilfe von Palettenbeeten und einem Bauwagen in ein buntes Urban-Gardening-Projekt verwandelt. Das Sebalder Hofgärtchen ist dank der Zusammenarbeit von städtischen Behörden, Kommunalpolitik und Nürnberger Bürgern sowie einer Anschubfinanzierung von der Zukunftsstiftung Sparkasse zustande gekommen. Für die vom Bund Naturschutz aufgestellten Beete kann jeder eine Patenschaft übernehmen und nach eigenen Vorstellungen bepflanzen. So ist das Sebalder Hofgärtchen schnell zu einer blühenden Oase geworden. Besucher können gerne auf einen Plausch vorbeikommen, im Garten spazieren gehen oder einfach den Ausblick von einer Bank aus genießen.

Beste Besuchszeit
April bis Oktober,
der Garten ist jederzeit
geöffnet

Kontakt
Sebalder Hofgärtchen, Innenhof an der Martin-
Treu-Straße (Eingang Heugässchen gegenüber Nr. 13)

E-Mail/Web
i.treutter@googlemail.com
www.nuernberg-stadt.bund-naturschutz.de
(unter „Arbeitskreise")

07
HEILKRÄUTERGARTEN AM HALLERTOR

Auf der Nürnberger Stadtmauer befindet sich der einst von der Arzneimittelfirma Bionorica angelegte Heilkräutergarten, der seit 2010 vom Bund Naturschutz betreut und von einer kleinen Gruppe Freiwilliger liebevoll gepflegt wird. Der Garten wird ständig durch neue Pflanzenarten ergänzt, sodass mittlerweile über 100 verschiedene Arten wie Benedikten- und Gänsefingerkraut oder Mönchspfeffer in dem etwa 140 Quadratmeter umfassenden grünen Kleinod wachsen. Für Interessierte gibt es regelmäßig (auch fremdsprachige) Führungen, um die biologische Vielfalt des Heilkräutergartens zu erkunden.

Beste Besuchszeit
April bis Oktober, täglich
von 8 bis 20 Uhr geöffnet.
Freitags finden von
16 bis 18 Uhr kostenlose
Führungen statt. Weitere
Termine für Führungen
können bei der BN-Kreis-
gruppe vereinbart werden.

Kontakt
Heilkräutergarten, Am Hallertor, 90403 Nürnberg
Tel.: +49 (0)911 45 76 06

E-Mail/Web
heimbucher@dr-heimbucher.de
www.nuernberg-stadt.bund-naturschutz.de
(unter „Arbeitskreise")

0 9
DER STADTACKER

Südlich des Olympiaparks, mitten im Wohngebiet Ackermannbogen, befindet sich auf einer öffentlichen Fläche der Gemeinschaftsgarten StadtAcker. Auf 1.000 Quadratmetern wird in Themengruppen gegärtnert: Einige kümmern sich ums Gemüse, andere um Bienen und Blumen, Kompost, Beeren oder um die Kräuter. Einzelparzellen gibt es hier nicht. Der Garten funktioniert daher als offener Lern- und Mitwirkungsort, als ein sozialer Ort der Begegnung und des Miteinanders. Man kann regelmäßig mitgärtnern oder auch nur sporadisch vorbeischauen. Bis Ende 2019 wird der StadtAcker vom Bundesumweltministerium als Klimaprojekt gefördert, da über das gemeinsame Gärtnern ökologische Zusammenhänge besonders gut erfahrbar werden. Der StadtAcker fungiert aber auch als Veranstaltungsort für wechselnde Kunstprojekte und -aktionen. Projekte wie „Natural Things" (über den Gartenzaun hinausreichende Stofffahnen mit Pflanzendrucken) oder die aktuell in Bearbeitung befindliche Skulptur „Walking Forest" bereichern den StadtAcker.

Beste Besuchszeit
April bis Oktober.
Das Gelände ist öffentlich zugänglich; immer Freitag gibt es von 16 bis 17 Uhr eine Garten-Infostunde

Kontakt
Auf der Grünanlage östlich der Mittelschule an der Elisabeth-Kohn-Straße 4
80797 München

E-Mail/Web
stadtacker@ackermannbogen-ev.de
www.ackermannbogen-ev.de/
projektgruppen/stadtacker

0 8
REIFENGARTEN

Bis 2015 war der Karl-Benz-Platz am Untertürkheimer Bahnhof ein trister Verkehrsknotenpunkt am östlichen Rand von Stuttgart. Um den Platz attraktiver zu gestalten, haben Mitglieder der Bürgerinitiative BUNTstattGRAU hier 2015 auf ca. 125 Quadratmetern in 25 alten, bunt bemalten LKW-Reifen Beete angelegt. Im Reifengarten gedeihen Stauden, Beeren und Gemüsepflanzen. Lavendel, Sonnenblumen oder Klatschmohn locken nicht nur Passanten, sondern auch Bienen, Hummeln und andere Insekten an. Es ist der einzige urbane Garten Stuttgarts im öffentlichen Raum, in dem jeder Bürger pflanzen, pflegen und pflücken kann. Da die Stadt diese Terrassen der Initiative überlassen hat, schaut ein kleiner Personenkreis von BUNTstattGRAU regelmäßig vorbei, um Beete und Umfeld sauber zu halten.

1 0
O'PFLANZT IS

In Sichtweite des Münchner Olympiaturms verwirklichte der Gemeinschaftsgarten o'pflanzt is! auf einer Fläche von ca. 3.300 Quadratmetern eine nachhaltige und nachbarschaftliche Vision vom urbanen Gärtnern. Dem Allmendeprinzip folgend, gab es keine Parzellen, jeder konnte sich an den Gartentagen nach Zeit und Können einbringen. Im Januar 2018 musste das Gelände an den Eigentümer zurückgegeben werden, seitdem ist der Garten leider heimatlos. Die Bienen und einige Pflanzen sind in einem Zwischenlager untergekommen, die engagierten Stadtgärtner suchen seitdem nach einem neuen Standort. Wir drücken die Daumen! Aktuelle Informationen gibt es auf der Homepage www.o-pflanzt-is.de

Beste Besuchszeit
April bis Oktober
Der Platz ist jederzeit zugänglich

Kontakt
Reifengarten
Karl-Benz-Platz
70327 Stuttgart

E-Mail/Web
buntstattgrau@
gmx.de
buntstattgrau.
jimdo.com

E-Mail/Web
mitmachen@o-pflanzt-is.de
www.o-pflanzt-is.de

Gartentipps in Westdeutschland

Das Leben in Großstädten ist abwechslungsreich und lebendig, aber immer mehr Menschen wollen wieder Erfahrungen in Gärten sammeln. So verwandeln sich ein Campus in Münster und eine ehemalige Industriebrache in Köln in Gemeinschaftsgärten. Auch in Parkanlagen oder zwischen Mehrfamilienhäusern entstehen spannende Projekte. Und Städte wie etwa Kassel werden gar zur Essbaren Stadt.

11
CAMPUSGARTEN GRÜNEBEETE

Im Münsteraner Campusgarten GrüneBeete wird urbane Landwirtschaft in vielfältiger Form umgesetzt, gemeinsam experimentiert und sich dabei gärtnerisches Wissen angeeignet. Eine bunt gemischte Gruppe aus Studenten und Gartenfreunden gestaltet den Gemeinschaftsgarten. Keiner besitzt ein eigenes Beet, vielmehr kümmern sich alle Beteiligten um alle Beete. Der Garten wird nach ökologischen Prinzipien und mit kreativen Recyclingideen gestaltet. So wird z. B. Kompost selbst produziert und Saatgut gewonnen; auch Bienenvölker gibt es im Garten. Es finden regelmäßig Veranstaltungen wie Pflanzentauschbörsen, Sommerfeste und Workshops mit Themen wie „Nachhaltige Ernährung" oder „Stadtentwicklung" statt.

Beste Besuchszeit
März bis Oktober. Gartenzeiten für gemeinsames Gärtnern sind Freitag ab 15 Uhr und in den Sommermonaten auch Dienstag ab 17 Uhr. Der Garten kann aber jederzeit besucht werden

Kontakt
Auf dem Leonardo-Campus 18, an der Steinfurter Straße hinter dem Gebäude des Fachbereichs Design 48149 Münster

E-Mail/Web
gruenebeete@posteo.de
www.campusgarten-gruenebeete.de

12
ESSBARE STADT KASSEL

Aus der Initiative eines gemeinnützigen Vereins ist in Kassel die erste Essbare Stadt Deutschlands entstanden. Die 16 engagierten Bürger, welche die Initiative einst begründeten, werden heute von über 100 Mitgliedern unterstützt. Es wurden Gemeinschaftsgärten wie der ForstFeld-Garten oder das Gartenprojekt Wesertor gegründet sowie bisher 350 Obst- und Nussbäume als „neue Allmenden" im öffentlichen Raum gepflanzt, deren Bewässerung teilweise von Anwohnern mit Baumpatenschaften übernommen wird. Es wird jedoch noch weit mehr angeboten: etwa die Teilhabe an der Jungpflanzenproduktion und am Gemüseanbau auf Selbst-Ernte-Flächen, gemeinsame Ernte-, Saft- und Einmachaktionen sowie gärtnerische Praxisworkshops und Vorträge zum Thema „Essbare und nachhaltige Stadt". Außerdem gibt es kulinarische Veranstaltungen mit kreativen Menüs aus selbst gezogenen Früchten und Gemüse.

E-Mail/Web
info@essbare-stadt.de
www.essbare-stadt.de

13
PFLANZSTELLE

Garten, der auf der ehemaligen Industriebrache im dicht bebauten Ortsteil Kalk ansässig ist. Die ehrenamtlichen Aktiven verwenden ausschließlich ökologisches Saatgut und versuchen, alles Nötige wie Kompost oder Geräteschuppen mit möglichst wenigen Ressourcen selbst zu bauen. Die Pflanzstelle ist auch ein sozialer und politischer Ort und ein öffentlicher Treffpunkt für jedermann. Es werden Workshops mit Kitas, gemeinsame Gartentage und Workshops zu den Themenfeldern „Low Tech" (Fahrradmixer, Solarkocher, Lehmofenbau) und „Umweltbildung" (Klimagerechtigkeit, Kompost, Bienen etc.) sowie Aktionstage und Feste veranstaltet.

Beste Besuchszeit
April bis Oktober. Die Öffnungszeiten werden jedes Jahr neu auf der Homepage bekannt gegeben. Gegärtnert wird auf jeden Fall am Wochenende und an ein bis zwei Wochentagen.

Kontakt
Pflanzstelle
Neuerburgstraße in Köln-Kalk

E-Mail/Web
pflanzstelle@riseup.net
www.pflanzstelle.blogsport.eu

14
KANTS GARTEN

Im Zentrum von Duisburg befindet sich im Immanuel-Kant-Park der 2.200 Quadratmeter große Kants Garten. Zwischen Blumen- und Gemüsehochbeeten, den Gärten der Kinder im bunt bepflanzten Rondell, einem Mauergarten aus Natursteinen, einer Frühlingswiese und großen Schattenbeeten mit Igelhotel und Biotopteich lässt es sich herrlich entspannen und die Zeit vergessen. Jeder kann bei den gemeinschaftlichen Gartentreffen mitbuddeln, gießen, Unkraut zupfen und Blumen oder Gemüse ziehen. 2018 wurden bei großen Pflanzaktionen knapp 13.000 Blumenzwiebeln, 3.000 Stauden und 42 Sträucher gepflanzt. Aktuell liegt der Fokus auf der gemeinsamen Pflege der neuen Beete und den neuen Insektenhotels und Vogelnisthäusern.

Beste Besuchszeit
Februar bis Oktober, der Garten ist ganzjährig frei zugänglich. Gartentreffen finden meist Samstagnachmittag statt. Weitere Infos und Termine bei www.facebook.com/KantsGarten2013 oder www.kants-garten.de

Kontakt
Kants Garten, im Kantpark am Weg zur Tonhallenstraße/ Ecke Güntherstraße, gegenüber des Spielplatzes (für größere Kinder).
Die Bürgerinitiative Kants Garten ist erreichbar über: kants.garten@gmail.com www.kants-garten.de

15 GALLUS GARTEN

Der Gallus Garten ist ein Bürgergarten für alle Bewohner des Stadtteils Gallus in Frankfurt und für alle, die sich für das urbane Gärtnern interessieren. Initiiert wurde das Projekt vom Mehrgenerationenhaus zusammen mit weiteren Nachbarschaftsinitiativen. In den ersten drei Jahren ist das Gelände stetig erweitert worden, sodass der Gallus Garten mittlerweile mehr als 1.400 Quadratmeter zwischen den Wohnhäusern entlang der Schneidhainer Straße begrünt. Hochbeete für Gemüse, Kräuter und Beerenobst wurden angelegt, die von Paten betreut werden. Auch zahlreiche Obstbäume wurden gepflanzt. Offene Bereiche mit Duftpflanzen und Kräutern, eine Kräuterspirale, ein Gewächshaus, mehrere Insektenhotels sowie eine gemütliche Holzplattform mit Sitzgelegenheiten ergänzen den Bürgergarten. Im Gallus Garten finden außerdem Veranstaltungen wie die Saatgut- oder die Pflanzentauschbörse, das Klima-Picknick oder das Herbstfest statt, bei denen jeder willkommen ist. Aktuelle Daten werden bei Facebook veröffentlicht.

Beste Besuchszeit
April bis Oktober

Kontakt
Gallus Garten
Schneidhainer Straße 19
60326 Frankfurt/Main

E-Mail/Web
garten@kiz-gallus.de
www.gallusgarten.wordpress.com

Gartentipps in Norddeutschland

Auch Städte in Norddeutschland wie Hamburg, Schwerin, Lüneburg oder Braunschweig werden durch urbanes Gärtnern immer grüner. Dank frischem Gemüse, duftenden Kräutern und summenden Bienen entstehen in der modernen Hafencity oder versteckt hinter Mehrfamilienhäusern grüne Paradiese, die auch als Orte der Begegnung und der Gemeinschaft dienen.

16
STADTGEMÜSE

Seit März 2018 befindet sich auf einer ungenutzten Freifläche am Rande der Hamburger Hafencity das Urban-Gardening-Integrationsprojekt Stadtgemüse. Der offene Gemüsegarten wurde von Oscar Jessen zusammen mit der WAS TUN!-Stiftung ins Leben gerufen. Zusammen mit Flüchtlingen wird hier in selbst gebauten Hochbeeten aus Europaletten Gemüse angebaut und der Austausch verschiedener Kulturen gefördert. Direkt neben den Hochbeeten wird auch in der kalten Jahreszeit in dem sechseckigen „Hex House", das in modularer Holzrahmenbauweise konzipiert wurde, gemeinsam gekocht und genäht. Noch ist es ein Pilotprojekt, das bis 2020 gefördert wird. Helfende Hände sind immer willkommen, wer sich nicht an Ort und Stelle engagieren kann, hat die Möglichkeit, eine Beetpatenschaft und damit die laufenden Kosten für ein Beet zu übernehmen, das dann von Flüchtlingen betreut wird.

Beste Besuchszeit
April bis Oktober, wird immer dienstags von 15:30 bis 18 Uhr gegärtnert. November bis März, wird ebenfalls dienstags von 17:30 bis 20 Uhr gekocht.

Kontakt
Stadtgemüse
Gretchen-Wohlwill-Platz
20457 Hamburg

E-Mail/Web
Oscar.jessen@posteo.de,
www.was-tun-stiftung.de/blog/

17
KULTURGARTEN LÜNEBURG

Im Kleingartenverein Gartenfreunde Moorfeld befindet sich seit 2014 gegenüber des Vereinsheims der Kulturgarten Lüneburg. Der interkulturelle Garten bietet den Bewohnern der Flüchtlingsheime, Lüneburgern und allen anderen Interessierten einen Raum zum gemeinsamen Gärtnern und Beisammensein. Der Kulturgarten ist aus einer Initiative von Studenten der Leuphana Universität hervorgegangen und wird weiterhin von ihnen zusammen mit dem Verein amikeco-Willkommensinitiative e. V. betreut. Kultur- sowie generationsübergreifend trifft man sich nicht nur zum Gärtnern, sondern auch um größere Aktionen wie den Bau einer Hütte oder das Anlegen eines Kräuterbeetes gemeinsam umzusetzen. Im Garten finden auch Workshops und Veranstaltungen wie Lagerfeuerabende oder Sommerfeste statt.

Kontakt
Kulturgarten Lüneburg
Brandheider Weg 51
21337 Lüneburg

E-Mail/Web
kulturgarten@willkommensinitiative.de
www.kulturgarten-lueneburg.de
www.facebook.com/Kulturgarten

Beste Besuchszeit
April bis Oktober trifft man sich sonnabends ab 11 Uhr zum Gärtnern. Abweichende Aktionen und Veranstaltungen werden über einen Mailverteiler, die Website und Facebook bekannt gegeben.

18
STADTGARTEN BEBELHOF

2015 fiel mit einem Workshop der Volkshochschule Braunschweig in Kooperation mit den Berliner Prinzessinnengärten der Startschuss für den Stadtgarten Bebelhof. Nach dem Motto „Wer mitgärtnert, darf auch miternten" werden hier auf etwa 2.000 Quadratmetern über 120 prall mit Gemüse, Kräutern und Obst gefüllte Hochbeete gemeinschaftlich gepflegt. Während der Gartensaison veranstaltet Gärtnermeister Burkhard Bohne wöchentlich spannende Workshops zu den Themen Aussaat und Anzucht, Kompost, Gießen, Saatgutgewinnung und Vermehrung. Die Workshops sind kostenlos. Um das Projekt aufrechtzuerhalten, freut sich das Team des Stadtgartens aber über Spenden.

Beste Besuchszeit
Anfang April bis Ende Oktober. Die Öffnungszeiten im Garten und gleichzeitig auch „Mitmach-Zeiten" zum Gärtnern und Öffnungszeiten vom Café sind Dienstag 16 bis 19 Uhr und Freitag, Samstag und Sonntag 15 bis 18 Uhr.

Kontakt
Stadtgarten Bebelhof
Schefflerstraße 34
38126 Braunschweig

E-Mail/Web
ute.koopmann@vhs-braunschweig.de
www.stadtgartenbebelhof.de
www.facebook.com/bebelhof

19
KULTURGARTEN SCHWERIN

Geschützt vom Lärm der Straße versteckt sich im Hinterhof von Mehrfamilienhäusern der Kulturgarten Schwerin, den es mittlerweile seit 2013 gibt. In dieser urbanen Oase kultivieren 30 Ehrenamtliche mit ihren Familien Gemüse, Kräuter und Blumen und haben Spaß daran, dabei immer wieder neue Sorten auszuprobieren. Auch naturnahe Stadtimkerei wird betrieben – natürlich so, dass für die Bienen genug Futter zur Überwinterung bleibt. Außerdem gibt es eine Kräuterspirale, Gewächshäuser für den Tomatenanbau und die Jungpflanzenanzucht sowie eine Streuobstwiese und einen Teich. Kinder dürfen ihre eigenen Beete beackern und finden hier jede Menge Platz zum Toben sowie verwilderte Ecken zum Verstecken. Letztere kommen nicht nur den Kindern, sondern auch der Artenvielfalt im Garten zugute und sind ausdrücklich gewollt. Ernten dürfen alle an jedem Beet, und aufwendige Aktionen, wie z. B. die Renovierung der Gewächshäuser, werden zusammen gemeistert. Die Größe des Areals lässt viel Raum für Ideen und Kreativität, wie z. B. die „Kartoffelsonne", ein strahlenförmiges Beet mit Kartoffeln, welches um die Kräuterspirale herum angelegt wurde. Der Kulturgarten ist nicht nur Gemeinschaftsgarten, sondern auch Erfahrungsort für Schulklassen und Kindergartengruppen und ein Ort für Feierlichkeiten und kulturelle Veranstaltungen.

Beste Besuchszeit
April bis Oktober

Zu Pfingsten findet jedes Jahr ein großer Pflanzenverkauf statt. Wer spontan vorbeikommen möchte, sollte es an einem Wochenende probieren. Wer ansonsten auf Nummer sicher gehen will, dem sei eine kurze Anmeldung und Absprache oder aber der Blick auf die Webseite empfohlen, auf der die sogenannten Gartensonntage und andere öffentliche Veranstaltungen genannt werden.

Kontakt
Kulturgarten Schwerin
Wismarsche Straße 282 (Hinterhof)
19053 Schwerin

E-Mail/Web
kulturgartenschwerin@web.de
www.kulturgartenschwerin.com

Gartentipps in der Schweiz

Auch in der Schweiz und in Österreich werden Städte immer häufiger durch urbane Gärten verschönert, etwa in Zürich mit Frau Gerolds Garten oder mit SeedCity auf dem Campus der ETH Hönggerberg. Der Verein Gartenpolylog bietet Urban Gardening-Projekten in Österreich ein Netzwerk, wie z.B. dem Franz von Sales Garten in Klagenfurt.

20 SEEDCITY ZÜRICH

Auf dem Campus der ETH Hönggerberg in Zürich befindet sich auf etwa 1.200 Quadratmetern der Gemeinschaftsgarten SeedCity. Hier wird nach den Grundsätzen der Permakultur gegärtnert. Ein Highlight ist der Pilzgarten, in dem an ca. 50 eingegrabenen Holzstämmen kiloweise Stockschwämmchen, Austern- und Lungenseitlinge wachsen. In einem Trockensteinbiotop gedeihen zahlreiche Kräutersorten. Ein kleiner Tümpel bietet ein Insektenparadies mit zahlreichen Wildpflanzen. Mit seiner Feuerstelle, der Obstbaumwiese und dem Lehmbackofen lädt SeedCity aber auch zum Entspannen, Feiern, Lernen und zur Besinnlichkeit ein. Es werden Kurse von Fachpersonen und interessierten Mitgliedern z. B. zu den Themen Pilze, Gemüsegärtnern, Permakultur oder Essbare Wildkräuter angeboten. Besucher sind immer herzlich willkommen, natürlich auch zum Gärtnern.

Beste Besuchszeit
März bis Oktober, Mittwoch (ab 16:30 Uhr) und Sonntag (ab 15 Uhr) ist bei fast jedem Wetter jemand im Garten anzutreffen. Jeden ersten Sonntag im Monat gibt es eine Gartenführung für Neueinsteiger und Interessierte.

Kontakt
SeedCity
Wolfgang-Pauli-Strasse 10
8093 Zürich
Schweiz

E-Mail/Web
seedcity@ethz.ch
www.seedcity.ch

21
FRAU GEROLDS GARTEN

Die unkonventionelle Mischung aus eigenem Nutzgarten, frischer Küche, Designershops, Kunst und Märkten machen Frau Gerolds Garten am Fuß des Prime-Towers in Zürich so besonders. In dem 2.500 Quadratmeter großen Garten werden Gemüse, Früchte und Kräuter ohne chemische Zusätze kultiviert, die auch in der eigenen Küche verwendet werden. Auf der Terrasse, die aus Containern gebaut ist, sieht man auf die riesigen Gleisanlagen des Züricher Bahnhofs Hardbrücke und auf die umliegenden Berge. Dort kann man unter einheimischen Gehölzen und zwischen bunten Stauden nicht nur das vielfältige Angebot an verschiedenen Bars, sondern auch schmackhafte Gerichte wie Pasta, Grillspezialitäten oder Sommersalate genießen. Alle Gerichte werden in den bunten Schiffscontainern zubereitet und liebevoll mit essbaren Blüten aus dem eigenen Garten dekoriert. Außerdem reichern Spezialthemen wie Food Waste das Programm an. Seit einigen Jahren gibt es bei Frau Gerold auch Shops mit Mode, Design und Ateliers mit Pop-up-Ausstellungen im Eingangsbereich. An ausgesuchten Samstagen finden Frühlings-, Herbst- und Designmärkte für junge Labels statt. Außerdem werden regelmäßig, auch im Rahmen von bestehenden städtischen Veranstaltungen, wie etwa „AbenteuerStadtNatur", Führungen durch den Garten und Workshops unter anderem zu den Themen DIY-Balkongarten (DIY = Do it yourself) oder Heilkräutern angeboten.

Beste Besuchszeit
Das ganze Jahr über. Zwischen April und Oktober ist der Garten am schönsten, von Mai bis September finden die Kurse und Märkte statt. Im Winter ist in Frau Gerolds Garten z. B. ein gemütliches Fondue-Chalet eingerichtet; auch die Shops sind dann geöffnet.

Kontakt
Frau Gerolds Garten
Geroldstrasse 23/23a
8005 Zürich
Schweiz

E-Mail/Web
info@fraugerold.ch
www.fraugerold.ch

Gartentipps in Österreich

2 2
FRANZ VON SALES GARTEN

Inmitten einer städtischen Siedlung in Klagenfurt-Waidmanns-dorf versteckt sich hinter einem urigen Gartentor der Franz von Sales Garten. Über 100 Menschen aus 15 Kulturen gärtnern hier auf ca. 4.000 Quadratmetern in 135 Parzellenbeeten. Die Beete sind mit Holzlatten eingegrenzt, Steine begrenzen die Wege und Gemeinschaftsbereiche. Es gibt auch ein paar Schaubeete mit Kräuter- und Heilpflanzen sowie Bänke, die zum Innehalten und zur Kontaktaufnahme einladen. Dank einem von der Stadt gespendeten Pumpbrunnen kann mit Grundwasser gegossen werden. Im Mittelpunkt des Gartens befindet sich ein Pavillon aus Holz. Der Franz von Sales Garten bietet außerdem ein interessantes Workshopprogramm z. B. zum Thema Zero Waste an.

Beste Besuchszeit
April bis Oktober
Wenn gerade
jemand im Garten
ist, sind Besucher
immer herzlich
willkommen.

Kontakt
Franz von Sales Garten
Pfarre St. Josef
Franz von Sales Platz 1
(Schuhmanngasse/
Ecke Waffenschmiedgasse),
9020 Klagenfurt

E-Mail/Web
franzvonsales-garten@gmx.at
www.franzvonsales-garten.at

2 3
GARTENPOLYLOG

Der gemeinnützige Verein Gartenpolylog wurde im Jahr 2007 mit dem Ziel gegründet, Gemeinschaftsgärten in Öster-reich bekannt zu machen, sie beim Aufbau zu unterstützen und miteinander zu vernetzen. Mittlerweile organisiert der Gartenpolylog auch Workshops in und für Gemeinschafts-gärten und ist zudem in (internationale) Forschungsprojekte involviert. Im Laufe der letzten zehn Jahre hat der Garten-polylog den Aufbau vieler Gemeinschaftsgärten unterstützt, wie etwa den Nachbarschaftsgarten Arenbergpark im 3. Bezirk in Wien oder den interkulturellen Nachbarschaftsgarten Macondo. Einmal im Jahr, und dann jeweils in einem anderen Bundesland, lädt der Gartenpolylog GemeinschaftsgärtnerInnen aus ganz Österreich zu einer Netzwerktagung zum Thema Gemeinschaftsgärten ein. Unter https://gartenpolylog.org/gardens findet man alle beim Gartenpolylog registrierten Gemeinschaftsgärten sowie andere spannende Projekte.

Kontakt
Gartenpolylog – GärtnerInnen
der Welt kooperieren
Weinberggasse 51/15
1190 Wien
Österreich

E-Mail/Web
office@gartenpolylog.org
www.gartenpolylog.org

**⚲ WEITERFÜHRENDE
LINKS ZUM
STÖBERN UND LESEN**

Wenn Sie sich gerne noch
breiter mit dem Thema
Urban Gardening beschäftigen
möchten, schauen Sie doch
mal hier:

Schulgärten/Essgärten für Kinder
**www.bag-Schulgarten.de
www.slowfood.de**

Bauernhöfe, die Kitas und
Schulen besuchen können
www.demonstrationsbetriebe.de

Städteinitiativen für
Klimaschutz oder Artenvielfalt
**www.biostaedte.de
www.c40.org
www.grueneliga-berlin.de
www.iclei.org
www.transition-initiativen.org**

Interessante Ansätze
www.2000m2.de

Planung und Vernetzung
Urban-Gardening-Projekte
www.anstiftung.de

Urban Gardening Manifest
www.urbangardeningmanifest.de

IMPRESSUM

CALLWEY

SEIT 1884

© 2019 Verlag Georg D.W. Callwey
GmbH & Co. KG
Streitfeldstraße 35, 81673 München
buch@callwey.de
Tel.: +49 89 436 00 50
www.callwey.de

Wir sehen uns auf Instagram:
www.instagram.com/callwey

ISBN 978-3-7667-2409-0
1. Auflage 2019

DIE AUTOREN

Renate Künast, geboren in Recklinghausen, ist Politikerin,
Juristin und Sozialarbeiterin. Von 2000 bis 2001 war sie
Bundesvorsitzende von Bündnis 90/Die Grünen, von
2001 bis 2005 Bundesministerin für Verbraucherschutz,
Ernährung und Landwirtschaft und von 2005 bis 2013
Vorsitzende der Bundestagsfraktion ihrer Partei. Renate
Künast ist Mitglied des Deutschen Bundestags und lebt
in Berlin.

Victoria Wegner ist freie Gartenredakteurin und
-produzentin und arbeitet unter anderem für
verschiedene Gartenmagazine sowie für das Online-
Gartenportal Gartenzauber. Bei Callwey sind bereits
mehrere Bücher von ihr erschienen. Sie lebt, gärtnert
und arbeitet in Hamburg.

HINTER DEN KULISSEN

„Eine Freundin sagte einmal zu mir, ich bräuchte später
eine wöchentliche Radiosendung. Dort könnte ich dann
einfache Rezepte zum Besten geben, damit die Menschen
eine Idee davon bekämen, was sie alles Feines aus
dem saisonalen und regionalen Gemüse zubereiten können.
Auf diese Idee war sie gekommen, weil ich behaupte,
dass jeder Mensch kochen kann. Für jedes Gemüse der
Saison habe ich ein ganz einfaches und schnelles
Rezept parat. Nach dem Motto: Jeder kann kochen – mit
dem richtigen Rezept.
Aber beim Schwarzkohl war auch ich ratlos. Vom Aussehen her denkt man an eine Zubereitung wie beim
Grünkohl. Aber für das Schwarzkohl-Foto auf Seite 99
wollte ich doch gern ein Rezept beisteuern. So bin
ich schnurstracks zu meinem Markthändler auf dem
Winterfeldtplatz in Berlin gegangen, der selbst gerne
kocht. Wie erwartet, hatte er gleich ein Rezept zur Hand
und zeigte mir auf seinem Smartphone ein Foto davon.
Ein Rezept für Schwarzkohl? Kein Problem, da habe ich
doch neulich selbst etwas entwickelt!"
Renate Künast

DIESES BUCH WURDE IN CALLWEY-QUALITÄT FÜR SIE HERGESTELLT:

Bei der Materialauswahl und den Möglichkeiten der
Buch-Veredelung überlässt das Callwey-Team nichts dem
Zufall. So berücksichtigen wir die Gestaltung und
Bildsprache jedes einzelnen Titels individuell. Denn dieser
ganz besondere Inhalt soll nicht einfach nur schön
gedruckt werden, die Buchseiten müssen sich auch gut
anfühlen. Beim Inhaltspapier dieses Buches haben
wir uns für ein LuxoArt Samt in 150 g/m² entschieden, ein
matt gestrichenes Volumen-Bilderdruckpapier. Dessen
Oberfläche gibt den Bildern den gewünschten Charakter
und bringt die bekannte Callwey-Bildsprache optimal
zur Geltung. Das Hardcover wurde mit viel Liebe zum
Detail gestaltet. Daher kommt das Buch ohne zusätzliche
Veredelung aus.
Dieses Buch wurde in Deutschland gedruckt und
gebunden bei der Firmengruppe APPL, aprinta druck
in Wemding.

VIEL FREUDE MIT DIESEM BUCH WÜNSCHEN IHNEN:

Projektleitung:
Raffaela Reif, Bettina Lehmann,
Victoria Wegner
Lektorat:
Konstanze Neubauer, Waakirchen
Herstellung:
Franziska Gassner
Grafische Gestaltung und Satz:
Heike Czerner, cezet-design.de, Regensburg
Umschlaggestaltung:
Heike Czerner, cezet-design.de,
Regensburg

CALLWEY
MIT LIEBE
UND SORGFALT
BEGLEITET VON
B. Lehmann
SEIT 1884